"六位一体"
…创新系列
…程创新到
…育人创新

U1001390

# 正志笃行 成德达才……

## ——首都师范大学附属中学自主课程建设的创新探索

丛书主编：李　奕　杨德军

ZHENGZHI DUXING
CHENGDE DACAI

SHOUDU SHIFAN DAXUE FUSHU ZHONGXUE
ZIZHU KECHENG JIANSHE DE
CHUANGXIN TANSUO

本册主编：沈　杰　李军华

北京师范大学出版集团
BEIJING NORMAL UNIVERSITY PUBLISHING GROUP
北京师范大学出版社

**图书在版编目(CIP)数据**

正志笃行　成德达才：首都师范大学附属中学自主课程建设的创新探索/沈杰，李军华主编. —北京：北京师范大学出版社，2017.12

（“六位一体”课程创新系列/李奕，杨德军主编）

ISBN 978-7-303-22873-7

Ⅰ. ①正…　Ⅱ. ①沈…　②李…　Ⅲ. ①课程建设－教学研究－高中　Ⅳ. ①G632.3

中国版本图书馆 CIP 数据核字(2017)第 226643 号

营销中心电话　010-58802181　58805532
北师大出版社职业教育与教师教育分社网　http://zjfs.bnup.com
电子信箱　zhijiao@bnupg.com

出版发行：北京师范大学出版社　www.bnup.com
北京新街口外大街 19 号
邮政编码：100875
印　　刷：北京玺诚印务有限公司
经　　销：全国新华书店
开　　本：787 mm×1092 mm　1/16
印　　张：19.75
字　　数：293 千字
版　　次：2017 年 12 月第 1 版
印　　次：2017 年 12 月第 1 次印刷
定　　价：45.00 元

策划编辑：路　娜　　责任编辑：马力敏　李会静
美术编辑：焦　丽　　装帧设计：焦　丽
责任校对：陈　民　　责任印制：陈　涛

**版权所有　侵权必究**

**反盗版、侵权举报电话：**010-58800697
北京读者服务部电话：010-58808104
外埠邮购电话：010-58808083
本书如有印装质量问题，请与印制管理部联系调换。
印制管理部电话：010-58800825

『六位一体』课程创新系列

## 丛书编委会

主编：李　奕　杨德军

编委：马　可　黄晓玲　朱传世

## 本册编委会

主编：沈　杰　李军华

编委：金晓莉　卢青青　王春凯　刘　明　高国欣
马德玲　任伟然　王文鹏　任海霞　杜君毅
李　泉　杨森林　行念东　许红云　王淑艳
邓文卓　马刚玉　韩新生　马丽萍　王　永
徐小燕　刘　佳　郝艳丽　王健红　朱海燕
张　英　刘　莉　范鸿飞　杨小红　万璐璐
杨梦醒　井东风　石　泉　张艳红　杨　石
田　云　白艳云　王海平　程桂勤　童湘晖
周　杨　付　迟　王雯斌　刘亚丽　史少卿
温　红　马　强　宋丽芳　陈虹洲　李雅红
吴　冰　周　璇

# 总序

PREFACE

## 自主·创新·活力·特色

——写在北京市普通高中自主课程创新实验六年之际

北京市在20世纪末已普及高中阶段教育，在21世纪如何寻求新的增长和突破，根治“应试”与“同质”两大顽疾？2007年开始的高中课改，为我们提供了一个涉及课程体系、学校管理、考试评价、升学制度、教师教学行为、学生学习行为等方方面面系统变革的载体。激发学校办学活力，促进高中学校特色发展，实现高中教育战略转型，必须从“课程”这一学校教育的核心要素入手。我们抓住以学生发展为本的改革目标，突出学校以特色课程建设为核心的发展目标，结合实际，打破束缚，鼓励创造性地实施高中课程，重点推进具有前瞻性、引领性的创新项目，不断探索创新，彰显特色。自2008年上半年开始，我们在解决新课程促进学校特色发展、信息化与教学方式变革、通用技术课程建设、完全自主安排新课程等方面陆续启动重点项目；特别是结合国家级体制改革试验，开展了高中自主课程实验和高中特色建设试点项目，以促进高中学校的特色发展和多样发展。

高中自主课程实验，是依据教育发展基本规律、高中阶段教育性质和功能、高中课程的基本特点，在相应政策保障前提下开展的促进学生、教师和学校发展的，以课程建设为核心的，以校为本的综合性实验。该实验是在全市平稳推进高中新课程实验过程中，根据北京市高中学校实际，力图探索高中课程创新，增强北京市高中教育活力，形成北京市基础教育课程改革特色的系统设计。在工作方面，我们力图通过学校自主申报和教委批准一定数量的学校在高中课程改革的背景中进行适当“赋权”的自主创新实验，探索高中新课程改革实施的多种途径和可能实现的突破，促进实验学校学生全面而有个性的发展、教师的专业发展和学校的特色发展，丰富北京市高中阶段优质教育资源供给，把握教育需求与资源供给矛盾解决的有效方式，探索高中教育新的增长点和发展方式，发挥学校在整体实验中的示范、带动和引领作用。在研究方面，我们力图揭示学校课程结构、课程体系构建和运行的基本规律，课程丰富性、选择性与多样人才培养、人才培养模式变革的内在机制，学校课程整体建设与学校特色发展的基本关系，高中阶段教育价值与独特定位，学生发展的突出特征，为突破新时期高中阶段教育重点问题和难点问题奠定基础。

实验推进以“研究引领、行政推动、学校自主、区域共享”为基本思路，学校层面主要实行以校为本的行动研究法，同时辅之以经验总结法、个案研究法、调查研究法等方法协同推进。实验以项目管理的方式委托北京教育科学研究院基础教育课程教材发展研究中心进行整体的规划、研究、实施、跟踪、监控，提供相关业务支持，并建立了较为规范的常规管理制度、联系人制度，以及校际交流、年度总结、调研反馈、资源共享等保障机制。实验的主要过程包括四个方面。第一，筹备阶段。进行理论研究和实验设计，系统梳理高中新课程基本理念、主要内容、推进思路、世界经验等，研究高中课程的“自主创新”与“实现路径”，初步形成“六位一体”整体性课程创新实验框架。第二，首轮实验。指导10所学校围绕“六位一体”设计、论证和开展实验，厘清学校育人目标、办学理念、发展定位，分析学校课程需求、课程基础、课程资源、课程创新政策、制度空间和基本条件等，重在课程结构设计、适宜性调整和创新实施。第三，二轮实验。强化实验顶层设计，进一步厘清行动路径，再增13所学校开展实验，指导学校在课程结构、内容整合、课程实施等方面加大探索力度，设立专项并建立机制，规范过程管理，加强课程资源和成果总结。第四，三轮实验。对首批实验学校进行周期复审，追踪第二批学校实验，梳理周期成果并推广，尝试在更大范围开展实验，直接促成义务教育阶段课程创新实验——“遨游计划”的开展，进一步开展实验的纵深研究。

六年的实验极大地增强了实验学校的办学活力，形成了首都高中“六位一体”课程创新模式，即基于课程方案与课程标准的“课程目标自主、课程排课自主、课程内容自主、课程实施自主、课程评价自主、课程主体(选择)自主的‘六位自主’和以三级课程整体建设为核心”的整体性学校课程创新(一体)。建构了针对学校课程体系的基本分析框架，探索了课程创新与学校特色发展的动态互促机制，指导实验学校形成了促进学生全面而有个性发展的课程体系，围绕课程创新实验开展了高中阶段教育价值和基本定位、多样化人才分类培养、学校整体课程结构科学性与合理性、整体课程框架下的教与学模式变革等系列专题研究，形成了具有北京特色的高中阶段课程创新实体，积累了一批高质量并辐射全市的课程资源，拓展了以课程建设为核心的新的研究问题和实践领域。实验在高中学校、区县甚至市内外发挥了积极的示范和引领作用，得到教育部、兄弟省市，以及北京市各区县的广泛关注和一致肯定。

课程实验是有目的、有计划、有步骤的研究活动，又是现实的学校教育教学实践。六年两轮实验，我们突出在研究的基础上推进学校以课程创新为核心的系统变革，强调实验研究的规范性和专业力量的支持，并组织专家组对实验进行现场的周期复审，全面梳理学校的实践探索和创新经验，形成这套体现周期研究成果的报告丛书。丛书展现了实验学校六年的研究历程、学校关于实验价值和课程建设的思索、实验取得的实际成效、存在的不足和以后的发展方向，既体现学校鲜明的个性和特点，又蕴含北京市高中课改的价值取向和基本思考。更为重要的是，实验的先期摸索为我们突破高中课改的重点问题和难点问题提供了方向上和思路上的启示，同时拓展了课改深入发展的实践领域。随着实验的深入推进，我们在研究视角、研究内容、研究方式和研究成果等方面都有不同程度的突破和创新，努力使实验推进有思想，有智慧，有实践，有创新，有远见，有魄力。

在深入推进教育综合改革的新阶段，自主课程实验担负着更为重要的历史使命。我们需要从课程这一学校育人的核心载体出发，努力践行立德树人，加强社会主义核心价值体系教育；需要在人才培养模式创新、育人模式变革、满足学生个性化教育需求等方面进行更深入的探索；需要在学业水平考试和综合素质评价，在学科考试、文理融通、外语等科目社会化考试等方面提出新的思路；需要在进一步增强学生的社会责任感、创新精神和实践能力，促进学生的身心健康，提高学生的审美素养和人文素养等方面采取针对性更强的措施。站在阶段节点上审视过去，展望未来，自主课程实验将被赋予更多改革的意义，让人期待。本套丛书的出版，意味着在新时期我们高中学校应以主体姿态进行自我发展的突破和超越，走以课程创新为核心的可持续发展之路，并在改革中体现应有的责任与担当。我们期待在教育领域全面深化改革的新形势下，更多的高中学校能自信地开展持续深入的以校为本的课程改革实践，遵循教育发展的基本规律，注重改革的系统性、整体性、协同性，努力构建既具有首都特色，充满活力，又有利于学生全面而有个性发展的课程体系，促进学生和教师共同成长，促进高中教育教学质量的不断提高和学校办学特色的形成，全面推进素质教育。

李 奕

2014 年 11 月 3 日

# 前　言①

FOREWORD

我国现代教育兴起于清朝末年，之后的中国历史跌宕起伏，风云变幻。纵览首师大附中的百年校史，一幕幕生动真实的历史场景呈现在我们眼前。1914 年，北洋政府陆军部次长徐树铮顺应兴办新式学堂的潮流，创办了“正志中学”，并亲任校长，之后由时任教育部次长的傅岳棻执掌校印。北大教授周作人、《新青年》编委沈尹默、国文大师林纾、美学大家朱光潜等参与创办。大师担纲，名流任教，贤达会聚，学校名噪京城。艰苦卓绝的办学历程由此拉开帷幕。从正志中学，到成达中学，再到三十八中、四十二中、北京师范学院附属中学，直至 1992 年更名为首都师范大学附属中学，一批批教育先行者求真务实，恪尽职守，自强不息，创造了一个又一个辉煌。

2012 年，我校成为北京市自主排课和自主组织会考实验的学校，开启了我校的第一轮课程改革实验。四年多时间，我校领导和全体老师努力探索，勇于开拓，付出了艰辛的劳动，为学校的新课程改革建设留下了宝贵的财富。

根据国家的人才培养目标，结合学校的百年育人特色，我们将学校的育人目标定位为“成德达才”。正如学生所言：“近百年的历史变迁，改换的是校址，变更的是校名，站在不同的时间节点上，穿着不一样的校服，看着不一样的校园风光，不变的是成德达才的理想，恒久的是大任更谁肩的歌唱，是报国钟钟声的回荡！”“成德达才”的育人理念始终引领我们为国家培养出一批批“自觉、勤奋、求实、创新”的优秀人才。

① 本书为国家社会科学基金“十二五规划”2013 年度教育学一般课题“大学附属中学办学特色研究”的研究成果，课题批准号 BFA130032。

新课程改革伊始，我们便围绕“成德达才”的育人目标，以国家课程的高质量校本化实施为基础，以精品特色校本课程的开发为补充，对“成达”课程进行顶层设计，构建了与学生内在发展需求相一致的，有利于夯实学科基础、促进专业发展、提高综合素养、形成自主能力的“基础通修＋兴趣选修＋专业精修＋自主研修”成达课程体系。

在课程改革实践中，我们认识到“教育供给侧”改革的关键在于实现优质教育资源的有效配置。我们逐步完善了递进式四修课程体系，打造出一批有特色的精品校本课程。我们注重资源整合与结构调整，稳步推进分层走班教学改革，以满足学生个性发展的课程需要。在未增加一间教室，未增加一名教师，也没让国家为此承担额外经费的情况下，我校已经完全可以应对中考和高考改革，可以说我们的课程改革实践既立足国情、校情，又体现了创新精神和附中人的智慧。

首师大附中的教育走的是内涵发展之路，我们守正出新，春风化雨，放眼未来，为学生的终生发展奠基。经过锲而不舍的百年奋斗，附中变得更加成熟、儒雅、大气，更加淡泊、沉稳、致远。有人说：“掀天揭地的奇功，定从薄冰上履过。”我们的国家在做前人没有做的探索，我们正处在伟大的时代，做着伟大的事情。我们所有的努力，都应是责无旁贷的，让我们携手并肩，永远向前！

本书的出版，要感谢北京市教委，感谢市教科院课程中心的领导和老师的信任与支持，感谢杨德军主任、朱传世主任、黄晓玲老师。我们还要特别感谢支持首师大附中课程改革的其他专家。感谢特约审读专家范文铮先生对本书出版所做的工作。

本书是首师大附中教师在认真做好日常工作的前提下，各科室和学科组的教师都付出了大量的心血，提供第一手资料，反复研讨、修改完成的。他们是课程建设成果的汇报者，也是课程改革实验的实践者。我们对参与本书编写工作的全体教师表示衷心的感谢，对奋斗在课程自主实验一线的教师致以崇高的敬意！面对新的课改形势，面对更多的困难和挑战，我们将再接再厉，勇往直前！由于我们自身水平有限，书中难免存在问题和不足，恭请各位专家和同人批评指正。

沈　杰

2017 年 8 月 8 日

# 目录
CONTENTS

第一章

# “成达”课程建设发展历程

"成德达才，社会中坚。"附中百年，矢志创业，励精图治。1914年以来，首都师范大学附属中学(以下简称首师大附中)始终秉持"成德达才"的育人理念，并在坚守中不断创新，不断地丰富其内涵。首师大附中是社会中坚成长的沃土，是培育祖国栋梁的摇篮。"基桢缔造，肇始青年。"首师大附中致力于把学生培养成为具备一种意识(责任担当意识)、两种精神(勇于探索精神、团队合作精神)和三种能力(自主学习能力、动手实践能力、创新思维能力)的德才兼备的创新型人才。

"努力爱春华，及时着先鞭。撷文明之茂实，扬智慧之灵泉。"一代代的首师大附中人始终紧紧把握时代的脉搏，除旧布新，开拓进取。在今天不断深化教育教学综合改革的大趋势、大潮流中，首师大附中"步武前贤，薪火长传"，锐意进取，敢为人先，紧密结合自身实际，在多年的课程建设实践与课程改革经验的基础上，形成了"四三二一"教育教学综合改革方案，集中体现了首师大附中的育人理念和办学特色。

"舍我青年，大任更谁肩?"我们相信，首师大附中的青年学子，沐浴在教育教学综合改革的春风中，能够成长为有创造性、有想象力、身心健康、全面发展的人才，能够肩负起国家与民族复兴的重责大任!

# 一、与时俱进的课程建设

首师大附中的前身是北洋政府陆军部次长徐树铮于1914年创办的京师私立正志中学校，校址在宣武门外菜市口。

其时正是中国社会发生前所未有的深刻变化的历史节点。1911年爆发的辛亥革命推翻了清朝的封建统治，结束了中国长达两千年之久的君主专制制度，开启了民主共和的新纪元。“正志”凝聚了学校创建者的爱国之情，凝练了理想、梦想和使命的最高境界——爱国情感和民族意识，心系祖国未来，以国家发展、民族振兴为己任。

首师大附中发展的百年是矢志创业、励精图治的百年。从1914年始建的正志中学到1920年的成达中学，再到1952年的三十八中、1954年的四十二中、1958年的北京师范学院附属中学，直至1992年正式定名为首都师范大学附属中学，虽然不同时期的办学使命不同，课程设置也随着时代的变迁、办学目标和办学理念的变化而变化着，但“成德达才”的理念恒久未变。附中人深知，我们教育工作者从先辈那里汲取智慧、感受激昂、洗礼心灵的同时，更应完成首师大附中的教育梦想，完成教育事业赋予我们的光荣使命。守正出新，弦歌不辍，“正志笃行”的附中人秉承“成德达才”的育人理念，立足国情与校情，构建了“成达”课程体系，稳步推进教育教学综合改革。

### (一)首推国文与体育

中国近代的社会转型激发了社会各个领域的变革，同样体现在教育领域。1914年12月，北洋政府陆军部次长徐树铮创办京师私立正志中学校(1914年12月—1920年8月)。当时，北京只有正规普通中等学校16所。徐树铮饱读经史，精于国学，推崇桐城派古文，兼擅诗书昆曲，堪称学养深厚。正志中学当时的校训是：“以克己深省、尊师重道为诸生训。”徐树铮亲自担任首任校长，并亲自遴选教员，制订教学计划。新疆布政使王树楠，北平首任市长何其巩，中华民国首任教育总长蔡元培，北洋政府教育总长傅曾湘、交通总长叶公绰、财政次长吴鼎昌，以及周作民、朱光潜、焦菊隐、齐思和等，均曾担任过学校董事长或校长。学校当时的课程设置主要有国文、历史、地理、数学、博物、外语、音乐、体育等。徐树铮拟定的教学内容和课程设置与当时教育部所规定的有所不同，主要突出两门课——国文与体育。每天上午以国文课为主，下午以体育课为主，其他课程如数学等都放在次要位置上。体育课以军训为主，采用封闭式管理，以图培养实用型军政人才。1919 年 10 月，中华民国大总统徐世昌为正志中学题赠匾额“成德达才”(嗣后沿袭写为“成德达才”)，这也就成了百年附中一直秉承的办学理念。

**(二)实施多样化课程**

1920 年 8 月 15 日，北洋政府教育部接办正志中学，改名京师私立成达中学校(1920 年 8 月—1952 年秋)，并改用新学制。成达中学依靠完善治理结构，注重发挥董事会和校一级管理机构的职能作用，循规蹈矩，依章办校。董事会明确规定学校以充实中等教育、造就普通社会服务人才为目的，办学宗旨为：“遵照教育部定章，教授初级中学应有学识及技能，并注重陶镕学生心性，敦励品格，以养成刚健中正之国民。”课程设置规定所有科目均为必修科目。第一学年为三民主义、国文、英文、算术、中国史地、植物、自然、手工、音乐、军事学、军事操、运动等。第二学年除算术授毕改授代数、几何，植物改为动物以外，其余不变。第三学年增设物理、化学、生理三科，中国史地改授外国史地，后增设劳作和音乐。

**(三)实现课程转型**

1952 年秋，北京市政府合并私立成达中学与私立上义中学，改为公立学校，全称为北京市第三十八中学，1954 年又改为北京第四十二中学(1952 年秋—1958 年 9 月)。上义中学是教会学校，其课程设置与培养目标与普通学校完全不同，学生都是有志修道的天主教青年教徒，毕业出路都是成为从事天主教业务的神职人员，因此，学校走上除旧布新、向社会主义新型学校迈进的道路。学校按照北京市政府的要求，开设语文、数学、物理、地理、政治、生物、历史、美术、体育等规定课程。

从正志中学，到成达中学、三十八中、四十二中，学校四十多年来培养了一批又一批有志青年。他们迅速成长为中华民族的保卫者和建设者，其中很多人成为国家栋梁。

**(四)重视德育课程**

北京市教育局于1958年7月18日签发文件："从一九五八年至一九五九学年度开始，北京市第四十二中学改为北京师院附中。"(1958年9月—1992年7月)这期间教育界从上到下特别强调要全面贯彻党的教育方针：教育必须为无产阶级政治服务，必须与生产劳动相结合；培养德、智、体全面发展的，有社会主义觉悟的，有文化的劳动者。北京师院附中始终认真贯彻执行"德、智、体全面发展"的方针，并根据自身情况采取切实有效的措施。

一方面，培养学生德、智、体全面发展，把德育放在首位，加强政治课教学，注意时事政治教育。政治教师还利用课余时间给学生进行必要的辩证唯物论常识的教育，提高学生分析问题、解决问题的能力。另一方面，全力抓好教学，办成"一流水平"的中学。学校领导深入课堂指导，教师努力钻研，学生学习风气越来越浓，成绩优秀的模范学生越来越多，全校的教学质量有了明显提高。

此外，学校十分重视体育教育，学校配齐体育教师，加强体育教学，推行《国家体育锻炼标准》，办好校运动会，开展特色项目，如篮球运动等。学校还特别重视美育教育和劳动教育。

1978年以后，学校确定了新的办学思想和奋斗目标，即贯彻党的教育方针，按教育规律办事，立足于科研兴校，办出特色，实现"四个一流"：一流的办学理念、一流的师资队伍、一流的教学设备和育人环境、一流的校风和教育质量。学校首次明确提出了"自觉、勤奋、求实、创新"的校训，并沿用至今。经过一系列的改革、探索与创新，师院附中终于成为北京市的一流学校。

**(五)探索自主课程实施**

1992年北京师范学院更名为首都师范大学，北京师范学院附属中学随之更名为首都师范大学附属中学。学校吸收了一系列新理念，采取了一系列新措施，并从严治教，科学管理，走出了一条创新发展的新路。学校的办学目标也从“办一流的学校，育高素质的人才”转变为“国内一流，国际知名”，再改为现在的“国内领先，国际一流”。

在这样的改革框架之下，首师大附中于2012年开始了自主课程建设的实验。除了开足开齐国家和地方规定的课程以外，还开设了初中的校外博识课、初中的活动课、高中的社会实践课、高中的理科竞赛课、高中的发展指导课，课后的选修课更是开得如火如荼，网络授课也是风生水起。另外，首师大附中注重国际化教育，在加强与世界各国相互交流的基础之上，开办国际部，招收外国留学生。之后又与国际学校合作，于2008年开展了中美高中实验课程项目，成为北京市唯一与美国高中名校合作的公立普通高中；于2009年与美国费城捷门棠学校(Germantown Academy)合作，在捷门棠学校建立孔子课堂。2011年北京首个文理兼容的“创新教育实验班”面向全市招生。创新教育实验班借鉴大学的导师模式，在学习和生活上给予学生个性化的指导与帮助，结合博识课等特色校本课程，不断开拓学生视野，鼓励学生参加各类社会实践，真正培养高素质的创新型人才。

为实现新的办学目标，学校在2014年进行了“四三二一”教育教学综合改革。“四”是指“基础通修＋兴趣选修＋专业精修＋自主研修”的“四修”课程体系，“三”是指固定班级制、学长学部制和分层走班制相结合的三维立体管理模式，“二”是指“尊重个性差异”和“注重因材施教”的两个基本原则，“一”是指一个核心目标——让每一个学生在首师大附中成德达才。

2016年，在改革成功的基础上，学校正式实行双导师制，并实施了初中分类分层走班教学，并正式启动高中综合社会实践课程，同时“创客空间”的正式落成也标志首师大附中创客教育的全面开启。

回顾百年附中课程历史，附中人始终紧紧把握时代的脉搏，除旧布新，开拓进取，忠诚于教育，无愧于“成德达才”的教育理想。

**(六)推动集团化课程建设**

近年来，优质教育资源的合理配置和教育质量的公平问题始终是全社会的热点话题。人民群众不断呼吁城乡教育均衡发展，让更多的学生接受优质教育。首师大附中作为百年名校，始终心系祖国未来，以国家发展、民族振兴为己任。在此背景中，学校主动承担社会责任，承办了门头沟区永定分校、首师大附中第一分校、大兴新城南校区、大兴新城北校区、昌平学校、首师大二附中和通州校区。到目前为止，首师大附中教育集团初具规模，集团化办学的优势日益彰显。

首师大附中教育集团坚持“资源共享、集中优势、保留特色、科学整合、协同创新、优质发展”六条基本原则，逐步实现成员校统一管理、统一招生、统一培养、统一课程、统一教研、统一培训，并在办学理念、课程体系、教研培训、管理模式等方面实现深度融合。

课程建设是学校办学理念的集中体现，也是落实培养目标的重要载体。首师大附中教育集团在理念融合的基础上深入细致地开展课程融合。递进式的“四修”课程体系已在各成员校中全面展开，到目前为止，首师大教育集团已经初步搭建了一体化课程平台，基本实现了集团内部课程通选，教师互派。

## 二、守正出新的办学理念

### (一)历久弥新的成德达才育人理念

百年光阴，首师大附中之所以能够抓住一次又一次的教育契机，取得一个又一个的骄人成绩，主要源于一代又一代附中人对“成德达才”育人理念的坚守与创新。

在首师大附中建校初期，民国总统徐世昌和北平首任市长何其巩都曾为学校题词“成德达才”。首师大附中传承百年、与时俱进的“成德达才”育人理念如今仍然具有鲜明的时代特色，体现了与国家近年来所倡导的“立德树人”的人才培养指导思想的高度契合。“成德达才”的本质就是将“人”的培养放在核心的位置，遵循教育规律和人才成长规律，培养品德优秀、才能通达的创新人才，让每个学生都能自主发展、全面而有个性发展和可持续发展。学校在传承的基础上创新出符合时代特征和利于人才培养的发展思路。“成德达才”的育人理念首先明确了学校的性质，学校是育人的场所，要发挥育人的作用，就要帮助学生养成良好的道德素养，培养学生多方面的才能。其次，该理念清楚地表达了“德”与“才”的关系——“德”在“才”先，有“才”无“德”于国于家无用，学校要培养有社会责任感的青年。一个人如果要立足于世，实现个人价值兼益于社会，就不能离开“德”与“才”，这就像构成“人”字的一撇和一捺，二者缺一不可。具体来说，“德”就是人字的一捺，最为重要，起着支撑的作用，“才”字就是人字的一撇，脱离“德”的支撑就无法实现人的社会价值。人才培养的核心是价值观的培养，因为人一出生就不是一个独立的个体了，他要和周围的人交往，在交往的过程中就要遵循一定的原则，这为人处世的原则，家庭要教，学校更要教。因为学生在步入社会之前，大量的时间都是在学校度过的，其交往的基本能力也是在学校形成的。作为育人场所的学校，作为育人工作者的教师，如果不承担相应的义务，就是学校教育的缺失，而且是相当大的缺失。所以，价值观的培养不仅不能忽视，相反应该得到特别地加强；智力因素培养固然重要，非智力因素的作用更不容小觑，人才培养，尤其是拔尖创新人才的培养必须遵守这一规律。因此，“德”与“才”的关系可用图 1-1 来表示。

图 1-1 德才关系

基于上述认识，新一代附中人在继承中创新，进一步明确了首师大附中的育人目标——"培养具有高度社会责任感、德才兼备、全面发展、学有特长的创新人才"。具体来说，要培养具有宽阔的胸怀和强烈的社会责任感，具有积极的人生价值取向和科学严谨治学态度的高素养人才；培养具有宽厚扎实的知识基础、求真求实的实践精神和开阔前瞻的国际视野的高学养人才；培养具有创新意识、创新精神、创新思维和创新能力的，将来在各自领域可以成为领军人物的高精尖人才。

"成德达才，社会中坚。基桢缔造，肇始青年。努力爱春华，及时着先鞭。撷文明之茂实，扬智慧之灵泉。步武前贤，薪火长传。舍我青年，大任更谁肩!"这是首师大附中老校歌歌词，就是这首简约的老校歌，深深地沉淀在首师大附中万千学子的血脉里，一届又一届毕业生吟唱着校歌走出校门，迈进大学，踏入社会，奔赴世界各地。近百年来，改变的是校名，变迁的是校址，不变的是"成德达才"的育人理念，传承的是"舍我青年，大任更谁肩"的责任担当意识。

"成德达才"育人理念历久弥新，新时期首师大附中的育人目标更加清晰明确：努力把首师大附中的学生培养成为具备一种品格(自信坚毅的品格)、一种意识(责任担当意识)、两种精神(勇于探索精神、团队合作精神)和三种能力(自主学习能力、动手实践能力、创新思维能力)的德才兼备的创新型人才。

学校教育的根本任务是为每一个学生的可持续发展、终身发展奠定基础。拔尖创新人才培养同样要建立在这一基础之上，要以能够落实培养目标的课程建设为载体。我校在符合国家课程标准的前提下，结合各校的生源特点和师资水平，兼顾课程开发的科学性和实效性，整合教学资源和课程资源，尝试对国家课程进行校本化开发，构建适合学生发展需要的特色课程体系。首师大附中"四修"课程体系的确立，很好地解决了知识的交叉和课堂效率低下的问题，同时也使学生提高了综合应用能力。

**1. 努力搭建创新的平台**

"创新"是首师大附中校训的重要组成部分，也是每个人与生俱来的潜能，并非少数人独有。我们认为，教育创新从来不是为了创新而创新，而是为了培养具有创新能力的人而创新。

2015年，随着国家双创战略的提出，学校率先开始了创客教育的探索，于2016年年初建成了青牛创客空间，为激发和提升学生的创新力搭建了更广阔的平台，同时积极开发创客课程让学生的的创新活动变得触手可及。

青牛创客空间配备了先进实用的硬件设备，营造了一个良好的创新实践环境，在帮助学生实现创意的同时，让学生见识和体验到一些基本的加工技术，并由此延伸，让学生对当前的新科技相关领域有更广泛和深入的了解，很好地激发了学生的求知欲，为学生不断创新奠定了基础。学生能够沉浸在这样的环境中自主地学习知识，积累经验，真实地体验学习中的主体地位，而这也是我们的追求。

对兴趣爱好不同、学习能力不同的学生，我们通过项目式教学，从结构设计、工艺加工、智能控制、人文艺术等几大方向入手，在校内老师和外请专家的共同努力下，开设了二十余门适应新时代发展的课程，帮助学生分类分层向高水平迈进。

**2. 实践课程力求实现“知行合一”**

在国家新课程计划对中小学开展实践课程提出明确要求之前，首师大附中就已经超前做出了培养学生实践精神的积极探索。首师大附中的博识课，取“博闻广见，卓有通识”之意，从2001年开始，成为具有广泛社会影响的校本课程。博识课以“社会”为课堂，每周利用半天时间，不断把学生带出校园，把专家请进校园，通过参观访问、专家讲座、交流探讨、实践操作、论文撰写等环节实现教学目的。经过16年的探索，博识课已逐步实现了主题系列化、课程常态化、指导专业化、学生自主化，形成了成熟的课程操作规范及效果评价体系，学生眼界不断开阔，综合素质不断提高。学校本着为每一个学生负责的宗旨，将博识课的240多学时设计得精彩纷呈。

随着博识课的成熟，我校又与中国社会科学院合作，正式启动了高中社会实践课程，这也是我校研究性学习的延伸。根据培养人文素养和科学素养的需要，学校结合学生的特点和实际，为学生选定了不同的考察方向，在全国范围选定了十余个活动地区，让学生深入科研院所，真实参与科研活动，多方面促进学生综合素质的提升，通过空间的变化、学习环境的开放，也引发了学生学习方式的变革。

**(二)以人为本的教育教学综合改革**

随着教育部《2020年教育综合改革方案征求意见稿》的公布，北京市教委为响应教育部改革方案，出台了《北京市2017年中考、高考综合改革方案征求意见稿》。根据这两个初步方案，结合学校当下实际情况，在广泛征求各级部门和教师意见基础上，学校决定进一步深化教育教学综合改革，设计符合首师大附中现实和未来特色发展的教育之路。

教育教学综合改革的方向是：以培养人才综合素质和人的终身发展为第一要务，立德树人，全员育人，追求教育核心价值；学生发展放在教育教学的重要地位考虑，创造平等、自由、快乐、竞争的环境，最大限度引导学生发现自我，自主学习，激发学生主动性、积极性和创造性，尊重学生个性发展；创造适合学生发展的教育环境，开设适合每个学生选择的符合自我成长规律的课程。课程的价值不再是盯分数做题，而是重在培养学生的思维、眼界，分析、表达、逻辑等能力和探索创新的精神；完善教师和学生的多元评价机制，让教师、学生向自己的兴趣、爱好、专长、专业方向发展。

主导与主体相统一，学校逐步形成了“三二一”办学特色。学校乃育人之所，学生自然是学校的主体。新一代附中人遵循育人规律，形成了“三注重，两兼顾，一体现”的办学特色，即注重德育，注重实践，注重文化，全面发展与学有特长两相兼顾，处处体现学生的主体性。宽松的育人氛围、多彩的校园文化、丰富多样的课程、多元的评价机制、深入扎实的实践活动，以及教育教学全过程的学生自主管理、自我教育、自觉成长，百年附中因而成为学生心目中的精神家园。

经过借鉴、研究、消化、吸收，我校从2014级高一开始实施首师大附中“四三二一”教育教学综合改革方案，即指“四修”课程体系，三维管理体制，两项基本原则，“成德达才”这一核心育人目标。这次改革实验综合性强，内容涉及课程设置、管理体制、育人模式、运行机制等多个方面，是首师大附中育人理念和办学特色的集中体现。

**1. 一个核心目标**

作为京城知名学府，传统的沉淀，文化的继承，经验的累积，理念的变迁，首师大附中形成了百年不变、内涵丰富的“成德达才”核心育人目标。一个核心目标，就是让每一个学生在首师大附中都能够成德达才。改革也要尊重教育规律和学生身心发展规律，目的是让学生真正成为学习的主人，促进每个学生主动地、生动活泼地发展。通过量身定制的学习计划、灵活的个人课表和专属导师的悉心指导，每个学生都能找到属于自己的学习空间和成长点，都能在学校快乐自主地发展。

**2. 两项基本原则**

首师大附中的教育以人为本，努力办好适合每一个学生可持续发展的教育，始终坚持遵循个性差异和注重因材施教两项基本原则。尊重个体，意味着承认差异，因为差异是多样化的基础。教育不仅要传授知识，更重要的是培养有创造性、有想象力、身心健康的人才。因此不能用一个模式办教育，更不能用一个标准去衡量、评价学生。要做到因材施教、有教无类，尊重并鼓励学生发展个性，培养特长。

毋庸置疑，课堂是学生生活和生命的重要组成部分，应该是属于学生的。首师大附中教学始终朝着“课程要适合学生、课堂要属于学生、评价要激励学生”的方向努力，尽量“满足每一个学生个性发展需求，为他们的终身发展奠基”。在属于自己的课堂，学生可以驰骋想象、自由发展、张扬个性。把课堂还给学生，就是要让学生真正成为学习的主人。

此外，首师大附中尤为重视教育评价的导向和激励作用，注重评价的科学性、多元性和激励性。斯塔费尔比姆强调：“评价最重要的意图不是为了证明，而是为了改进。”课堂教学评价的目的是改进学生的学习行为，调节学生的学习行为，故而首师大附中把教育评价的价值取向定位在学生的不断完善和终身发展上，通过不断丰富评价方式，构建有针对性的评价体系，以使其评价发挥出不可替代的力量。

### 3. 三维管理体制

师长的教诲、同伴的带动、学长的引领是学校教育与家庭教育的不同之处。为了充分发挥学校教育的特殊作用，首师大附中在继承中创新，变革了传统的育人模式，构建了“固定班级制”“学长学部制”和“分层走班制”相结合的三维立体管理模式。

实行学长学部制，根据学生的个性差异和发展需求设立四个学部——创新学部、理工学部、人文学部、国际学部，采取学生和学校双向选择的方式，将有共同兴趣爱好或学科专长的不同年级的学生组成一个团队，培养学生的自主研修能力和团队合作能力，发挥学长的传帮带作用。学部中仍然有教学班，保留了固定班级，每一个教学班配备一位班主任。固定班级制确保了学生有集体归属感，有利于对学生进行精细化管理和指导，有利于开展系列化的德育课程，有利于不同层次、不同兴趣专长的学生互相影响，有利于促进学生的共同发展。基础通修部分通过双向选择在学部制内进行分层走班教学，每个学部主要学科为不同学力水平的学生设置不同层级的课程，但难度差异不大的学科仍按固定班级授课。为给学生提供更多的选择性，学校的兴趣选修、专业精修和自主研修完全是打破学部由学生自主选择决定的跑班教学。分层走班教学是基于尊重学生的个性差异和更好地因材施教，为每个学生提供适宜的课程，以满足不同潜质学生的发展需要，促进学生的专业发展和成长，同时也能更好地加强教学的针对性和实效性，有利于调动学生学习的主动性和积极性，有利于提高学习的选择性和趣味性。

首师大附中推行的“三维管理体制”在注重保留优秀传统教育、结合实际情况的前提下，既使学生拥有集体归属感，又能尊重学生个性差异，为学生提供丰富的选择，“量身定制”学习计划，真正实现因材施教。

### 4.“四修”课程体系

课程建设是学校办学理念的集中体现，也是落实培养目标的重要载体。作为北京市首批示范高中，首师大附中高中生源质量属于一流水平。在长期的课程建设实践中，我们确定了首师大附中课程建设的总目标——以国家课程的高质量校本化实施为基础，以精品特色校本课程的开发为补充，构建与学生内在发展需求相一致的，有利于夯实学科基础、促进专业发展、提高综合素养、形成自主能力的“基础通修＋兴趣选修＋专业精修＋自主研修”课程体系。学生在完成以国家、地方课程为主的通修课程后，可根据自身兴趣选择丰富的选修课。对于在某些方面有特别兴趣或研究的学生，学校充分利用自身教育资源优势，开设专业精修及自主研修课程，并配备导师帮助学生发展各自的兴趣特长。特别值得一提的是，在基础通修课程中，学校特别开设发展指导课，由来自不同领域的教师讲课，多位教师同上一堂课，其中包括对学生规划力、学习力、创新力等方面的培养及开发。首师大附中“四修”课程体系使“全面发展”与“学有特长”完美统一起来，达到了“通修”夯实学科基础、“选修”激发学生志趣、“精修”促进专业发展、“研修”形成自主能力的目的。

## 第二章

# “四修”课程体系的设计与建构

百年附中，历史积淀，培育英才，社会中坚。随着课程改革的推进，首师大附中紧跟时代步伐，结合多年本校教育教学实践，对原有课程体系进行了深入梳理和整合提升，以“培养具有高度社会责任感，德才兼备、全面发展、学有特长的创新人才”为总目标，以国家课程的高质量校本化实施为基础，以精品特色校本课程的开发为补充，形成基础通修、兴趣选修、专业精修和自主研修的“四修”课程体系。

“四修”课程体系强调与学生内在发展需求相一致，“全面发展”与“学有特长”相统一，具有鲜明校本化特色，有利于发挥综合素质评价的激励作用，同时促进教师的专业化发展。

# 一、满足学生发展需求的课程设计

### (一)课程建设目标

近百年的历史变迁，改变的是校址，变更的是校名，不变的是“成德达才”的育人理念。课程建设是学校办学理念的集中体现，也是落实培养目标的重要载体。打造精品特色校本课程是培养厚德博学创新人才的需要，也是学校实现可持续发展、提高核心发展力的需要。2011 年，首师大附中开始构建课程体系，从大课程观角度，把德育纳入课程体系中，目的是让教书与育人相统一，更好地全方位育人。

我们课程建设的总目标是以国家课程的高质量校本化实施为基础，以精品特色校本课程的开发为补充，以落实学科核心素养为学校课程建设的宗旨，以递进式“四修”课程体系为框架结构，进而满足不同潜质学生的发展需求，促进学生自主发展、全面而有个性发展和可持续发展，培养学生自信坚毅的品格和责任担当意识、勇于探索精神、团队合作精神、自主学习能力、动手实践能力、创新思维能力，同时促进教师专业化发展。递进式“四修”课程体系的搭建是从每一个学生的发展考虑，从学生的内在需求出发，以激发学生志趣为核心，兼顾学生的全面发展及学有特长，为学生每一步发展搭设台阶。

### (二)设计原则与思路

北京市首批示范性高中，首师大附中高中生源质量属于一流水平。在长期的课程建设实践中，我们对课程的设计与开发始终坚持“五统一”。

#### 1. 强调课程设置与学生内在发展需求相统一

我国学生与欧美学生相当大的差异在于，中国学生在中学时代缺少对自己未来的规划与发展的思考，他们更多的精力聚焦在学习学科知识本身或升学上，而对人的自我兴趣、志向和未来发展的方向少有深入思考，学习成了应付性的外在任务。这就使得学生难以从学习中获得愉悦的心情，更谈不上享受学习的快乐，甚至产生焦虑、厌烦等负面情绪，出现各种各样的心理问题。实践证明，只有构建与学生内在发展需求相一致的课程体系，才有可能彻底解决这些问题。为此，我校特别增设了发展指导课程，根据各年级学生不同的发展需求给予必要的帮助与指导。比如，第一学年的发展指导课程以“生涯规划、心理辅导、学法指导、表演艺术、领导力提升”为主要内容。

我校首先通过生涯规划课程启发、引导学生寻找并确立自己的发展方向，规划自己的发展之路。然后根据学生的兴趣爱好和未来的专业规划，设置了各具特色的实验课程。我校已开发出高中创新实验课程、理工实验课程、人文实验课程、中美 AP 课程等特色实验课程。不同专业方向的学生，在完成国家规定的基础通修课程的基础上，都适度增加了专业课程精修和校本选修的内容，促进了学生的专业深入发展和综合素养的提高。

**2. 强调全面发展与学有所长相统一**

高中新课程改革的核心目标是促进学生全面而有个性的发展。通修课和选修课，指向学生基础素养的发展。其中“基础通修”课保证学生全面发展、多种素质达标，使学生获得共同的基础学历，达到国家规定的基本要求。“兴趣选修”旨使学生开阔视野，扩展知识领域，培养多方面的兴趣、爱好，如将人文、社会与科学领域中的政治、历史、地理、物理、化学、生物学科的选修课程，设计出不同的排课方式，满足不同志趣学生的个性化修习需求。“专业精修”指向学生专业特长方面的发展，体现学生的学科专攻方向，体现不同学生对课程的不同选择需求，为学生升入高一级学校打下坚实的基础。

**3. 强调课程建设与校本化特色相统一**

首师大附中课程体系的校本化特色，首先体现在对国家课程的高质量校本化实施上。在现有教材的使用过程中，我们发现同一学科必修和选修教材的部分内容有一定的重复，在不同学科的相同知识领域，也有一定的交叉和重现。这些都无疑影响了教学效率的提高。要彻底解决这一问题，就需要相关学科老师相互协作，整合资源，形成具有首师大附中特色、充满活力的课程体系和教学模式，进而促进学生发展，提高教学效益。

首师大附中课程体系校本化特色，还体现在精品特色校本课程的开发上。首师大附中的校本课程建设始终以学生为本，一切从学生的发展需要出发，一切从促进学生个性化的发展出发。

学校已形成许多成熟的品牌化校本课程和几十门深受学生喜欢的实践型校本课程，为学校特色发展奠定了基础。例如，博识课以“博闻广见、卓有通识、知行统一”为理念，培养学生创新精神和实践能力，培养学生提出问题、分析问题、解决问题，为提高学生综合素质起到积极的促进作用。在师生的共同努力下，语文阅读试验课效果明显，深受学生喜爱。学校开设自主研修课程，将更多的时间还给学生，自主管理、自行消化，是我校培养学生自主学习理念的最好体现。

**4. 强调课程改革与教师专业化发展相统一**

由于部分课程内容的整合和大量校本课程的开发，教师角色发生了改变。由过去单纯被动使用教材发展到自主开发校本教材，每一位教师都有了更为强烈的课程主体意识，同时课程的系统意识、目标意识、参与意识、资源意识、创新意识也能落到实处。课程内容整合和校本课程开发已成为教师成长与发展的平台，最终促进教师专业化发展。

**5. 强调学生学业发展与综合素质提升相统一**

学生的综合素质评价是课程改革的重要内容，首师大附中积极推进综合素质发展性评价，在综合素质评价中充分听取教师的意见和建议，引领和指导学生全面而有个性地发展。同时注重评价的多元性，突出过程性评价、发展性评价和激励性评价，促进自我评价、同伴评价、教师评价、家长评价的整合，努力使学生综合素质评价的过程成为学生、教师及家长共同参与的教育活动，从而充分体现综合素质评价在学生发展过程中的激励作用。

## 二、递进式的课程体系建构

"四修"课程体系包括基础通修、兴趣选修、专业精修和自主研修，"全面发展"与"学有特长"相统一，达到"通修"夯实学科基础、"选修"激发学生志趣、"精修"促进专业发展、"研修"形成自主能力的目的。

根据学生的实际情况，我校三级课程整体规划和实验研究实验项目设计了"四修"课程体系，课程设置如图 2-1 所示。

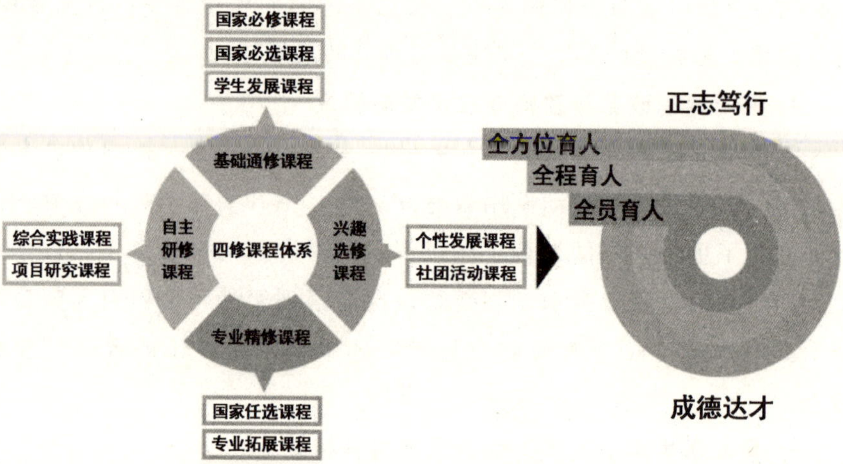


图 2-1　"四修"课程设置图

总体来讲，"四修"课程体系是指通过基础通修来夯实学科基础；通过兴趣选修以提高综合素养，激发学生的兴趣，强调课程的选择性和差异性，以自由选课为核心，给予学生充分的选择权和自主权；专业精修，强调深入学习、批判性思维以促进专业发展；自主研修培养学生形成自主学习的能力。

### (一)"通修"夯实学科基础

教育的核心是促进人的发展，课程要实现人的情意(情绪、感情、态度、价值)发展与认知(理智、知识、理解)发展的统一。人类用有限的时间面对无限的知识，显然不能学习所有的知识，设置的课程既要满足学生后续进一步学习基本知识、基本技能的需要，还要与学生的兴趣、爱好和要求相适应。通修课程，指向学生基础素养的发展，“基础通修”课保证学生全面发展、多种素质达标，达到国家的基本要求。

基础通修课程面向全体学生，以实现国家必修与必选课程的校本化实施，包括学科内的课程整合与学科间的内容整合，把相关学科的内容进行拆分和重组，突出整体效果，实现课程内容的自主。首师大附中被批准获得自主排课和自主会考资格之后，进一步打破年级乃至学段的界限，结合分层走班教学模式，为每位学生量身定做学习计划。语文、英语均实行“X＋1＋1”课时制，其中第一个“1”为阅读课，第二个“1”语文为传统文化课，英语为外教课。此外，学校特色课程“发展指导课”是首师大附中独立开发的必选通修课程，以提升学生发展力为核心，涉及领域广泛，对高中学生开展人生规划方面的指导。为了更好地实施该课程，我校组建了学生发展指导课教师研发和授课团队，由不同学科、不同部门的多位任课教师共同承担授课任务，因而该课深受学生喜爱。首师大附中的通修课程还强调文理兼修的观念，高中文理分科之后，文科的学生物理、化学会考结束之后仍要继续学习没有考试的理科课程，学习生活中的物理和化学；理科的学生历史、地理会考结束后也不放弃文科课程的学习，历史、地理开设专题讲座，如遗失的文明、环球博览、应急避险等。这部分课程由学校统一规划，教师自由设计，以培养学生兴趣、提升学生综合素养。

**（二）“选修”激发学生志趣**

兴趣是学习的源泉，是可以推动人们求知的一种内在力量，而自我发展需求是更为持久不竭的动力源泉。而一个人必须有足够的时间和空间去探索，才能发现潜能和兴趣。在人的成长历程中，中学阶段正是兴趣探索的黄金时代。兴趣选修课程则是迎合学生“口味喜好”的可选择的课程，重在激发兴趣，理解学科间的广泛联系。

如果说，我们的必修课是以“认知为本”的学科教学，那么，兴趣选修课一定要以“兴趣为本”，开展丰富多样的兴趣课程和社团活动，实现学科融通，让每一名学生都能在课程中挖掘自己的兴趣，主动参与各种课程和活动。所以在课程建设上，必须给学生创造足够的探索时间与空间，同时要给学生的兴趣发现与发展必要的机会，而途径就是开设丰富的兴趣类校本课程供学生选择。在这类选修课的教学方式上应不拘一格，鼓励创新，积极创造学生喜闻乐见的教学方式和方法。

新中考、高考改革的重要目标就是为学生的学习提供更多的选择。首师大附中的兴趣选修课程始终在尝试由学科导向转向学生导向，从学生兴趣出发，开设了丰富多样的选修课程供学生选择。通过课程、活动激发学生潜能，学生因而发现自己的长处，发现自己的兴趣，为明确志向奠定基础。

原创音乐剧教学就是兴趣选修课程的典型代表。20多位外请专家和本校的7位音乐、舞蹈教师共同开设了剧本创作、戏剧表演、歌唱表演、歌曲写作、播音主持、朗诵、配音、相声、midi音乐制作、现代舞、录音、乐队演奏、非洲鼓乐等课程。多年来，师生坚持原创，校园歌舞《摇篮》就是由首师大附中师生共同创作的史诗型音乐剧，是原创课程的结晶，其中剧本、音乐、歌曲及舞蹈都是老师及学生的原创作品，再现了百年附中教育的辉煌历程。校庆期间，《摇篮》的演出场场爆满，受到了学生和家长的热烈欢迎。

### (三)“精修”促进专业发展

专业精修课程就是满足学生未来专业学习与发展的需求，体现学生的学科专攻方向，体现个人特长发展的选择性专业课程。专业精修课程的培养对象主要是在某领域已经表现出强烈兴趣并在该领域有更多需求的学生。首师大附中专业精修课程的设置是基于学生和高校的需求两个方面的综合考量的结果。专业精修课程，为学生搭建了个性化、专业化平台，有兴趣专长的学生能够投入更多精力专注于自己专业水平的提升。精修课程加深了学生对专业知识的理解，也为未来大学的专业学习和学生个性特长的发展奠定了坚实基础。学校在课程上满足了学生专业发展的需求，结合高中国家选修课程和部分大学课程，对课程进行适当整合编写，开发了适合于中学生认知特点的相应领域的大学先修课程。

首先，专业精修课程满足了学生发展的需要。随着现在高中学生知识面的拓宽，高中课本的内容根本满足不了学生的需求，开设专业精修课程正好可以解决这个问题，为有兴趣和专长的学生开设信息学奥赛、天文奥赛、机器人竞赛、航空模型竞赛、模拟飞行、青少年创客奥林匹克等课程，帮助学生提升学生专业水平。

其次，专业精修课程满足了高校自主招生的需求。近年来随着高考试题难度下降，考试科目也即将减少，这导致理科突出的学生升入名校难度加大，而高校在招收专业人才时候也产生了困惑——学生专业素养是否下降了？因此教育部进一步完善了高校自招政策，自主招生的对象就是专业突出、具有创新精神的学生。而国际或国内五大学科竞赛获奖是学生拥有参加自主招生资格的必备条件，这五大学科是数学、物理、化学、生物、信息。专业精修课程能为高校培养专业素养比较高的学生，经过专业精修课程的熏陶，很多学生在高中阶段就可以达到大学本科生的部分专业要求，很多理科学生进入高校之后可以直接到实验室参与研究生的科研课题研究。

专业精修课程所教授的知识是高中内容的合理深入，有利于学生的高考学习，能够培养学生坚韧不拔的意志，有助于培养学生的自主学习能力、团队精神和合作意识等。专业精修课程可以划分为文科类专业精修课程、理科类专业精修课程和艺体类专业精修课程。

文科类专业精修课程关注新课程标准中学习的人文性属性，旨在使学生具备文科类学科特有的必备品格与关键能力，注重发展学生的综合知识运用能力，强调提高思维品质和文化素养，提高学生的生活品位和精神体验层次，为培养有见识、有胸怀、有责任感的公民奠定基础。文科类专业精修课程针对高考改革的特点及趋势，辅以学校社团和兴趣小组平台，在课程与活动过程中对有兴趣专长的学生进行深入的指导和培养，通过听说读写、模拟实验、社会调查、专题讲座、案例研究、综合实践等形式增强学生的综合思维能力。

理科类开设了竞赛系列课程、大学先修课、实验实践课程等形式的专业精修课。在进行理科类学科拔尖创新人才培养的同时，一批具备学科潜力的学生加深了对理科类学科的理解，得到更好的发展。在理科类专业选修课的课堂上，经老师和同学们相互配合，相互鼓励，实验一个个取得成功，难题一个个得以破解，学生充分体验了科学家的成长之路。

艺体类专业精修课程与学生艺术社团、体育类专业队伍紧密结合在一起。根据每个社团与队伍的专业特点，学校为学生开设了不同方向的专业课程。通过成达爱乐管乐团、欢乐合唱团、舞蹈团、非洲鼓乐团、篮球队、足球队、田径队、健美操队、烙画社团等社团和队伍的活动与训练，学校培育了大量优秀的音体美类专业人才。他们在各级各项比赛中均取得了优异的成绩。

在2016年学科竞赛中，首师大附中学生获全国初赛一、二等奖的共计72人，且五大学科均有学生获一等奖；进入全国决赛的学生共8人，其中2人获得金牌，6人获得银牌，1人进入国家集训队。学校的奖牌总数和进入集训队的人数均位居北京市第四名。学校已连续两年有学生在初中阶段就被北大签约录取。

**(四)“研修”培养自主能力**

按照斯腾伯格的创造性智力理论，人的成功需要分析性智力、创造性智力和实践智力的共同发展，而常规的课堂学习主要在培养学生的分析性智力方面有很好的作用。实践性智力大量地源于默会知识的获得和应用，默会知识是程序性知识，不是从明确的教授中获得的，往往只可意会，不可言传，但是人们要想在一个环境里取得成功就需要它。创造性智力是一种选择，能够帮助人把各方面的智力有效地应用于他们的生活之中。因此，对于学生的培养，我们需要改变目前过度注重认知学习的状况，这种仅重视分析智力而忽视创造能力和实践能力的局面必须得到改变。

首师大附中多年前就开始实验“高中研究性学习”，并逐步发展为成熟的自主研修课程体系。高中阶段，经过学校组织的开题论证，学生自由选择并确立课题题目，自由组合并形成小组进行课外的自主研究学习，学校或者校外的导师给予方法和理论知识的指导，最后形成报告、论文或其他形式的科研成果，学校组成评审委员会进行答辩审议，对具有创新思维，具有较完整的调查或研究过程的报告或论文给予鼓励。自主研修课程让学习不再单纯以课堂教师的教授为主，学生对成长也有了更新的需求。创客课程和实践课程为学生的自主发展搭建了更广阔的平台。“自主、合作、探究”的新学习方式和项目式学习备受学生青睐。

新课程改革最大的亮点，是设置了以主题式研究性学习为重要内容的综合实践活动课程，学生亲历数学建模、社科研究、科技实践，联系自然、联系社会、联系自我，动手动脑，获得直接经验，有利于创造性智力的培养。自主研修是基础通修课程之外的必要补充，是学生利用自主时间在教师的指导下进行的有目的、有意义的学习活动，主要包括综合实践课程和项目研究课程。

自主研修课程主要是学生利用课余时间进行的探究类课程，包括综合实践课程和项目研究课程。在学好基础通修课程的基础上，学生通过兴趣选修课程发展自己的兴趣，通过丰富多彩的选修课程和兴趣社团活动拓展视野，发现潜能。确定自己专长的学生，可以通过专业精修课程进行延展性和拓展性学习，实现高中课程与大学课程的衔接。在此基础上，学生需要通过自主阅读、小组探究、动手实践、外出考察等多种自主研修课程巩固其所学，将学到的课本知识运用到生活实际，从而达到学以致用的目的。

在学校课程之外，学生能够走出校园开展综合实践课程，这对于他们开阔视野、运用知识等方面起到了至关重要的作用。为了保障综合实践活动的顺利开展，学校开发了大量的校外资源基地，与中科院的专家团队合作，带领学生走出校园，奔赴北京市各城区或其他省市，利用基地资源开展各项活动，包括专家讲座、小组研讨、导师指导、实验操作、论文撰写、答辩展示等。

近年来，学校各学科根据自身特点建设了大量专业教室。2015 年，学校建成了青牛创客空间。专业教室的建设和创客空间的落成为学生开展项目研究课程提供了保障。学生可以从自己的兴趣出发，以个人或小组的形式，在导师的指导下开展项目研究，为将来的专业发展奠定基础。

# 第三章

# 基础通修课程的实施

随着教育改革的不断深化，优质教育资源的合理配置和实现教育质量公平已经成为改革重点。首师大附中主动承担社会责任，奉行“成德达才”的育人理念。在这里，学生是学校的主人，享受首师大附中的“三二一”办学特色，必将发展成德才兼备的全面发展型人才。

“四修”课程体系的建设，是首师大附中育人理念的集中体现。其中，基础通修课程是对国家必修课程与必选课程进行校本化整合(包括学科内和学科间的整合处理)，面向全体学生实施的基础课程，在整合后以分层走班教学的形式开展，并以过程性课程评价作为实施的技术保障。基于网络平台的分层走班模式下的过程性评价管理激发了学生主动学习的意识，也转变了教师以往过度关注考试成绩而忽略学生学习过程的教育教学理念，极大地促进了“成德达才”的教育理念的深入实施。

在基础通修课程基础上开展的学生素养培养课程从人文素养、科学素养、艺体素养三个方面促进学生的全面发展。

# 一、学科内部进行整合

基础通修课程是国家课程的校本化实施，即每个工作日正常的1—7节课。在基础通修课程中，教师针对学情对教材内容进行删减、替换、调整。

文科类课程注重开展具有深度、广度、综合度的拓展性教学，整合学段知识和其他相关内容，实施有效教学。文科类课程的内容全面覆盖了各个生活领域的话题，以贴合学生实际生活为要务，充分体现因材施教的教育理念，为学生提供了大量实践、探究、交流与合作的机会，帮助学生体验学习文科类课程的乐趣，促进语言交流能力的发展，在保障学生全面发展的同时夯实了基础学习能力。在课程整合中，教师弥补了教材中存在的时序性差、材料缺乏等不足，将教学内容按照模块进行整合，进行适当取舍，按照“理论知识＋案例分析”的方法，补充了大量案例和素材，与教材中的必修知识内容相串联。整合有利于帮助学生构建知识体系，培养学生的创新意识和实践能力，做到了让文科类课程教学从学生的生活实践中来，又回到学生的生活中去。

理工类课程以培养学生抽象概括能力和推理论证能力为核心，全面培养学生的空间想象能力、抽象概括能力、推理论证能力、运算求解能力、数据处理能力、分析和解决问题的能力。针对教材体系中从必修到选修基础知识的重复多、梯度大、耗时多等问题，理工类课程构建了符合自身实际、富有个性特征的知识体系，进行了兼容重组的实践研究。经过整合，各版本教材内容可贯通使用，打破了常规模块的束缚；教学上根据学生学习特点与学科核心素养重整教学顺序并分块教学，根据理工科前沿信息，针对教学素材进行更替与重新编排，针对培养不同能力目标的科学实验内容进行科学融合。

艺体类课程部分教材涉及的内容多而散，需要根据学生的实际情况对教材进行删减和重组，开展结构化、综合化、特色化的内部整合。音体美类课程要求对教学内容进行“合并同类项”的模块教学，“零散打包、层层递进”的学习进度使知识呈现结构化特点。国家课程与校本课程经过多年的教学实践，已经成为综合培养学生音体美核心素养的优质课程资源。音体美类课程整合的特色化体现在学科组关注学生个性化学习需求，提供丰富的课程体验，为学生形成终身学习习惯助力。

在基础通修课程实施的过程中，全校教师紧紧围绕“六位一体”自主课程实施原则精心备课、授课，涌现了大量优质课程，得到了学生的认可和喜爱。

“六位一体”课程原则即基于课程方案和课程标准的“课程目标自主、课程排课自主、课程内容自主、课程实施自主、课程评价自主、课程主体(选择)自主的‘六位自主’和以三级课程整体建设为核心”的整体性学校课程创新(一体)。

**(一)语文：儒家的思想解读**

在语文基础通修课程中，围绕人教社高中语文教材必修 1 至必修 5 以及选修教材《中国古代诗歌散文欣赏》《中国现代诗歌散文欣赏》《中国文化经典研读》，以教师提供或建议阅读的材料为载体，以教师指导学生学习为基础，教师在教学过程中对学科专业知识进行有深度、广度、综合度的拓展性教学。

在具体课程安排过程中，学科组整合学段知识和其他相关内容，结合三年课程中语文学科学习的内容与进度，实施有效教学，体现了“课程实施自主”的原则。这样的课程安排，使学生在语文学科能够打下良好的基础，以后可以更好地学习对自身发展有较大价值的、更广泛、更深入的内容。具体到每一个单元、每一篇课文，教师根据课程要求、学生情况、国家教学大纲，采用合适的方式完成教学工作，充分体现了“课程目标自主、课程内容自主”的原则。

以讲授“儒家的思想解读”课程为例，儒家思想作为中华传统文化的重要组成部分，历来都是高中语文教学的重点。语文教师在授课时注重开发和提升学生语文学科的人文素养，力求让学生通过阅读经典原文，体会文言文的语言特点和表达方式，感受古汉语的魅力，增长文史知识；通过对儒家经典的研读、思考和讨论，对儒家思想深入理解，厘清对儒学的认识误区；通过对儒家思想的领悟，能够审视、思考自己遇到的问题，并尝试运用儒学的智慧帮助自己解决问题，指导自己的实践；通过重新构建儒家思想与现实世界的关联，发现儒学在当代社会的价值，形成对儒家文化价值的理性评价和对传统文化的正确态度。

本课程需要解决的重点是引导学生提炼和概括、理解和掌握儒家思想的核心理念，寻找儒家思想演变的历史及原因，依据对儒家思想的批判性理解与解读，对其背后的中华文化价值观进行讨论。在实施过程中，教师针对每一讲的主题，创设一定的问题情境，做好准备工作，调动学生原有的知识和经验，引发学生的探究动机。这样学生就能尽快融入学习中来。比如，第一讲开展甲骨文字竞猜活动，第二讲出示老北京的地名和人名、大学的校训等图片信息，第三讲引入《论语》《史记》等经典中的故事，第四讲引入对朋友圈话题的讨论，等等。

同时，教师应注重社会热点问题的引入，关注学生关心的话题，引导学生进行交流。本阶段，教师可以找到每讲中有争议的问题，引导学生讨论，比如第一讲提及文字的改革，第二讲搜集西方学者对中国文化的看法，第三讲谈谈“己所不欲，勿施于人”在现实中的应用，等等。教师指导学生掌握访谈、上网、资料查阅、问卷调查等获取资料的方式，共同搜集、交流已有信息，个别话题组织学生辩论，以便使学生形成从多个角度认识和分析问题的思维方法。教师在这个阶段需要关注学生对话题的反馈情况，并及时进行记录和总结，以便调整所设定的话题和学习交流的形式。

在总结归纳阶段，教师指导学生对讨论和交流的结果进行归纳、总结和提炼，形成对某些问题的深入认识，形成文字、图片等各种形式的“作品”，并以“小论文”的形式提交。教师对这些成果进行收集、整理和总结，以便更好地调整课程内容。

**课程主要内容**

第一讲　文明载体：你猜不透的那些甲骨文

本讲将带领大家一起书写和解读一些常用的甲骨文，体会文字的发展脉络，感受作为中华文明载体的文字最初状态和主要含义。

第二讲 儒家文明：儒家文明的前世今生

本讲将和大家一起探寻儒家文明的当下遗存，追溯儒家文明的发展脉络，在和其他文明的比较中体会儒家文明的特点。

第三讲 仁爱之道：儒家思想的情感基础

本讲将和大家一起阅读《论语》《孟子》中的一些篇章，结合历史故事，体会儒家的仁爱思想，包括内涵解读、情感基础和实现途径。

第四讲 为学之道：儒家的为学

本讲将为大家解读儒家对为学的理解，了解儒家谈“学”的宏大背景，体会儒家之“学”和现实人生的关联。

第五讲 交友之道：损益和远近

本讲将和大家一起探讨儒家对交友的看法，主要涉及结交朋友的标准、和朋友相处的原则及结交朋友的方式。

第六讲 礼仪之道：情感的恰当传达

本讲将和大家一起探讨儒家对礼仪的理解：礼仪是否仅仅是形式；在形式的背后，儒家又赋予礼仪哪些深刻的思考？

第七讲 天人感应：汉代的儒学与谶纬

本讲开始进入儒学的流变，主要介绍汉代的儒学发展背景。当时谶纬流行，儒家如何对谶纬进行超越，实现儒者的追求。

第八讲 程朱理学：还原真实的理学世界

本讲主要进行宋明理学的讨论，主要介绍理学，从天理和人欲的关系出发，涉及以下问题：天理和人欲一定是对立的吗？什么是理一分殊？格物致知所推究的物理又是什么？

第九讲 陆王心学：孟子“求放心”的延续

本讲主要进行宋明理学中心学的讨论，主要涉及陆九渊、王阳明的思想，重点讨论如下问题：心是什么？心外无物真的是哲学上讲的主观唯心吗？心学的境界又是什么？

第十讲 新儒家：中西会通之后的儒学发展

本讲主要进行新儒家的介绍和学习，儒学在近现代受到外来文化的冲击。在这种冲击之下，新儒家逐渐兴起，他们如何应对这种文化困境，如何对儒学进行新的发展。

课程通过辩论赛、视频、课堂展示等丰富的形式调动学生的积极性，使学生充分参与到课堂中，同时，将高中阶段必学和选学的儒家经典篇目整合在一起，梳理了儒家思想的发展脉络，便于学生整体记忆。学生通过小论文的形式，达到对整体知识的微观落实和宏观把握，学习能力、梳理能力、逻辑思维能力、探索能力等均得到考验和提升。

语文学科课程整合方案见表 3-1 至表 3-4。

**表 3-1　高中语文学科基础通修课程整合方案(一)**

| 整合模块 | 具体内容 | | | 课时 | 完成时间 |
|---|---|---|---|---|---|
| 必修 1 | 情感意象（现代诗歌）品味与赏析 | 精读 | 《雨巷》《再别康桥》 | 3 | 高一第一学段 |
| | | 导读 | 《大堰河——我的保姆》 | 2 | |
| | | 自读 | 《沁园春·长沙》 | 1 | |
| | 提要钩玄（古代散文）思考与领悟 | 精读 | 《鸿门宴》 | 3 | 高一第一学段 |
| | | 导读 | 《烛之武退秦师》 | 2 | |
| | | 自读 | 《荆轲刺秦王》 | 2 | |
| | 品人品文（现代散文）思考与领悟 | 精读 | 《纪念刘和珍君》 | 3 | 高一第一学段 |
| | | 导读 | 《小狗包弟》 | 1 | |
| | | 自读 | 《记梁任公的一次演讲》 | 1 | |
| | 博观约取（新闻报告）沟通与应用 | 精读 | 《包身工》 | 2 | 高一第一学段 |
| | | 导读 | 《短新闻两篇》(《别了，不列颠尼亚》《奥斯威辛没有什么新闻》) | 2 | |
| | | 自读 | 《飞向太空的航程》 | 1 | |
| 必修 2 | 情趣理趣（中外散文）品味与赏析 | 精读 | 《荷塘月色》 | 2 | 高一第二学段 |
| | | 导读 | 《故都的秋》 | 2 | |
| | | 自读 | 《囚绿记》 | 1 | |
| | 含英咀华（古代诗歌）品味与赏析 | 精读 | 《氓》《采薇》《离骚》 | 4 | 高一第二学段 |
| | | 导读 | 《孔雀东南飞》 | 2 | |
| | | 自读 | 《涉江采芙蓉》《短歌行》《归园田居》 | 2 | |
| | 写景抒情（古代散文）思考与领悟 | 精读 | 《兰亭集序》 | 2 | 高一第二学段 |
| | | 导读 | 《赤壁赋》 | 2 | |
| | | 自读 | 《游褒禅山记》 | 2 | |

续表

| 整合模块 | 具体内容 | | | 课时 | 完成时间 |
|---|---|---|---|---|---|
| 必修2 | 对话交流（演讲词）沟通与应用 | 精读 | 《就任北京大学校长之演说》 | 2 | 高一第二学段 |
| | | 导读 | 《我有一个梦想》 | 1 | |
| | | 自读 | 《在马克思墓前的讲话》 | 1 | |
| 必修3 | 人物环境（中外小说）品味与赏析 | 精读 | 《林黛玉进贾府》 | 3 | 高一第三学段 |
| | | 导读 | 《祝福》 | 3 | |
| | | 自读 | 《老人与海》 | 2 | |
| | 感受共鸣（唐宋诗词）品味与赏析 | 精读 | 《蜀道难》、《秋兴八首》其一、《咏怀古迹》其三、《登高》 | 4 | 高一第三学段 |
| | | 导读 | 《琵琶行》 | 2 | |
| | | 自读 | 《锦瑟》《马嵬》 | 2 | |
| | 质疑解难（古代议论文）思考与领悟 | 精读 | 《寡人之于国也》《劝学》 | 4 | 高一第三学段 |
| | | 导读 | 《过秦论》 | 3 | |
| | | 自读 | 《师说》 | 2 | |
| | 启迪想象（科普科幻）沟通与应用 | 精读 | 《动物游戏之谜》 | 2 | 高一第三学段 |
| | | 导读 | 《宇宙的边疆》 | 1 | |
| | | 自读 | 《一名物理学家的教育历程》 | 1 | |
| 必修4 | 性格冲突（中外戏剧）品味与赏析 | 精读 | 《窦娥冤》 | 2 | 高一第四学段 |
| | | 导读 | 《雷雨》 | 2 | |
| | | 自读 | 《哈姆雷特》 | 2 | |
| | 情思意境（唐宋诗词）品味与赏析 | 精读 | 《望海潮·东南形胜》《雨霖铃·寒蝉凄切》《念奴娇·赤壁怀古》《定风波·莫听穿林打叶声》 | 4 | 高一第四学段 |
| | | 导读 | 《水龙吟·登建康赏心亭》《永遇乐·京口北固亭怀古》 | 3 | |
| | | 自读 | 《醉花阴·薄雾浓云愁永昼》《声声慢·寻寻觅觅》 | 2 | |
| | 理清思路（社科随笔）思考与领悟 | 精读 | 《拿来主义》 | 2 | 高一第四学段 |
| | | 导读 | 《父母与孩子间的爱》 | 1 | |
| | | 自读 | 《短文三篇》（《热爱生命》《人是一根能思想的苇草》《信条》） | 2 | |

续表

| 整合模块 | 具体内容 | | | 课时 | 完成时间 |
| --- | --- | --- | --- | --- | --- |
| 必修4 | 知人论世（古代传记）沟通与应用 | 精读 | 《廉颇蔺相如列传》 | 3 | 高一第四学段 |
| | | 导读 | 《苏武传》 | 2 | |
| | | 自读 | 《张衡传》 | 2 | |
| 必修5 | 情节语言（中外小说）品味与赏析 | 精读 | 《林教头风雪山神庙》 | 3 | 高二第一学段 |
| | | 导读 | 《装在套子里的人》 | 2 | |
| | | 自读 | 《边城》《哦，香雪》 | 2 | |
| | 披文入情（古代抒情散文）品味与赏析 | 精读 | 《归去来兮辞》《滕王阁序》 | 5 | 高二第一学段 |
| | | 导读 | 《逍遥游》 | 2 | |
| | | 自读 | 《陈情表》 | 2 | |
| | 融会贯通（文艺论文）思考与领悟 | 精读 | 《咬文嚼字》《孟浩然》 | 4 | 高二第一学段 |
| | | 导读 | 《说“木叶”》 | 2 | |
| | | 自读 | 《谈中国诗》 | 2 | |
| | 筛选信息（科技论文）沟通与应用 | 精读 | 《中国建筑的特征》 | 2 | 高二第一学段 |
| | | 导读 | 《作为生物的社会》 | 1 | |
| | | 自读 | 《指印》《宇宙的未来》 | 1 | |

**表3-2 高中语文学科基础通修课程整合方案(二)**

| 整合模块 | 具体内容 | | | 课时 | 完成时间 |
| --- | --- | --- | --- | --- | --- |
| 中国古代诗歌和现代散文 | 楚辞研读 | 精读 | 《国殇》 | 2 | 高二第二学段 |
| | | 研读 | 《湘夫人》 | 2 | |
| | | 自读 | 《橘颂》 | 1 | |
| | 魏晋诗歌研读 | 精读 | 《拟行路难》其四、《咏怀八十二首》其一 | 2 | 高二第二学段 |
| | | 研读 | 《杂诗十二首》其二 | 2 | |
| | | 自读 | 《陶渊明的好诗》 | 1 | |

续表

| 整合模块 | 具体内容 | | | 课时 | 完成时间 |
|---|---|---|---|---|---|
| 中国古代诗歌和现代散文 | 唐诗词研读 | 精读 | 《长恨歌》《蜀相》《梦游天姥吟留别》《旅夜书怀》《将进酒》《李凭箜篌引》 | 8 | 高二第二学段 |
| | | 研读 | 《越中览古》《春江花月夜》《登岳阳楼》《扬州慢·淮左名都》 | 4 | |
| | | 自读 | 《夜归鹿门歌》《积雨辋川庄作》《阁夜》《燕歌行》《登柳州城楼寄漳汀封连四州》 | 2 | |
| | 宋诗词研读 | 精读 | 《书愤》《一剪梅·红藕香残玉簟秋》 | 2 | 高二第二学段 |
| | | 研读 | 《新城道中》其一、《苏幕遮·燎沉香》 | 2 | |
| | | 自读 | 《中国古代诗歌发展概述》 | 1 | |
| | 元明清诗词研读 | 精读 | 《哨遍·高祖还乡》 | 1 | 高二第二学段 |
| | | 研读 | 《今别离》其一 | 1 | |
| | | 自读 | 《长相思·山一程》 | 1 | |
| | 中国现代散文研读 | 精读<br>自读 | 《动人的北平》《汉家寨》《都江堰》《合欢树》《葡萄月令》《特利尔的幽灵》《新纪元》《美》《森林中的绅士》《埃菲尔铁塔沉思》 | 12 | 高二第三学段 |
| | 先秦诸子研读 | 精读 | 《庖丁解牛》《子路、曾皙、冉有、公西华侍坐》 | 4 | 高二第三学段 |
| | | 研读 | 有关儒家道家思想的文章《当我们无路可走时》《黑暗王国里的烛光》 | 1 | |
| | | 自读 | 《中国古代散文发展概述》 | 1 | 高二第三学段 |
| | 唐宋散文研读 | 精读 | 《伶官传序》《阿房宫赋》《种树郭橐驼传》《六国论》 | 8 | |
| | | 研读 | 《祭十二郎文》《文与可画筼筜谷偃竹记》《过大孤山小孤山》 | 4 | |
| | | 自读 | 《方山子传》《春夜宴从弟桃花园序》《游沙湖》 | 2 | 高二第三学段 |
| | 明清散文研读 | 精读 | 《项脊轩志》《狱中杂记》 | 4 | |
| | | 研读 | 《陶庵梦忆序》《苦斋记》 | 2 | |
| | | 自读 | 《祭妹文》《病梅馆记》 | 1 | |
| | 中国现代诗歌研读 | 学生讲课 | 《现代诗歌散文》选修教材中选取篇目 | 7 | 高二第三学段 |

续表

| 整合模块 | 具体内容 | | | 课时 | 完成时间 |
|---|---|---|---|---|---|
| 中国文化经典研读 | 儒释道（东方哲学）研读 | 精读 | 《论语十则》《老子五章》《坛经》 | 8 | 高二第四学段 |
| | | 研读 | 《孟子见梁惠王》《胠箧》《百喻经六则》 | 4 | |
| | | 自读 | 《论中国文化》《诗与禅》 | 1 | |
| | 钩玄提要（史传文学）研读 | 精读 | 《晋灵公不君》 | 3 | 高二第四学段 |
| | | 研读 | 《直书》 | 2 | |
| | | 自读 | 《史传文学》 | 1 | |
| | 治家治国（先贤思想）研读 | 精读 | 《大学》《中庸》 | 4 | 高二第四学段 |
| | | 研读 | 《求谏》《原君》 | 2 | |
| | | 自读 | 《院士谈做人》《海瑞骂皇帝》 | 1 | |
| | 学以致用（科学人文）研读 | 精读 | 《天工开物两则》《人间词话十则》 | 4 | 高二第四学段 |
| | | 研读 | 《麻叶洞天》 | 1 | |
| | | 自读 | 《红楼梦评论》《人境庐诗草自序》 | 1 | |
| | 天理人伦（人文修养）研读 | 精读 | 《朱子语类三则》《日知录三则》 | 3 | 高二第四学段 |
| | | 研读 | 《童心说》《浙东学术》 | 2 | |
| | | 自读 | 《鲁迅论读书》《人生的境界》 | 1 | |

**表 3-3　高中语文学科基础通修课程(表达交流)整合方案**

| 整合模块 | 具体内容 | | | 课时 | 完成时间 |
|---|---|---|---|---|---|
| 表达交流 | 表达方式 | 叙述 | 叙述的含义、叙述的方法、叙述训练 | 4 | 高一第一学段 |
| | | 描写 | 描写的含义、描写的方法、描写训练 | 4 | |
| | | 议论 | 议论的含义、议论的方法、议论训练 | 4 | |
| | | 抒情 | 抒情的含义、抒情的方法、抒情训练 | 4 | |
| | | 说明 | 说明的含义、说明的方法、说明训练 | 4 | |
| | 审题立意 | 命题 | 审题的意义、审题的方法、审题训练 | 2 | 高一第二学段 |
| | | 材料 | 审题的意义、审题的方法、审题训练 | 2 | |
| | | 拟题 | 拟题的意义、拟题的方法、拟题训练 | 2 | |

续表

| 整合模块 | 具体内容 | | | 课时 | 完成时间 |
|---|---|---|---|---|---|
| 表达交流 | 联想追问 | 横向 | 由此及彼 | 2 | 高一第二学段 |
| | | 纵向 | 由古及今、由浅入深 | 2 | |
| | | 归类 | 同类归纳、对照归纳 | 2 | |
| | 结构安排 | 并列 | 横向展开的方法、横向展开的训练 | 4 | 高一第三学段 |
| | | 递进 | 纵向展开的方法、纵向展开的训练 | 4 | |
| | | 综合 | 纵横结合构思的方法、纵横结合构思的训练 | 4 | |
| | 修改润色 | 修改 | 修改的方法及训练 | 2 | 高一第四学段 |
| | | 润色 | 润色的方法及训练 | 2 | |

**表 3-4　高中语文学科课程(高考备考)整合方案**

| 整合模块 | 具体内容 | 用时 | 完成时间 |
|---|---|---|---|
| 高中备考<br>(第一轮复习) | 高中第一轮知识复习<br>语基部分(字音形义、句子连贯、得体简洁)<br>表达能力培养：命题、话题作文 | 2.5 周 | 高三第一、二学段 |
| | 高中第一轮知识复习<br>文言文部分(必修、读本，词语知识、句义理解、文章思想理解)<br>表达能力培养：材料、漫画作文 | 2 周 | |
| | 高中第一轮阅读鉴赏复习<br>(古代诗文、现代文)<br>表达能力培养：时评作文 | 3 周 | |
| 高中备考<br>(第二轮复习) | 高中第二轮复习<br>Ⅰ卷复习<br>写作补差训练 | 6 周 | 高三第三、四学段 |
| | 高中第二轮复习<br>Ⅱ卷复习<br>写作综合训练 | 6 周 | |
| | 高中第三轮复习<br>查漏补差 | 2 周 | |

### （二）数学：探究奇妙的曲线

数学是能够带给人类智慧的学科，以培养学生抽象概括能力和推理论证能力为核心，全面培养学生的空间想象能力、抽象概括能力、推理论证能力、运算求解能力、数据处理能力、分析问题和解决问题的能力，强调探究性、综合性、应用性，数学学科强化学生对数学素养的培养，要将学生培养成会用数学思维解决问题的人，能够懂得享受数学逻辑之美的人，会独立思考问题、面向未来的人。

根据教学内容的特点，高中数学算法、立体几何内容可选择与信息技术、通用技术进行融通。以算法为例，在算法的学习中，要分析其中蕴含的算法思想，体会算法“通用化”“机械化”“程序化”的特点以及对算法步骤“明确”“有效”“有限”的要求。其次，以具体算法案例为载体，通过分析和阐明算理、明确算法步骤、用程序框图表示、将程序框图翻译成计算机语言（写程序语句）等体会算法思想；利用“思考”“探究”等栏目，思考和探究算法的特点，认识程序框图的三种基本逻辑结构；通过比较同一个问题不同算法的算理，体会好算法的特点，并学会改进算法；鼓励算法多样性，鼓励通过讨论和交流丰富学生对算法的认识，提高算法设计的能力。这些都可以利用学生在高一第一学段学生所学的信息技术整合，让学生利用掌握的计算机语言，上机实践。

以“解析几何中轨迹问题的探索”课程为例，本案例是在学生完成平面解析几何初步和圆锥曲线与方程之后的一节探索研究课，课程中学生很容易由直线、圆和圆锥曲线的定义产生一些类比的新的求轨迹问题，学生也会发现一些新的“奇妙有趣的曲线”，这其中就有在数学史上著名的卡西尼卵形线和微分方程中有重要地位的伯努力双纽线。若不给他们时间和机会继续研究下去是很可惜的事情。解析几何基本思想的核心概念就是“曲线与方程”；通过坐标法，借助于坐标系，使点与坐标、曲线与方程联系起来，从而达到数与形的结合；再通过方程对曲线的性质进行研究，把几何问题转化为代数问题来解决，即“由曲线求其方程”，到“由方程研究曲线的性质”。本节课的探索，也可以落实求曲线方程的方法。

通过对新曲线的研究，领会解析几何基本思想，进一步掌握求曲线方程的方法——坐标法；在分析问题的本质、发掘相关知识内在联系的过程中提高观察、类比、转化、分析、计算的能力，引导学生在反思中发现新问题，培养学生积极参与、大胆探索的精神。

教学中首先通过复习椭圆双曲线的定义，展示学生研究成果，如卡西尼卵形线等，其次询问学生："改变生成上述曲线的某一个条件，能生成一个新的曲线吗？能否求出曲线的方程？"引导学生从几何要素、度量方式、数量关系入手进行思考，探索到两条定直线的距离满足某条件的点的轨迹。

本课程使学生掌握提出问题和解决问题的方法：第一，确定出发点，可以是已知命题、问题或概念；第二，对所确定的对象进行分析，列举出其"属性"；第三，就所列举的每一"属性"思考——"如果这一'属性'不是这样的话，它可能是什么？"；第四，依据上述对于各种可能的分析提出新的问题；第五，对所提出的新问题进行选择；第六，领悟解析几何的核心思想——曲线与方程。

著名数学家华罗庚先生说过："既要能把书读厚，又要能把书读薄。"读厚，就是要把每一层逻辑关系，每一个细节搞清楚，想清楚；读薄，就是能抓住课程内容的主线与基本脉络，抓住课程内容的内在联系，形成对课程的整体认识。高中数学课程整合以国家必修课程与必选课程的校本化实施为设计依据，一方面研究适合学生学习基础的模块教学顺序，另一方面研究如何从高中三年整体出发在学科内部进行深度整合。整体地把握高中数学课程，是理解高中数学课程的基点。函数思想、运算思想、几何思想(把握图形的能力)、算法思想、统计和随机思想等，贯穿于高中数学课程始终，构成了高中数学的基本脉络。这些思想联系密切，像一张无形的网，使高中数学课程的所有内容有机地联系起来，抓住这张网，就可以更好地掌握数学课程，了解数学课程的实质，从而提高学习的效率。具体整合方案见表3-5。

**表 3-5 高一数学整合方案**

| 时间 | 第一学段 | 第二学段 | 第三学段 | 第四学段 |
| --- | --- | --- | --- | --- |
| 上课内容 | 校本课程：一次、二次函数。<br>必修5：不等式的解法。<br>必修1：第一章集合；第二章函数概念与基本初等函数Ⅰ。 | 必修4：第一章基本初等函数Ⅱ（三角函数）；第二章平面上的向量；第三章三角恒等变换。<br>必修5：第一章解三角形。 | 必修5：第二章数列；第三章不等式。<br>必修2：第二章解析几何初步。 | 选修2：第二章圆锥曲线与方程。<br>选修2：第二章推理与证明。<br>必修3：第一章算法初步。 |
| 整合内容 | 开学加入校本课程：一次函数、二次函数及必修五不等式的解法。<br>整体把握高中运算线索，在指数及其运算和对数及其运算中，梳理运算体系，帮助学生真正理解运算法则，进而体现普高衔接。 | 必修1：第二章函数应用作为学生研究性学习内容。<br>将三角函数及其应用放在同一学段，将平面向量的应用、三角恒等变形和解三角形融合。 | 必修2：第二章解析几何初步。<br>必修5：线性规划放在必修二直线之后。 | 选修2：第二章圆锥曲线与方程在解析几何初步之后讲完。<br>推理与证明。<br>算法。 |
| 整合目的 | 高一以函数为教学主线，以学生初中熟悉的一次函数、二次函数为载体，初步树立函数思想，建立函数、方程、不等式的关系。<br>整体把握高中运算。 | 进一步树立数学应用意识。<br>学生对三角函数的两个作用——函数和解三角形有较为全面的认识，同时，学生在经历用平面向量推导两角差的余弦公式、正弦定理、余弦定理的过程中，体会出由于向量具有几何和代数的属性，所以向量起到了沟通 | 一方面，函数、方程都是刻画规律的数学模型，需要结合不同的内容不断地加深对其理解。另一方面，学生建立起方程与曲线的联系后，便初步具有解析思想，更利于建立区域上点与不等式的解的一一对应关系。 | 在坐标法的统领下，从直线与方程、圆与方程到圆锥曲线与方程，分层递进、螺旋上升展开内容，使学生理解坐标法的基本思想，体会坐标法的作用和解析思想。<br>通过学习合情推理与演绎推理，学生了解数学结 |

续表

| 时间 | 第一学段 | 第二学段 | 第三学段 | 第四学段 |
|---|---|---|---|---|
| 整合目的 | | 代数、几何、三角量的工具性作用。 | | 论发现过程也是数学的重要内容，从而形成对数学较为完整的认识。同时有助于发展数学思维能力，提高学生的数学素养。<br>算法思想可以很好地培养学生的逻辑推理能力。一个算法，实际上就是一种构造型的证明或论证。 |
| 整合效果 | 学生通过对二次函数、二次方程、二次不等式的联系的认识，初步树立了用函数的观点“看待”方程、不等式，后面学习函数的零点等问题则会十分顺利。<br>学生通过对运算线索的梳理，对运算的理解有所加深。<br>学生通过初高中内容的整合，体会到初高中知识、学习方法、学习习惯的异同，从而促进学生发展，提高教学效果。 | 体会到向量是如何沟通代数、几何、三角的，向量应用意识较强，一部分学生将自觉地以向量作为工具，解决问题。 | 初步理解解析思想，同时体会到“代数是有序逻辑，几何是直观逻辑”。 | 学生通过轨迹问题的研究、类比在解析几何中的应用等课题的研究性学习，提高发现问题、研究问题、解决问题的能力。<br>学生通过算法的学习，强调解决问题的通性通法，而不去关注问题的特殊技巧。 |

**表 3-6　高二数学整合方案**

| 时间 | 第一学段 | 第二学段 | 第三学段 | 第四学段 |
| --- | --- | --- | --- | --- |
| 上课内容 | 必修 2：第一章立体几何初步。选修 2：第三章空间中的向量与立体几何。 | 必修 3：第二章统计；第三章概率。选修 2：第一章计数原理；第二章概率；第三章统计案例。 | 选修 2：第一章导数及其应用。选修 2：第一章常用逻辑用语。 | 选修 2：第三章数系的扩充与复数的引入。选修 4：参数方程与极坐标几何证明选讲。 |
| 整合内容 | 以立体几何为载体，进一步认识研究几何问题的两个重要方法，培养学生解决几何问题的能力。 | 以培养统计和随机思想为教学主线。 | | 前面所学内容的拓展。 |
| 整合目的 | 几何使数学所特有的逻辑思维和形象思维有机地结合起来。几何思想主要体现在把握图形的能力。几何可以培养学生的逻辑推理能力。同时，以向量为研究几何的工具，进一步体会如何用代数方法研究几何问题。 | 概率、统计在小学和初中就有相应课程，随机思想与传统的数学思想有比较大的不同。有的方法看起来不难，但是理解起来还是有困难的。所以通过整合，教学中用大量的具体案例来帮助学生理解，学生通过对案例的学习，体会数据处理的过程和思想。 | 一方面，数学中研究函数主要是研究函数的变化特征。高中的研究分两个阶段：第一个阶段，用运算的性质研究单调性；第二个阶段，用导数的性质研究单调性。另一方面，函数与方程、数列、不等式、线性规划、算法、导数及其应用，包括概率统计中的随机变量等，都与函数有密切联系。用函数（映射）的思想去理解这些 | 就内容来说并不难，但是需要认真深入地体会其中蕴涵的思想，这些思想在以后学习和工作中会有很大用处。 |

续表

| 时间 | 第一学段 | 第二学段 | 第三学段 | 第四学段 |
| --- | --- | --- | --- | --- |
| 整合目的 | | | 内容，是非常重要的出发点。反过来，学习这些内容，可以加深对函数思想的认识。 | |
| 课程整合中的成果 | 高一暑假作业：与通用技术结合，完成几何模型的制作。 | 高二研究性学习：统计报告。 | | |

高三学生备战高考，在时间安排上需紧跟市、区的进度。高三备考阶段的复习资料基本实现校本化自主设计编排，课上使用自2007年开始研发的复习资料，课下配有相应练习资料《首师大附中高三数学一百练》，更加符合首师大附中学生的认知水平和复习难度，极大提高学生备考效率。

在全组教师的共同努力下，紧密围绕“六位一体”的课程整体创新，数学学科逐渐形成了自己的校本化整合特色，具体体现在以下四个方面。

第一，科学性与教学的有效性相结合。数学学科的整合以整体把握高中教学为目的，课程设置中的一条主线就是函数思想。高一课程设置中的函数与方程、数列、不等式、线性规划、算法，以及高二课程设置中的导数及其应用、概率统计中的随机变量等，都与函数有着密切的联系。用函数(映射)的思想去理解这些内容，是非常重要的出发点。另一条主线是运算，运算是数学学习的基本内容，运算对象的不断扩展是数学发展的重要线索。从数的运算到字母的运算，是运算的跳跃；从数的运算到向量运算，是认识运算的再次跳跃。在高中数学课程中，主要有几部分内容集中介绍了运算：指数运算、对数运算、三角函数运算、向量运算(包括平面向量和空间向量)、复数运算、导数运算等。学生学习运算，为以后进一步学习数学其他分支，体会数学运算的意义以及运算在建构数学系统中的作用，奠定了扎实的基础。

第二，跨学科的课程整合。分科教学有着诸多好处，也存在明显弊端，很容易造成学科割裂。课程建设中应注意避免学科割裂，突出学科的整合，对相关学科或内容整合处理，突出整合的整体综合效果。此外，学科割裂不利于学生形成通感，而创新灵感的产生往往孕育于通感；从这一角度来讲，也需要加强跨学科的整合性课程，学生开阔眼界与思维视野，广博的知识积累有助于创新能力的培养。

第三，算法思想。算法思想是贯穿高中课程的主线。算法思想就是指按照一定的步骤，一步一步去解决某个问题的程序化思想。在数学中，完成每一件工作，如计算一个函数值、解一个方程、证明一个结果等，都需要有清晰的思路，一步一步地去完成，这就是算法的思想、程序化的思想。我们一直在利用算法的思想，尤其在计算机普及的时代，程序化越来越被人们普遍接受，提高设计“算法的能力”变得很必要了。

第四，立体几何与通用技术整合。立体几何强调空间观念的建立和空间想象能力的培养，引入合情推理，突出几何直观，在大量实际背景、直观操作和感受的基础上，引导学生归纳、概括出若干定理，目的是让学生感受公理化思想，了解证明的含义。相关章节中给出的四个公理、九个定理中只有四个性质定理需要证明，其余四个判定定理只需通过直观感知、操作确认，最后归纳得出。所以在教学中应该遵循“直观感知—操作确认—思辨论证—度量计算”的认识过程展开知识内容，充分利用观察、思考、探究等栏目，正好可以在高一暑假完成几何模型。

**表 3-7　以数学为主线的数学、信息技术、通用技术的整合课程方案**

| 整合科目 | 整合的内容 | 具体内容要求 |
|---|---|---|
| 数学必修3<br>第一章算法初步 | 算法与程序框图（数学）与程序设计中的算法结构（信息）整合 | 算法概念 |
| | | 绘制程序框图 |
| | | 三种基本逻辑结构（顺序、选择、循环） |
| 信息技术选修1<br>算法与程序设计 | 基本算法语句（数学）与程序设计语言初步（信息）整合 | 用程序设计语言实现三种控制结构 |
| | | 理解模块化程序设计的基本思想 |
| | | 学习调试、运行程序的方法 |
| | | 学习面向对象程序设计语言的思想方法 |
| | 中国古代算法案例（数学）与算法和问题解决（信息技术）整合 | 解析法与问题解决 |
| | | 穷举法与问题解决 |
| | | 查找、排序与问题解决 |
| | | 递归法与问题解决 |
| | | 中国古代算法案例程序实现 |
| 数学必修3<br>统计与概率 | 统计（数学）与网页设计及因特网应用（信息）整合 | 随机抽样 |
| | | 用样本估计总体 |
| 信息技术选修3<br>网络技术应用 | | 变量相关性 |
| | | 利用网络进行问卷调查，完成数据的统计与分析 |
| 数学必修2<br>第一章立体几何初步 | 立体几何体初步（数学）与结构设计（通技）整合 | 空间几何体的构成要素及结构特征 |
| | | 空间几何体的表面积与体积计算 |
| 通用技术必修2<br>结构设计 | | 绘制几何体三视图 |
| | | 完成几何体模型制作 |

### （三）化学：物质的分离与提纯——萃取、分液

深化课改以后，虽然总的教学内容有所减少，但由于增加了选修课程，化学课程课时并没有减少。在此大环境中，如何三年一盘棋统筹安排教学，是我们面临的重大课题。从教材体系上看，从必修到选修基础知识的重复内容较多，且梯度较大，教学耗时较多；从内容上看，必修教材《化学 1》和《化学 2》过分强调基础性，很多概念及化学反应都是生

硬地提出，让学生去机械记忆，《化学 1》中元素化合物知识涵盖太多，学生没有理论支撑，属于机械学习，死记硬背。从有机化学的角度看，教学几乎没有涉及有机物研究方法，也没有完全考虑有机化学本身的内在逻辑体系。基于以上原因，我们构建了符合学校实际、富有个性特征的知识体系，进行了兼容重组的实践研究。

本案例为首师大附中校本课程教材整合的内容，为高中学段高一年级的化学课程。

化学家要研究某种物质，首先考虑的是怎样从混合物中使其分离出来，即怎样提纯，再进行分析、检测，研究其结构和组成。因此，本节课作为单元的第一课时，以化学家研究物质的一般思路来进入物质研究的学习，能引导学生了解物质研究的一般步骤，为学生建立起科学探究的思维方式，是引入和激发学生对化学产生兴趣的第一步。

人民教育出版社的教材(简称人教版教材)必修 1 第一章第一节介绍常见物质的分离与提纯，着重介绍无机物分离提纯的方法；选修 5 也涉及相似内容，侧重于有机溶剂的介绍及其应用。在进行物质的分离与提纯课程设计时，课题组将选修 5 中的相关内容提到必修 1 一并讲解，这样设计的优点是：避免了重复，节省了总课时，为选修 5 中研究物质的一般步骤打下坚实的基础。

学生通过本节课学会萃取、分液在实际生活中的应用；借助情境引入了解萃取原理，掌握萃取、分液的实验操作步骤；通过油水分离实验形成解决实际问题的能力，提高应用能力。教师通过演示，指导学生动手实验，学生的动手能力和探究能力因而得以增强。

本节课播放《舌尖上的中国》片段，希望引发学生的兴趣，进而对比火锅底料的熬制与溶解度的概念，以及分析炒制底料时用牛油而不用水提取辣红素的原因。然后模拟上述情境，选取水煮朝天椒得到的辣椒水，向其中加入植物油后，搅拌静置。学生通过观察，解释原因，进一步提出问题，从而明确萃取的概念和萃取的意义。结合火锅底料回收底油的情境，教师提问：根据你的生活经验和已有知识如何使油层和水层分离？请你改进此装置？学生可能会想到直接倾倒、用吸管吸、放冰箱里冷却分离等方法，从而引出实验室中的仪器——分液漏斗。为了强化学生对萃取、分液的理解，教师设置工业生产中从海带中提取碘的情境，使学生完成：第一，如何从碘的水溶液中提出碘单质？第二，完成后，学生分组进行实验，优选萃取剂。实验过程中教师给予进一步指导，如提醒学生控制变量等。实验结束后，分组汇报实验结果，师生共同讨论得出结论——萃取剂的选择遵循的原则是互不相溶与溶解度差异。第三，通过优选后的萃取剂进行动手实验，实现碘水中碘单质的萃取分液。

最后以海带中提碘的流程为例，小结不同的物质体系分离提纯时应选择适合的方法，包括过滤、萃取、分液、蒸馏等。最后用居里夫人和屠呦呦利用物质分离提纯对人类做出很大的贡献结尾，明确物质分离提纯方法在科学研究中的重要性。

根据学校"四修"课程体系的建设要求，化学组全体教师经过多次研讨，完善了化学学科的基础通修课程整合方案。具体整合方案见表 3-8 和表 3-9。

**表 3-8　化学学科课程整合方案(高一第一学期)**

<table>
<tr><th rowspan="2">整合模块</th><th colspan="3">具体内容</th><th rowspan="2">课时</th><th rowspan="2">完成时间</th></tr>
<tr><th>章节</th><th colspan="2">教学内容</th></tr>
<tr><td rowspan="6">必修1、必修2、选修1</td><td rowspan="6">第一章认识化学科学</td><td rowspan="3">丰富多彩的物质世界</td><td>知道化学学科的主要研究对象，了解 20 世纪化学发展的基本特征和 21 世纪化学的发展趋势</td><td rowspan="3">1</td><td rowspan="6">高一第一学段</td></tr>
<tr><td>认识并欣赏化学科学对提高人类生活质量和促进社会发展的重要作用</td></tr>
<tr><td>认识化学变化的本质</td></tr>
<tr><td rowspan="3">研究物质的实验方法</td><td>树立安全意识，识别化学品安全使用标志</td><td rowspan="3">3</td></tr>
<tr><td>初步掌握物质分离和提纯的原理和方法，掌握物质分离试剂的选择</td></tr>
<tr><td>分离与提纯过程的最简设计方案</td></tr>
</table>

续表

<table>
<tr><th rowspan="2">整合模块</th><th colspan="3">具体内容</th><th rowspan="2">课时</th><th rowspan="2">完成时间</th></tr>
<tr><th>章节</th><th colspan="2">教学内容</th></tr>
<tr><td rowspan="24">必修1、必修2、选修1</td><td rowspan="7">第一章认识化学科学</td><td rowspan="6">常用化学用语</td><td>物质的量及其单位</td><td rowspan="6">10</td><td rowspan="13">高一第一学段</td></tr>
<tr><td>阿伏伽德罗常数的理解和应用，阿伏伽德罗定律的应用</td></tr>
<tr><td>摩尔质量的概念和有关计算</td></tr>
<tr><td>了解气体摩尔体积，掌握有关气体摩尔体积的计算</td></tr>
<tr><td>掌握物质的量与气体体积之间的换算关系</td></tr>
<tr><td>一定的物质的量浓度溶液的配制</td></tr>
<tr><td>归纳与整理</td><td></td><td>2</td></tr>
<tr><td rowspan="8">第二章化学物质及其变化</td><td rowspan="2">物质的分类</td><td>根据物质的组成和性质对物质进行分类</td><td rowspan="2">3</td></tr>
<tr><td>知道胶体是一种常见分散系</td></tr>
<tr><td rowspan="3">离子反应</td><td>知道酸碱盐在溶液中能够发生电离，通过实验认识离子反应及其发生的条件</td><td rowspan="3">4</td></tr>
<tr><td>了解常见离子的检验方法</td></tr>
<tr><td>电离方程式的书写，离子方程式的书写</td></tr>
<tr><td rowspan="2">氧化还原反应</td><td>理解氧化还原反应，了解氧化剂和还原剂等概念</td><td rowspan="2">5</td></tr>
<tr><td>能判断氧化还原反应中电子转移的方向和数目</td></tr>
<tr><td>归纳与整理</td><td></td><td>2</td></tr>
<tr><td rowspan="11">第三章金属及其化合物</td><td rowspan="4">金属的化学性质</td><td>金属与非金属的反应</td><td rowspan="4">3</td><td rowspan="11">高一第二学段</td></tr>
<tr><td>金属与酸和水的反应</td></tr>
<tr><td>铝与氢氧化钠溶液的反应</td></tr>
<tr><td>物质的量在化学反应计算中的应用</td></tr>
<tr><td rowspan="3">几种重要的金属化合物</td><td>钠的重要化合物</td><td rowspan="3">6</td></tr>
<tr><td>铝的重要化合物</td></tr>
<tr><td>铁的重要化合物</td></tr>
<tr><td rowspan="2">用途广泛的金属材料</td><td>了解合金的含义以及性能</td><td rowspan="2">1</td></tr>
<tr><td>了解铜合金、铝合金、铁合金等金属材料</td></tr>
<tr><td>金属的冶炼</td><td>冶炼(必修2第四章)</td><td>1</td></tr>
<tr><td>归纳与整理</td><td></td><td>1</td></tr>
</table>

续表

| 整合模块 | 具体内容 | | | 课时 | 完成时间 |
|---|---|---|---|---|---|
| | 章节 | 教学内容 | | | |
| 必修1、必修2、选修1 | 第四章非金属及其化合物 | 无机非金属材料硅 | 硅单质性质 | 3 | 高一第二学段 |
| | | | 二氧化硅、硅酸的性质 | | |
| | | | 熟悉硅酸盐化学性质 | | |
| | | | 了解硅酸盐工业及新型无机非金属材料，知道水泥、玻璃和陶瓷的主要化学成分、生产原料及其用途(选修1第三章) | | |
| | | 海水中的元素氯 | 掌握氯气的化学性质，了解几种重要的含氯化合物的性质及用途 | 3 | |
| | | | 掌握常见气体的实验室制法 | | |
| | | 氮的循环 | 了解氮的氧化物对大气的污染及其防治，掌握氨、铵盐的性质及制法(选修1第四章) | 6 | |
| | | | 二氧化氮和一氧化氮化学性质及与水反应的计算 | | |
| | | | 硝酸的强氧化性及其还原产物的多样性 | | |
| | | 硫的转化 | 二氧化硫、三氧化硫的性质 | 4 | |
| | | | 硫的氧化物对大气的污染及其防治 | | |
| | | | 硫酸的化学性质以及硫元素多种价态的转化 | | |
| | | | 知道大气主要污染物，减少大气污染物的原理和方法(选修1第四章) | | |
| | | 海水资源的开发 | 海水提溴(必修2第四章) | 1 | |
| | | 归纳与整理 | | 1 | |

**表 3-9 化学学科课程整合方案(高一第二学期)**

<table>
<tr><th rowspan="2">整合模块</th><th colspan="3">具体内容</th><th rowspan="2">时</th><th rowspan="2">完成时间</th></tr>
<tr><th>章节</th><th colspan="2">教学内容</th></tr>
<tr><td rowspan="16">必修2、选修5</td><td rowspan="7">第一章物质结构 元素周期律</td><td rowspan="2">元素周期表</td><td>元素周期表的结构，金属非金属在元素周期表中的位置及其性质的递变规律</td><td rowspan="4">9</td><td rowspan="11">高一第三学段</td></tr>
<tr><td>元素、核素的含义</td></tr>
<tr><td rowspan="2">元素周期律</td><td>原子核外电子排布</td></tr>
<tr><td>原子结构与元素性质的关系</td></tr>
<tr><td rowspan="2">化学键</td><td>理解离子键、共价键的概念，能用电子式表示离子化合物和共价化合物的形成</td><td rowspan="2">3</td></tr>
<tr><td>化学键的概念和化学反应的本质</td></tr>
<tr><td>归纳与整理</td><td></td><td>1</td></tr>
<tr><td rowspan="7">第二章认识有机化合物——烃</td><td>有机物的结构特点</td><td>有机物的结构特点、结构式、结构简式等</td><td>1</td></tr>
<tr><td rowspan="3">脂肪烃</td><td>甲烷、烷烃，命名同分异构体、同系物</td><td>6</td></tr>
<tr><td>乙烯、烯烃，命名同分异构体、同系物</td><td>6</td></tr>
<tr><td>乙炔、炔烃，命名同分异构体、同系物</td><td>4</td></tr>
<tr><td>归纳与整理</td><td></td><td>1</td></tr>
<tr><td rowspan="2">芳香烃</td><td>掌握芳香烃中各种碳碳键、碳氢键的性质和主要化学反应</td><td>6</td><td rowspan="5">高一第四学段</td></tr>
<tr><td>煤、石油</td><td>1</td></tr>
<tr><td>归纳与整理</td><td></td><td>3</td></tr>
<tr><td>第三章元素化合物</td><td></td><td>综合复习</td><td>12</td></tr>
<tr><td></td><td>会考</td><td></td><td>会考复习</td><td>6</td></tr>
</table>

### （四）生物：口腔上皮细胞采集实验

生物课程包括“分子与细胞”“遗传与进化”“稳态与环境”三个必修模块和“生物技术实践”“生物科学与社会”“现代生物科技专题”三个选修模块。为了更好地培养具备核心素养的人才，校学科组进行了生物学科的课程整合。生物学核心素养由生命观念、理性思维、科学探究、社会责任四个要素组成。在国家生物课程标准的要求下，为了更好地实现相应目标，国家课程的校本化实施、生物学科内部整合势在必行。生物学科内部整合特点包括：各版本教材内容可贯通使用；教材知识内容可打破常规模块的束缚，根据学生学习特点与学科核心素养重整教学顺序并分块教学；根据生物前沿信息，针对教学素材进行更替与重新编排；可针对培养不同能力目标的科学实验内容进行融合。

核心素养的提出为生物学科教学提供了方向，各学科相互关联，共同为培养具备核心素养的人才做出努力。自然科学包括生物、物理、化学等科目，其内在科学方法、思路、原理具有相通的部分，在生物教学过程中要注重纵向关系，即学科内知识内容的前后关联，更要重视横向关系，即各学科知识、能力、情感等方面的前后联系与共同点。这样才能更好地完成自然科学的系统学习，培养学生逻辑严谨的理性思维和科学探究能力，做到融会贯通，综合全面发展，着重开发生物与数学、化学、物理等自然学科的融通课程。一方面，借助其他学科的理论和方法，加深学生理解生命科学内涵的深度，延展学生认知和思维的广度；另一方面，为学生自主选择未来的职业方向，打好骨架式的自然科学基础。例如，在生物与化学两个学科之间建立生物化学交叉学科，利用化学的理论和方法研究生命物质，深入理解生物各种各样的微观新陈代谢活动（如呼吸作用、光合作用、血糖调节）的结构变化、物质循环和能量流动，从而扩大到对宏观生态系统的认知，在理解中认同结构与功能观、物质与能量观等生物学的生命观念。再如，生物与数学课程相互融合，建立数学模型，更好地理解种群的数量变化和群落演替。

生物学科不仅与理科其他科目密切相关，而且与人文情怀、道德教育有着紧密联系，如地理、历史与社会的部分内容。尝试开发生物与人文学科相融通的课程，渗透感性思维和情感态度价值观的教育。例如，生物和地理建立融通课程，借助地理学科地质年代概念及地形变化等知识，更具象地理解物种的形成与进化历程。再如，将语文、政治、历史等人文学科文字的阅读理解、提炼和整合信息、社会主义核心价值观等方面的知识加入到以生物学科为中心的融通课程中，一方面强化学生科学阅读的能力，另一方面使学生对保家卫国、爱护生命、尊重自然的使命感得以升华。

高中生物课程在必修1、必修2、选修1、选修3中都有关于分子遗传学的基础知识，教材也在必修1、选修1中，针对分子遗传学方面也给出了零星的实验内容。同时，分子遗传学作为高考重点、难点，每年均以实验的方式出题考查。因此，本系列实验对分子遗传学相关实验进行整合，具体实验包括口腔上皮细胞的采集、细胞核的染色、人基因组DNA提取、PCR、限制性内切酶酶切、琼脂糖凝胶电泳等。在实验中以学生自身口腔上皮细胞为实验材料，实际动手操作，极大地调动了学生学习的积极性。同时，本实验对原有教材内容的顺序重新整合，明确了这些技术的应用方式及其联系，将知识完整地呈现给学生，有助于增强学生对知识的整体把握，同时锻炼了学生分析、解决实际问题的能力。

生物学是学生最早接触的自然科学，是农学、林学、医学及其他相关科学和技术的基础，对社会、经济和人类活动均产生巨大影响。生物课程是教材、教师、学生、环境多种因素动态交互作用的“生态系统”。高中生物课程将在初中课程的基础上，进一步提高学生的生物科学素养，重在发展学生的信息获取能力和科学探究能力，帮助学生理解生物科学、技术和社会的关系，解决生产、生活中的实际问题，增强学生对自然和社会的责任感，促进学生形成正确的世界观和价值观。为适应自主排课、自主会考的需要，我们对高中生物的五本教材进行了系统地整合、编排，充分体现了对学生知识和能力综合考查的宗旨，提升了教学的自主性、选择性和实效性。

高中生物课程的整合依据国家课程标准展开。首先是钻研高中生物课程的性质，基本理念，设计思路，“三维目标”(知识与能力、过程与方法、情感态度与价值观)，内容标准，实施建议等。其次是准确地把握学情，课程融合要把学生实际放在首要位置，充分了解和掌握学生的认知水平和个体差异，包括学生学习心理状态、学习特点、学习动机等因素，做到最大限度地满足不同层次学生的需求。最后以育人为宗旨进行课程设计，实现了由知识立意向能力立意的转向，也实现了由以升学为目的向以育人为目的转向，课程整合也要体现以人为本。教育的最终目的是育人。教材整合的各环节都要凸显为学生着想的宗旨，要让学生自主学习，各层次学生都要学有所长。若内容复杂烦琐，则不利于学生理解、应用，不利于学生的个性发展，若整合内容不全面，学生不易达到课标要求的知识水平和能力水平，则会出现学生轻视生物学科的情况，这些均不利于学生素质的全面提高。

因此，生物学科教学应遵循以下五个原则：一是选择适合学生的教材，使之养成良好的阅读习惯。二是关注知识间的内涵外展，打破章节、模块和学科的壁垒，将联系紧密的内容科学融合。三是各类型实验科学融合。四是适当删减或增添教材内容，根据内容和学生情况调整课时。五是充分发挥生物学科“四修”课程体系的作用。

遵循以上原则，我校进行了跨模块整合，将高中生物课程整合为四大模块。

第一，必修 1：分子与细胞。

“分子与细胞”以“细胞是基本的生命系统”为核心展开，包括系统分子组成的独特性，系统结构、功能的完整性和协调性，系统的物质、能量、信息的流动，系统的发生、发展、终结的历史。在科学方法方面，本模块侧重观察和实证的方法，也涉及建立模型(如建构真核细胞的三维结构模型)和实验设计等方法。因此，本模块的探究活动以实验观察为主。(图 3-1)

第二，必修 2：遗传与进化。

“遗传与进化”是以人类对基因的本质、功能及其现代应用的研究历

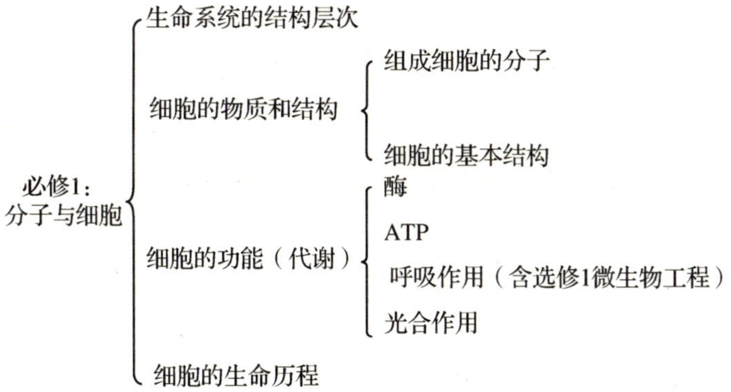


**图 3-1　分子与细胞知识结构**

程为主线展开的，既让学生了解遗传学的历史，又“厚今薄古”，突出分子遗传学和现代生物进化论的内容。在呈现方式上，本模块内容基本是循着人类认识基因之路展开的。这样学生学习遗传知识的过程，犹如亲历一百多年来科学家孜孜以求的探索过程，会受到科学方法、科学态度和科学精神等多方面的启迪。尤为重要的是，每一章的学习都围绕一个核心问题展开，学习的过程也是解决问题的过程。这对于激发学生的学习兴趣、转变学习方式、提高分析和解决问题的能力，都是非常重要的。（图 3-2）

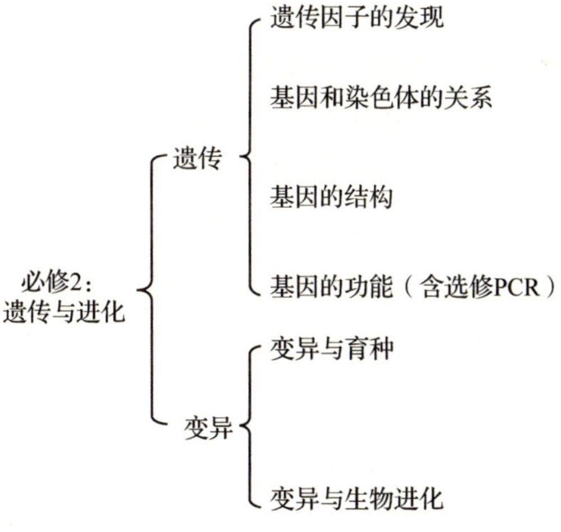


**图 3-2　遗传与进化知识结构**

第三，必修3：稳态与环境。

“稳态与环境”是以生物个体、种群、群落和生态系统各层次系统的稳态(或稳定性)维持为主线展开的，突出生命系统稳态与环境的关系，同时强化人体稳态的调控和健康，以及人类活动对生态系统稳定性的干扰和保护两个方面。在呈现方式上，本模块围绕上述主线，不断创设问题情境，引导学生进行资料分析、实验、讨论等探究活动，认识个体和群体各层次生命系统的组成、结构、功能和调节机制，进而认识稳态及其与环境的关系，领域系统的观点和方法。(图 3-3)

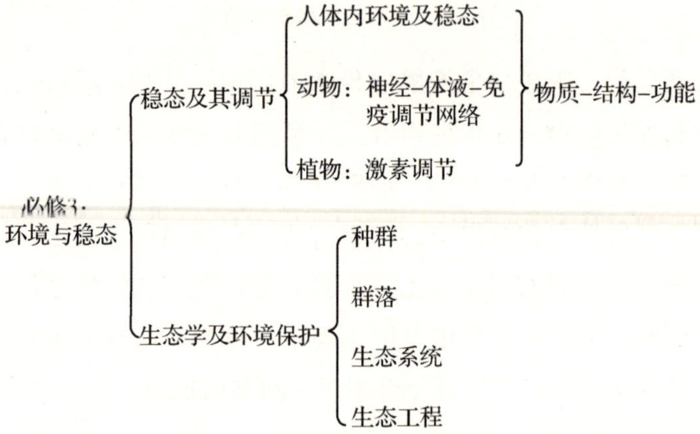


**图 3-3　稳态与环境知识结构**

第四，选修3：现代生物科技专题。

“现代生物科技专题”在体现科学、技术和社会的关系上与“生物科学与社会”有相同之处；不同的是，本模块以专题形式介绍生物科技几个重要领域的研究热点、发展趋势和应用背景，更加重视介绍现代生物科技的原理、方法、技术及其应用，以开阔学生视野、增强科技意识、激发学生探索生命奥秘的热情、培养学生热爱生命科学的情感。(图 3-4)

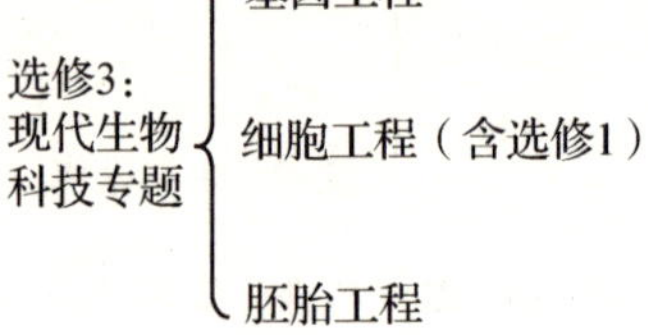


**图 3-4　现代生物科技专题知识结构**

生物学科整合方案见表3-10。

**表3-10 生物学科整合方案**

| 原教材内容 | | 课时 | 融合后内容 | 融合课时 |
|---|---|---|---|---|
| 必修1<br>第一章走近细胞 | 从生物圈到细胞 | 1 | 走近细胞（增加：生命基本特征、真核细胞和原核细胞的异同） | 2 |
| | 细胞的多样性和统一性 | 2 | | |
| 必修1<br>第二章<br>组成细胞的分子 | 细胞中的元素和化合物 | 1 | 细胞中的元素和无机物（融合必修1细胞中的无机物） | 1 |
| | 生命活动的主要承担者——蛋白质 | 1 | 生命活动的主要承担者——蛋白质（拓展有机化学的有关知识） | 1 |
| | 遗传信息的携带者——核酸 | 1 | 遗传信息的携带者——核酸（拓展从多方面比较DNA和RNA的不同、少数RNA病毒） | 1 |
| | 细胞中的糖类和脂质 | 1 | 细胞中的糖类和脂质（帮助学生了解饮食与健康） | 1 |
| | 细胞中的无机物 | 1 | | |
| 必修1<br>第三章<br>细胞基本结构 | 细胞膜——系统的边界 | 1 | 生物膜的结构和功能（融合必修1生物膜的流动镶嵌模型） | 1 |
| | 细胞器——系统内的分工合作 | 1 | 细胞器——系统内的分工合作（实验室离心机理解差速离心法） | 2 |
| | 细胞核——系统的控制中心 | 1 | 细胞核——系统的控制中心（橡皮泥构建细胞物理模型，参观自然博物馆） | 1 |
| 必修1<br>第四章<br>细胞的物质输入和输出 | 物质跨膜运输的实例 | 2 | 物质跨膜运输的实例（教师演示半透膜透析实验，播放健康节目视频） | 1 |
| | 生物膜的流动镶嵌模型 | 1 | 物质跨膜运输的方式（校本课程：获诺贝尔化学奖的通道蛋白的研究） | 1 |
| | 物质跨膜运输的方式 | 1 | | |

续表

<table>
<tr><th colspan="2">原教材内容</th><th>课时</th><th>融合后内容</th><th>融合课时</th></tr>
<tr><td rowspan="8">必修 1<br>第五章<br>细胞的能量供应和利用</td><td>酶</td><td></td><td rowspan="3">降低化学反应活化能的酶(删除酶本质探索，重在阅读提炼)<br>拓展：酶工程为生活添姿彩</td><td rowspan="3">1</td></tr>
<tr><td>酶的作用和本质</td><td>2</td></tr>
<tr><td>酶的特性</td><td>1</td></tr>
<tr><td>细胞的能量“通货”——ATP</td><td>1</td><td rowspan="2">细胞中的 ATP 及其主要来源——细胞呼吸(整合选修 1 果酒、果醋的制作)</td><td rowspan="2">2</td></tr>
<tr><td>ATP 的主要来源——细胞呼吸</td><td>2</td></tr>
<tr><td>能量之源——光与光合作用</td><td></td><td rowspan="3">能量之源——光与光合作用(学生自学科学史：光合作用的探究历程)</td><td rowspan="3">2</td></tr>
<tr><td>捕获光能的色素和结构</td><td>1</td></tr>
<tr><td>光合作用的原理和应用</td><td>2</td></tr>
<tr><td rowspan="4">必修 1<br>第六章<br>细胞的生命历程</td><td>细胞的增殖</td><td>2</td><td>细胞的增殖(整合必修 2 减数分裂和受精作用)</td><td>3</td></tr>
<tr><td>细胞的分化</td><td>1</td><td rowspan="3">细胞的分化、衰老、凋亡和癌变(拓展校本课程：癌症。探讨社会老龄化的相关问题)</td><td rowspan="3">1</td></tr>
<tr><td>细胞的衰老和凋亡</td><td>1</td></tr>
<tr><td>细胞的癌变</td><td>1</td></tr>
<tr><td rowspan="2">必修 2<br>第一章<br>遗传因子的发现</td><td>孟德尔的豌豆杂交实验(一)</td><td>1</td><td>孟德尔的豌豆杂交实验(一)(强化校本课：孟德尔的传奇人生)</td><td>1</td></tr>
<tr><td>孟德尔的豌豆杂交实验(二)</td><td>1</td><td>孟德尔的豌豆杂交实验(二)</td><td>1</td></tr>
<tr><td rowspan="5">必修 2<br>第二章<br>基因和染色体的关系</td><td>减数分裂和受精作用</td><td></td><td rowspan="2">基因在染色体上(尝试实验室培养果蝇进行杂交实验)</td><td rowspan="2">2</td></tr>
<tr><td>减数分裂</td><td>2</td></tr>
<tr><td>受精作用</td><td>1</td><td rowspan="3">伴性遗传(融合必修 2 人类遗传病、人类基因组计划及其影响。校本课程：染色体遗传理论的奠基人——摩尔根)</td><td rowspan="3">2</td></tr>
<tr><td>基因在染色体上</td><td>1</td></tr>
<tr><td>伴性遗传</td><td>1</td></tr>
</table>

续表

| 原教材内容 | | 课时 | 融合后内容 | 融合课时 |
|---|---|---|---|---|
| 必修 2<br>第三章<br>基因的本质 | DNA 是主要的遗传物质 | 1 | DNA 是主要的遗传物质（拓展病毒增殖的过程） | 1 |
| | DNA 分子的结构 | 2 | DNA 分子的结构<br>基因是有遗传效应的 DNA 片段（模型：DNA 双螺旋结构模型。拓展：DNA 指纹技术） | 1 |
| | DNA 的复制 | 1 | DNA 的复制（强化选学 DNA 半保留复制的实验证据） | 1 |
| | 基因是有遗传效应的 DNA 片段 | 1 | | |
| 必修 2<br>第四章<br>基因的表达 | 基因指导蛋白质的合成 | 2 | 基因指导蛋白质的合成（视频欣赏《阿凡达》） | 1 |
| | 基因对性状的控制 | 1 | 基因对性状的控制（技能训练：提出假说，得出结论） | 1 |
| | 遗传密码的破译（选学） | 1 | | |
| 必修 2<br>第五章<br>基因突变及其他变异 | 基因突变和基因重组 | 1 | 基因突变和基因重组 | 1 |
| | 染色体变异 | 2 | 染色体变异（调查人类遗传性状及单基因病） | 2 |
| | 人类遗传病 | 1 | | |
| 必修 2<br>第六章<br>从杂交育种到基因工程 | 杂交育种与诱变育种 | 1 | 育种（基因工程及其应用整合到选修 3 基因工程） | 1 |
| | 基因工程及其应用 | 2 | | |
| 必修 2<br>第七章<br>现代生物进化理论 | 现代生物进化理论 | 1 | 现代生物进化理论（推荐书籍《自私的基因》。观看纪录片《化石》） | 2 |
| | 现代生物进化理论的主要内容 | 4 | | |
| 必修 3<br>第一章<br>人体的内环境与稳态 | 细胞生活的环境 | 1 | 内环境与稳态（生活体验：体温的日变化规律。删除：生物体维持 pH 稳定的机制） | 1 |
| | 内环境稳态的重要性 | 2 | | |

续表

| 原教材内容 | | 课时 | 融合后内容 | 融合课时 |
|---|---|---|---|---|
| 必修3<br>第二章<br>动物和人体生命活动的调节 | 通过神经系统的调节 | 2 | 通过神经系统的调节（亲身感受眨眼、缩手、膝跳反射） | 2 |
| | 通过激素的调节 | 2 | 通过激素的调节（删除：学习建立血糖调节的模型） | 1 |
| | 神经调节与体液调节的关系 | 1 | 神经调节与体液调节的关系（结合学生生活实际去探究） | 1 |
| | 免疫调节 | 2 | 免疫调节（拓展学校课程：艾滋病） | 1 |
| 必修3<br>第三章<br>植物的激素调节 | 植物生长素的发现 | 1 | 植物生长素的发现（学生阅读生长素发现过程） | 1 |
| | 生长素的生理作用 | 1 | 生长素的生理作用其他植物激素（课外活动：生长素的作用） | 2 |
| | 其他植物激素 | 1 | | |
| 必修3<br>第四章<br>种群和群落 | 种群的特征 | 2 | 种群的特征（课下调查种群密度） | 1 |
| | 种群数量的变化 | 2 | 种群数量的变化（学生了解林业植保员工作） | 1 |
| | 群落的结构 | 2 | 群落的结构及演替（学生了解农业和林业工程师） | 1 |
| | 群落的演替 | 1 | | |
| 必修3<br>第五章<br>生态系统及其稳定性 | 生态系统的结构 | 1 | 生态系统的结构（强化生命系统结构层次） | 1 |
| | 生态系统的能量流动 | 2 | 生态系统的能量流动（删除调查：农田生态系统中的能量流动情况） | 1 |
| | 生态系统的物质循环 | 2 | 生态系统的物质循环（拓展：温室效应。删除：土壤微生物的分解作用） | 1 |
| | 生态系统的信息传递 | 1 | 生态系统的信息传递及稳定性（通过视频了解生物防治） | 2 |
| | 生态系统的稳定性 | 2 | | |

续表

| 原教材内容 | | 课时 | 融合后内容 | 融合课时 |
|---|---|---|---|---|
| 必修3<br>第六章<br>生态环境保护 | 人口增长对生态环境的影响 | 1 | 生态环境的保护（融合选修3生态工程。调查：人口增长危机与生态环境） | 1 |
| | 保护我们共同的家园 | 2 | | |
| 选修3<br>专题1<br>基因工程 | DNA重组技术的基本工具 | 1 | DNA重组技术的基本工具（模拟制作：DNA分子） | 1 |
| | 基因工程的基本操作程序 | 1 | 基因工程的基本操作（参观农大植物基因工程实验室） | 2 |
| | 基因工程的应用 | 1 | 基因工程的应用蛋白质工程的崛起（融合选修3专题4） | 1 |
| | 蛋白质工程的崛起 | 1 | | |
| 选修3<br>专题2<br>细胞工程 | 植物细胞工程 | | 植物细胞工程（整合选修1） | |
| | 植物细胞工程的基本技术 | 1 | 植物细胞工程的基本技术 | 2 |
| | 植物细胞工程的实际应用 | 1 | 植物细胞工程的应用（增加组培实验） | |
| | 动物细胞工程 | | 动物细胞工程 | 1 |
| | 动物细胞培养和核移植 | 1 | 动物细胞培养和核移植技术（融合选修3专题4-2） | |
| | 动物细胞融合与单抗 | 1 | 动物细胞融合与单克隆抗体（校本课：克隆） | 1 |
| 选修3<br>专题3<br>胚胎工程 | 体外受精和早期胚胎发育 | 1 | 体外受精和早期胚胎发育（通过视频观看人体胚胎发育） | 1 |
| | 体外受精和早期胚胎培养 | 1 | 体外受精和早期胚胎培养 | |
| | 胚胎工程的应用和前景 | 1 | 胚胎工程的应用和前景 | |

实验教学内容设计见表 3-11。

**表 3-11　实验教学内容设计**

<table>
<tr><th colspan="2">教材内容</th><th>课时</th><th>融合后课题名称</th><th>融后课时</th></tr>
<tr><td rowspan="15">必修1</td><td>使用高倍显微镜观察几种细胞</td><td>1</td><td rowspan="3">高倍显微镜的使用</td><td rowspan="3">1</td></tr>
<tr><td>细胞中脂肪的鉴定</td><td>1</td></tr>
<tr><td>用高倍显微镜观察叶绿体</td><td>1</td></tr>
<tr><td>检测生物组织中的还原糖、蛋白质，提取与分离绿叶中的色素</td><td>2</td><td>检测生物组织中的还原糖、蛋白质，提取与分离绿叶中的色素</td><td>1</td></tr>
<tr><td>体验制备细胞膜的方法</td><td>1</td><td>体验制备细胞膜的方法(随堂探究)</td><td></td></tr>
<tr><td>尝试制作真核细胞的三维结构模型</td><td>1</td><td>尝试制作真核细胞的三维结构模型</td><td>1</td></tr>
<tr><td>植物细胞的吸水和失水</td><td>1</td><td>植物细胞的吸水和失水(渗透)</td><td>1</td></tr>
<tr><td>比较过氧化氢在不同条件下的分解</td><td>1</td><td>过氧化氢在不同条件下的分解(演示)</td><td></td></tr>
<tr><td>影响酶活性的条件</td><td>1</td><td>探究影响酶活性的条件</td><td>1</td></tr>
<tr><td>探究酵母菌细胞呼吸的方式</td><td>1</td><td>探究酵母菌细胞呼吸方式(随堂探究)</td><td></td></tr>
<tr><td>细胞大小和物质运输的关系</td><td>1</td><td>细胞大小和物质运输的关系(删除)</td><td></td></tr>
<tr><td>观察根尖分生组织细胞的有丝分裂</td><td>1</td><td>观察根尖分生组织细胞的有丝分(整合低温诱导植物染色体变化)</td><td>1</td></tr>
<tr><td>低温诱导植物染色体数目的变化</td><td>1</td><td rowspan="2">观察蝗虫精母细胞减数分裂固定装片(随堂探究)</td><td rowspan="2"></td></tr>
<tr><td rowspan="3">必修2</td><td>观察蝗虫精母细胞减数分裂固定装片</td><td>1</td></tr>
<tr><td>制作 DNA 双螺旋结构模型</td><td>1</td><td>制作 DNA 双螺旋结构模型(随堂探究)</td><td></td></tr>
<tr><td>用样方法调查草地中某双子叶植物的种群密度</td><td>1</td><td>样方法调查草地某植物种群密度(整合实验：模拟标志重捕法)</td><td>1</td></tr>
</table>

续表

| 教材内容 | | 课时 | 融合后课题名称 | 融后课时 |
|---|---|---|---|---|
| 必修3 | 神经系统的结构功能 | 1 | 观察膝跳反射、缩手反射(随堂探究) | |
| | 生长素的发现史 | 1 | 观察植物的向光性生长(随堂探究) | |
| | 生长素的生理作用和应用 | 1 | 观察顶端优势(随堂探究) | |
| | 生长素的生理作用和应用 | 1 | 观察根的生长、茎的生长(随堂探究) | |
| | 生态系统的稳定性 | 1 | 制作生态缸(随堂探究) | |

### (五)政治：企业的经营和发展

根据本轮新课程改革中对培育学生政治认同、理性精神、法制意识和公共参与意识等政治学科核心素养的要求，我们结合高中学生在不同阶段的思维认知特点，以及我校学生的具体学情和学校的教育教学安排等实际，对高中阶段的必修课程进行了一定程度的整合，力求借助课程内容与形式的调整完善、分层教学的推进、跨学科融合的实施，真正让政治课教学从学生的生活实践中来，又能够让政治课回到学生的生活中去，充分体现活动型学科课程的性质。

必修1《经济生活》教材四个单元分别对应生产、分配、交换、消费四个方面，生产是起决定性作用的环节，而本节内容恰恰是说明生产的场所与主体——企业的，因此凸显出本节主题在教材当中的地位。另外，本节内容在基本经济制度和新时代的劳动者之间起到承上启下的作用。企业的生产和经营活动为广大消费者提供了所需要的商品和服务，推动国民经济不断发展。本课内容共分为三部分，第一部分是企业经营的直接目的，第二部分是企业经营成功的基本因素，第三部分是企业破产的影响。教学中，教师选择了百度公司的相关经营材料整合教学内容来激发学生对于企业经营的兴趣，了解公司经营成功的基本因素。

本课的课标要求是，描述公司的经营表现与发展状况，阐述锐意进取、诚实守信在现代经济生活中的价值。分析市场逻辑利己利他相统一：“盈利”，呈现企业如何实现利己利他具体策略；“营利”，通过课后实践活动进而思考经营企业如同经营人生；“赢利”，围绕利己利他关系的这根主线，探讨三个问题。一是企业注重利己利他相统一关系的意义，盈利的理论依据；二是企业如何实现利己利他二者相统一，处理得当企业发展、消费者收益实现双赢，处理不当则企业破产被兼并、消费者无法获得优质产品导致双输；三是升华利己利他关系，经营企业与经营人生是相通的，都需要通过使别人幸福，自己变得幸福，在实践活动中提升对市场逻辑的认识。在践行正确价值观的感悟中逐渐将其内化成自觉的价值取向。本节课不仅要让学生学习到经济学知识，也要引发学生思考如何去经营人生。

整合教学内容，选择用“盈利”“营利”“赢利”三个教学环节来实现教学目标，思路清晰。从生活中的案例来，上升到经济学知识层面，最后回到生活实践中去，升华知识内容，三个环节始终强调利己利他相统一，使学生明确市场逻辑：通过使别人幸福，自己变得幸福。

根据学校“四修”课程体系的建设要求，政治组全体教师经过多次研讨，完善了政治学科的基础通修课程整合方案。具体内容见表 3-12。

**表 3-12　政治学科课程整合方案**

<table>
<tr><th>模块</th><th colspan="2">单元教学内容及整合</th><th>跨学科融通</th><th>教学分层</th><th>完成时间</th></tr>
<tr><td rowspan="4">必修1经济生活</td><td>生活与消费<br>整合：糖果拍卖活动</td><td rowspan="4">课前演讲：《经济大家谈》</td><td rowspan="4">与历史学科的融通点：税收及其重要作用，社会主义市场经济体制确立的历史背景<br>与地理学科的融通点：产业结构优化及区域协调发展</td><td rowspan="4">文科班层：借助于落实学科主干知识，形成基本的学科思维方式，达到高考对考生的能力要求</td><td rowspan="4">高一第一学期</td></tr>
<tr><td>生产、劳动与经营<br>整合：寻找校园商机，走近附中劳动者</td></tr>
<tr><td>收入与分配<br>整合：我们身边的《预算法》</td></tr>
<tr><td>发展社会主义市场经济<br>整合：辩论“解决北京的污染主要靠政府还是靠市场？”</td></tr>
</table>

续表

| 模块 | 单元教学内容及整合 | | 跨学科融通 | 教学分层 | 完成时间 |
|---|---|---|---|---|---|
| 必修2政治生活 | 公民的政治生活<br>整合：走访居委会与街道办事处。如何提一份有质量的学校发展提案？ | 课前演讲：《时政大家谈》 | 与历史学科的融通点：我国人民代表大会制度的历史演进 | 文科班层：借助于落实学科主干知识，形成基本的学科思维方式，达到高考对考生的能力要求 | 高一第二学期 |
| | 为人民服务的政府<br>整合：借助于政府网站解决生活中的实际问题 | | | | |
| | 发展社会主义民主政治<br>整合：模拟政协 | | | | |
| | 当代国际社会<br>整合：走进大使馆 | | | | |
| 必修3生活与哲学 | 生活智慧与时代精神 | 课前演讲：《漫话哲学》 | 与历史学科的融通点：历史上哲学家的观点与其所处时代的联系 | 理科实验班层：侧重对教材知识的理解与适当拓展 | 高二第一学期 |
| | 探索世界与追求真理 | | | | |
| | 思想方法与创新意识 | | | | |
| | 认识社会与价值选择 | | | | |
| 必修4文化生活 | 文化与生活 | 课前演讲：《民族文化与世界文化之旅》 | 与历史学科的融通点：中华文化的形成与演进。与地理学科的融通点：中国的地域文化 | 理科普通班层：侧重在激发学科兴趣的基础上，增强对教材基本概念的理解落实与运用 | 高二第二学期 |
| | 文化传承与创新 | | | | |
| | 中华文化与民族精神 | | | | |
| | 发展中国特色社会主义文化 | | | | |

### （六）美术：神奇的雕塑

美术学科教研组根据学生的学段和实际情况对教材进行了结构化、综合化、特色化的校本重组。经过多年的教学实践，美术校本课程已经成为培养学生美术核心素养的优质校本课程资源。

中华民族有着五千年的灿烂文明，古代雕塑是这璀璨文化中的一颗耀眼的明珠。从新石器时代的石刻、陪葬饰物到秦砖汉瓦的雕刻，从唐宋辽金陵墓及“唐三彩”、佛教雕像到元明清精美的宫殿、陵墓雕塑，无不体现出华夏先民巧夺天工的艺术表现力和无穷智慧。该模块课程在浩如烟海的艺术殿堂中撷取既能展现中国古代雕塑艺术的特点，又具有很大影响的雕塑作品，给学生讲解。以“秦始皇陵兵马俑”这一课为例。

秦始皇陵是世界上规模最大、结构最奇特、内涵最丰富的帝王陵墓。秦俑坑的发现，不仅是我国，而且在世界考古史上也是重大事件，秦始皇陵兵马俑可以同埃及金字塔和古希腊雕塑相媲美。秦始皇陵兵马俑是以现实生活为题材而塑造的，艺术手法细腻、明快，脸部神态各异，身姿各有不同，具有鲜明的个性和强烈的时代特征，代表了泥塑艺术的巅峰。

在本课的教学手法上，教师充分运用启发、提问、讲授、竞赛、游戏等教学方法，体现了寓教于乐的教学理念，营造了轻松愉快、宽松祥和的教学氛围。

课程开始就调动学生积极的参与热情，设问：“西方人说中国没有雕塑，果真如此吗?”学生会以否定的回答展开讨论的话题，激发自身的爱国热情。学生发言踊跃，回答多样，教师及时导入本课的主题，并利用课件，结合历史现象，展示中国雕塑的历史成就及艺术特点。

接着设计一组关于兵马俑知识的问题，以竞赛的形式提问，学生积极性高，兴趣浓厚，参与性强，课堂秩序活而不乱。在快乐的学习氛围中，本课的知识学生充分吸收了。

随后概括兵马俑的全貌，感受兵马俑带来的强烈艺术震撼力。结合学生军训时的队列表演与兵马俑比较，感受军队的威严与军纪的严明。在精美图片和影视短片中，学生感受秦国兵强马壮、秦始皇叱咤风云的气势。兵马俑雕刻细致、人物传神、技术高超，将古代写实主义艺术手法推向极致，成为中国古代墓葬群雕的绝唱，体现了秦朝的国势和军威。学生深入了解了兵马俑的历史价值和艺术价值。

然后设计两组知识内容的对比，完成知识的拓展与迁移，即秦代雕塑与西方雕塑的区别、秦代雕塑与汉代雕塑的区别。这样学生便能站在更高的角度欣赏中国古代雕塑的风采。

在结尾处，教师设计了这样的问题："如果外国人肯出一亿元人民币买一件兵马俑，你同意卖吗?"同学们进行了热烈的讨论，其中不乏精彩的回答。美术课应该提高学生审美能力，开拓学生眼界，更应该让学生在美的享受中受到爱国主义教育，为祖国有这样的雕塑艺术遗产而感到自豪。教师针对课堂出现的不同情况重审主题，把握重点，并布置课下思考："为保护人类文明成果，你能够和应当做些什么?"

我校美术学科备课组认真贯彻落实教育部《基础教育课程改革纲要(试行)》《普通高中课程方案(实验)》《普通高中美术课程标准(实验)》，加强和改进高中美术课程教学工作，推进高中美术课程的实施，结合实际，特拟定出高中美术学科课程整合方案。

## 美术学科课程整合方案

一、理解课程结构

高中美术课程结构图

系列 1　美术鉴赏

系列 2　绘画、雕塑

系列 3　设计、工艺

系列 4　书法、篆刻

系列 5　现代媒体艺术

高中美术课程设置 5 个内容系列和 8 个学习模块供学生自主选择。在实施过程中，选择其中的一两种进行课堂教学。

二、把握内容标准

高中美术课程内容采用分系列的形式，每一系列的学习内容又分为不同模块。任课教师认真研究内容标准，并在模块教学中加以运用。现对各系列教学内容加以解读。

系列 1 美术鉴赏：能帮助学生在欣赏、鉴别与评价美术作品的过程中，逐步提高审美能力，形成热爱本民族文化、尊重世界多元文化的情感和态度，获得审美享受。

系列 2 绘画、雕塑：能帮助学生认识造型活动的基本规律和过程，提高表现生活和表达自己思想、情感的能力。使用一定的材料和工具，运用造型的方法和手段进行美术创作活动。

系列 3 设计、工艺：能帮助学生广泛地接触材料，认识功能与形式的关系，提高策划、设计、绘图、制作的能力，形成创造意识。

系列 4 书法、篆刻：能帮助学生提高书写能力，感受中国汉字的独特艺术魅力。学生通过汉字的艺术书写，增强对中国传统文化的认同和理解。

系列 5 现代媒体艺术：能帮助学生体验现代媒体在艺术表现方面的超强功能与独特魅力，提高学生参与艺术表现的兴趣，发展学生想象力和创造力。现代媒体艺术是美术与科技相结合、飞速发展的新兴艺术。

三、突出课程理念

我校关注美术课程实施过程，注重美术学科的课程价值，提倡人文精神，着眼于学生素质的全面提高和学生美术学科核心素养的培育。

**（七）舞蹈：走近多彩的彝族舞蹈**

我国新一轮课程改革已有几个年头了，新课程改革重视不同课程领域（特别是综合实践活动、体育、艺术等）对学生发展的独特价值，淡化学科界限，强调各学科的联系与综合，保证学生全面、均衡、富有个性的发展。舞蹈是人文学科，既然是人文学科，又怎么能不关心历史的进程，漠视文艺思潮的变迁，置其他艺术门类于罔闻？舞蹈教学不仅仅需要专业功底，还需要博采众长，兼收并蓄。例如，著名舞蹈艺术家、“现代舞之母”邓肯，一生对音乐和哲学都有浓厚的兴趣，人们在她的舞蹈中会感受到她的哲学思考。

当然，这也对我们舞蹈教师提出了更高的要求：除了要钻研本专业的知识和技术以外，认真学习相关学科的知识越来越重要，并要使之融会贯通于本学科的教学中，这样才不会使课程改革停留于纸上谈兵。因此，在开设音乐课程的基础上，我校还开设了舞蹈形体课程，有专职教师任课。

在本单元“民族、民间舞”课程教学过程中，教师不仅引导学生看舞蹈、跳舞蹈，还引导学生了解立体的舞蹈存在。我国民族舞蹈种类繁多，但有一个共同的特征：在表演时一定是歌、乐、舞三者相辅相成，融为一体。在“彝族舞蹈”课程中，教师就融合了彝族的常识、彝族的歌和彝族的乐。

第一，彝字的由来。根据古书记载，彝族自称“尼”，古代汉语中“尼”发音为“夷”，故汉文记载多称“夷”。“夷族”之称带有贬义(蛮夷)，“夷”便改为“彝”，意为房子(彑)下面有“米”有“丝”，有吃有穿，象征兴旺发达，故“夷族”改为“彝族”。

第二，海菜腔的由来与特点。彝族民歌种类繁多，有山歌、情歌、舞蹈歌和儿歌等类型。山歌中的海菜腔最有特色，因流传于石屏一带又称为“石屏腔”，海菜腔节奏自由，音域宽广，旋律起伏跳荡。传说彝族先民摇着桨橹在异龙湖中打鱼或采摘海菜，渔民边划船边歌唱，久而久之就形成了优美动听的海菜腔。后来发展为青年男女在山野、田间、湖上谈情说爱时的歌。

第三，彝族的乐也是很有特色的，尤其是各种具有民族特色的乐器。例如，葫芦笙工艺特别，有五根长短不一的竹管，在根部有簧片，侧面开有音孔，插入葫芦制成的音斗，最长的一支顶端还套有小葫芦，以增强共鸣。还有葫芦笙舞，表演者边奏边舞。三弦构造独特，琴鼓呈筒形，用原木剜空制作，单面蒙以羊皮，是彝族常用的乐器。月琴是彝族人民最喜爱的乐器，具有较强的艺术表现力，属弹弦乐器，音箱有的是圆形的，有的是八角形的。除此之外，彝族乐器还有马布、口弦、笛、编钟、铜鼓、大扁鼓等。这些各具特色的民间乐器带来了彝族乐曲特殊的美。

之后再深入课题，通过知识了解、视频欣赏、动作体验等环节，欣赏、体验、理解彝族舞蹈的特殊风格。这样学生欣赏、体验彝族舞蹈的过程，同时也是了解彝族歌乐与文化的过程。

**(八)体育：羽毛球技法训练**

高中课程改革中，在必修课程基础上，体育学科组不断钻研、创新，引入了橄榄球、棒球、垒球、羽毛球、韵律操等项目，进行了大纲内项目与大纲外项目的整合，以培养学生对运动的兴趣为出发点，帮助学生掌握一两项终身受用的运动技能，为终身体育奠定基础。

羽毛球项目作为全民健身普及性较高的运动，其时尚性和竞技性恰当地结合在一起，能够促进青少年身体全面发展，增强身体机能，是培养学生良好的道德风尚，陶冶情操的有效方法。

高中体育课程在完成课程标准的规定之外，我校从学生实际出发，以学生为主体，将羽毛球项目列入体育基础通修课程。本课程采用多样化教学方法，在教学过程中注重精讲多练原则，注重学习内容，由简到繁，由易到难，让学生了解羽毛球运动的相关知识、锻炼价值及比赛规则。学生学习掌握基本步法、发球、正手击高远球和扣杀球等技能，提高社会适应能力及团队意识，掌握较为系统的羽毛球基本技术、技能和理论知识，对羽毛球运动的兴趣和爱好大增。

我校羽毛球课程实施过程是：学习正、反手握拍技术动作，学习正手发高远球技术动作，学习反手发网前球技术动作，学习正手击高远球技术动作，学习正、反手挑球技术动作，学习基本步法，学习扣杀球技术，学习网前球技术动作，学习吊球技术，学习基本裁判法和组织比赛的简单方法，教学比赛。

羽毛球课程创新之处在于，教师充分发挥羽毛球运动的对抗性和趣味性，需要一定技巧、耐力和毅力等特点，在常规准备活动的基础上，增加俯卧撑和纵跳等素质练习内容，并采用对抗练习、游戏和教学比赛等多种形式的教法，让学生在运动实践中提高技术、战术的运用能力和综合比赛能力。此外，教师还根据学生的实际情况和专项运动基础，合理调整教学内容及教学进度，以促进不同水平学生的共同进步和发展。最后，学生成绩采用过程性评价、专项技术评定和体能成绩相结合的方式，综合评定最终的考核成绩。

根据学校“四修”课程体系建设的要求，体育组全体教师经过多次研讨，完善了体育学科的基础通修课程整合方案（表 3-13、表 3-14）。

**表 3-13 高一年级体育课教学进度表**

<table>
<tr><th rowspan="2"></th><th colspan="2">第一学期</th><th colspan="2">第二学期</th></tr>
<tr><th>第一次课（必修）</th><th>第二次课（选修）</th><th>第一次课（必修）</th><th>第二次课（选修）</th></tr>
<tr><td>第一周到第六周</td><td>跨栏跑、技巧</td><td rowspan="3">模块：<br>羽毛球、轮滑<br>健美操、橄榄球<br>要求：<br>健美操模块为女生必选<br>每个学生一学期内可任选一个模块进行学习，修满 18 学时，取得 1 学分，学期中途不得更换学习模块<br>教师可能根据人数限制及场地、器材情况适当调整学生的选择，以保证教学能顺利进行</td><td>耐久跑<br>足球（男生）<br>排球（女生）</td><td rowspan="3">模块：<br>羽毛球、轮滑<br>健美操、橄榄球<br>要求：<br>健美操模块为女生必选<br>每个学生一学期内可任选一个模块进行学习，修满 18 学时，取得 1 学分，学期中途不得更换学习模块<br>教师可能根据人数限制及场地器材情况适当调整学生的选择，以保证教学能顺利进行</td></tr>
<tr><td>第七周到第十二周</td><td>支撑跳跃、篮球</td><td>双杠、篮球</td></tr>
<tr><td>第十三周到第十八周</td><td>投掷、篮球</td><td>跳高、篮球</td></tr>
</table>

**表 3-14　高二年级体育课教学进度表**

| | 第一学期 | | 第二学期 | |
|---|---|---|---|---|
| | 第一次课（必修） | 第二次课（选修） | 第一次课（必修） | 第二次课（选修） |
| 第一周到第六周 | 跳远<br>足球（男生）<br>排球（女生） | 模块：<br>羽毛球、网球<br>民族体育<br>手球、垒球<br><br>要求：<br>每个学生一学期内可任选一个模块进行学习，修满 18 学时，取得 1 学分，学期中途不得更换模块学习<br>教师可能根据人数限制及场地器材情况适当调整学生的选择，以保证教学能顺利进行 | 双杠<br>足球（男生）<br>排球（女生） | 模块：<br>羽毛球、网球<br>民族体育<br>手球、垒球<br><br>要求：<br>每个学生一学期内可任选一个模块进行学习，修满 18 学时，取得 1 学分，学期中途不得更换模块学习<br>教师可能根据人数限制及场地器材情况适当调整学生的选择，以保证教学能顺利进行 |
| 第七周到第十二周 | 技巧<br>足球（男生）<br>排球（女生） | | 短跑<br>足球（男生）<br>排球（女生） | |
| 第十三周第十八周 | 耐久跑、篮球 | | 跳高、篮球 | |

依据高中课程要求，高中体育选修模块应修满 18 学时，学生经考试合格后取得 1 学分。我校的高中体育教学，每周开设两节体育课，一节为必修模块教学，一节为选修模块教学。因受场地、器材、师资等方面的限制，教师在高一年级开设的四个选修模块教学中，需要男女各两位教师搭配完成所有的教学任务。例如，A 教师在第一学期教授奇数班男生学习轮滑，B 教师在第一学期教授偶数班男生学习橄榄球，C 教师教授奇数班女生健美操，D 教师教授偶数班女生羽毛球；但在第二学

期，A 教师改为教授偶数班男生学习轮滑，B 教师教授奇数班男生学习橄榄球，C 教师教授偶数班女生学习健美操，D 教师教授奇数班女生学习羽毛球。即所有学生分为两个学期完成男女生不同项目的学习，但教师教授课程不变，这就导致上述方案出现两个学期教学内容相同的情况。

**（九）历史：分小学段渗透培养核心素养**

历史学科的整合以《普通高中历史课程标准（实验）》为指导，力求使学生了解历史发展过程的重要史事，加深对历史的理解，增加历史学科的一些核心素养和能力。

高一年级基础通修课程的整合从历史学科的特点出发，克服教材中存在的时序性差、内容较深等不足，按照时间顺序，将教学内容整合为中国古代史、中国近现代史、世界史三部分。在综合考虑本校学生学情的基础上，基础通修课时由过去的每周 2 课时，共 3 学期，调整为每周 2.5 课时，共 2 学期。

高二文科班以选修教材为主，分三个学段，每周 4 课时。高三文科班的复习，从高二的第四学段开始，以通史体例整合必修与选修教材，每周 5 课时。

“英国君主立宪制的建立”从属于人教版历史必修一第三单元“近代西方资本主义政治制度的确立与发展”。本单元主要内容即欧美资产阶级代议制的确立与发展。如西欧历史学家哈勒维所评论说：“英国是供宪政考古的博物馆，这里积聚了以往岁月的陈物遗迹。”英国君主立宪制的建立与发展，以《权利法案》等一系列法律的颁布和责任内阁制的形成与发展来体现，在世界历史上具有原创性、连续性、渐进性和灵活性等特点，标志资产阶级代议制的确立，是近代资本主义政治制度的先驱，为西方政治制度的发展提供了极具价值的参考范本，是学生认识和理解近代西方资产阶级代议制的关键所在。

从本课三个子目来看，内容主要涵盖了自 1640 年资产阶级革命到 1721 年责任内阁制形成的历史进程。而在教学过程中，如果要真正理解英国君主立宪制的特点，则需将前后时间分别延伸至《自由大宪章》和

20世纪政党制度改革。在课堂教学前，教师需适当补充史料，串联学生所学的知识，以确保梳理清“英国资产阶级革命”的历史发展脉络，从而使学生了解《权利法案》制定的背景、内容和意义，为后面内容的学习做好铺垫。综合上述教学背景，教师确实本课的教学重点为掌握《权利法案》制定和责任内阁制形成的史实。

对于大多数学生来说，君主立宪制建立后的历史属于新知识，在教学上存在一定难度：一是其内容距离学生生活较远，学生难以“移情”“神入”；二是其属于政治史范畴，涵盖了宪政、代议制、责任内阁制等专业术语，略显抽象和枯燥，较难激发学生兴趣；三是时间跨度较大，需要学生具备较多的背景知识储备。在教学中，教师应注意渐进式设问同图示法、情境法相结合，引导学生了解《权利法案》制定和责任制内阁形成的史实，思考具体问题，在概括与分析中理解英国君主立宪制的特点。综合以上学生情况，教师确定本课的教学难点为理解英国君主立宪制度的特点。

这就使得本课内容上存在时间跨度大、知识庞杂、概念抽象等问题。加上课时限制，教师在教学过程中必须引导学生设定一个清晰的学习线索，本课即按照英国君主立宪制的建立、发展和完善这一脉络，引导学生分小学段学习：课前自主预习，课上合作讨论，课后延展探究，以《权利法案》和责任内阁制为两个重心来展开教学。同时，通过漫画、文字、图示、视频等多种形式的材料，启发学生阅读、概括、讨论、分析，从而培养学生的历史学科核心素养。

在具体教学中，教师设计了课前自主预习、课堂合作讨论和课后延展探究三个小学段，制定了如下教学目标：在课前，学生依据学案，通过解读学案漫画所述史实，说出英国的政治传统及资产阶级革命的相关历史，概括《权利法案》得以颁布的背景；在课堂学习中，学生通过解读法案条文，理解其颁布的历史意义；学生通过对比权力变化，归纳君主立宪制的含义和特点；学生通过阅读材料，说出责任内阁制确立的过程；学生通过绘制示意图，总结英国君主立宪制的特点；在课后，学生通过回顾课堂所学及拓展阅读，感受英国政治制度改革过程中的保守性、渐进性等特点。

在具体教学过程中，教师以地图导入，引导学生横向对比 17 世纪各国政治状况，为认识英国君主立宪制的开创意义做铺垫，培养学生的时空观念，紧接着引导学生根据预习回答英国的政治传统，导入第一部分，对应教材中的“光荣革命”。教师在原创学案中，以手绘漫画的形式，一一呈现历史内容。学生一边看漫画，一边梳理英国自《大宪章》到光荣革命的历史。既增加了学习内容的趣味性，又培养了学生的历史解释素养。

之后，教师引导学生思考资产阶级革命成功后，如何保障议会的权力，导入第二部分“运用立法，确立新制”。通过分析《权利法案》的具体条文所体现出的相应权利，说出君主逐渐趋于统而不治，确保了议会的立法权、司法权等，确定了英国的君主立宪制。接着，启发学生对比封建君主专制和君主立宪制下的权利变化。通过图示，将抽象概念具体化，培养学生的概括能力和史料实证素养，掌握教学重点。

继而，再通过渐进设问，教师引导学生思考如何完善君主立宪制，导入第三部分“渐进发展，完善新制”。借助学案，教师引导学生对比内阁的演变，厘清责任内阁制的形成过程、政党制度的发展，并通过小组合作，绘制君主立宪制的运作示意图，借以检查学生对所学知识的掌握程度。启发学生回顾英国君主立宪制的发展脉络，分析概括该制度的“议会权力之上，君主统而不治”等特点。最终，培养学生的历史解释素养，掌握教学重点，突破教学难点。

为了确保学生学习过程的完整性，增加课后延伸探究环节，教师引导学生通过小组合作探究，思考 17 世纪英国建立君主立宪制的历史意义。在此过程中，教师启发学生首尾呼应，联系导入环节的时空对比，从政治、经济等多角度，分析学案上的材料，形成自己对英国君主立宪制的看法，进一步突破教学难点。

回顾整个准备过程、教学过程，课前、课堂、课后三个小学段的设计让学生体验了自主学习、合作探究和拓展延伸的整个学习过程，认识到英国有限制王权的传统；资产阶级革命后，英国通过《权利法案》等一系列法律文书确立了君主立宪制责任内阁制形成，完善了君主立宪制。第一学段侧重培养学生的概括总结能力，第二学段侧重培养分析说明能力。整个学习过程，都渗透培养学生的唯物史观、时空观念，以及历史解释、史料实证等相关素养。

历史学科的整合是以高中历史课程标准为指导，以立德树人为目标，从学生的全面发展、终身发展和个性发展着眼，力求使学生通过历史课程的学习，掌握历史发展过程的重要史事，学会获取、辨析并运用历史材料；对历史进行分析、阐释和论证，提高历史思维能力；感悟和体会历史情境，加深对历史的理解；掌握和运用探究历史的方法，辩证、客观地解释与评判人类社会的历史与现实问题。

历史学科的课程整合积极贯彻落实首师大附中课程改革精神，从历史学科的课程特点出发，综合考虑本校学生的学情，本教研组教师的教学、科研特长等多方面因素，逐步进行整合。基础通修课时由过去的每周 2 课时，共 3 学期，调整为每周 2.5 课时，共 2 学期。同时，增加北京史、文理兼修课、经典阅读课等自主研发的校本课程。在完成基础通修课的基础上，在高一第二学期的第二学段为高一全体学生开设“北京史”的专题讲座，并作为自主会考考查的一部分内容，增加学生对北京历史、文化的了解。会考结束后，结合学生兴趣和教师学科特长，从培养学生人文素养和综合能力出发，设计为：在高二理科班开设一个学期的文理兼修课程，每周 1 课时；高二人文实验班增加经典阅读课，课时调整为每周 3 课时。具体整合方案见表 3-15。

**表 3-15　历史学科课程整合方案**

| 整合模块 | 教学内容时间 | 完成时间 |
|---|---|---|
| 必修 1 第一、二单元<br>必修 2 第一、三、五单元<br>必修 3 第一、三、五单元 | 一、中国古代史<br>1. 古代中国的政治制度<br>2. 古代中国经济的基本结构与特点<br>3. 中国传统文化主流思想的演变<br>4. 古代中国的科学技术与文学艺术 | 高一第一学段 |

续表

| 整合模块 | 教学内容时间 | 完成时间 |
|---|---|---|
| | 二、中国近代史<br>1. 近代中国反侵略、求民主的潮流<br>2. 近代中国经济结构的变动与资本主义的曲折发展<br>3. 近代中国的思想解放潮流<br>4. 中国近现代社会生活的变迁 | |
| 必修 1 第二、六、七单元<br>必修 2 第四单元<br>必修 3 第二、四、六单元 | 三、中华人民共和国史<br>1. 现代中国的政治建设与祖国统一<br>2. 现代中国的对外关系<br>3. 中国特色社会主义建设的道路<br>4. 现代中国的思想理论成果与科技、教育、文学艺术的发展<br>四、世界古代史<br>1. 古代希腊、古代罗马的政治制度<br>2. 西方人文主义精神的起源 | 高一第二学段 |
| 必修 1 第三单元<br>必修 2 第二单元<br>必修 3 第三、五单元 | 五、世界近代史<br>(一) 近代西方资本主义政治制度的确立与发展<br>1. 英国君主立宪制的建立<br>2. 美国联邦政府的建立<br>3. 资本主义政治制度在欧洲的扩展<br>(二)资本主义世界市场的形成和发展<br>1. 开辟新航路<br>2. 殖民扩张与世界市场的拓展<br>3. 第一次工业革命<br>4. 第二次工业革命<br>(三)西方人文精神的发展<br>1. 文艺复兴和宗教改革<br>2. 启蒙运动<br>(四)近代世界科学、文学艺术发展历程 | 高一第三学段 |

续表

| 整合模块 | 教学内容时间 | 完成时间 |
| --- | --- | --- |
| 必修1第五、八单元<br>必修2第六、七、八单元 | 六、20世纪世界史<br>(一)从科学社会主义理论到社会主义制度建立<br>1. 马克思主义诞生<br>2. 俄国十月革命的胜利<br>(二)苏联的社会主义建设<br>1. 从“战时共产主义政”到“斯大林模式”<br>2. 第二次世界大战后苏联的经济改革<br>(三)世界资本主义经济政策调整<br>1. 罗斯福新政<br>2. 战后资本主义的新变化<br>(四)当今世界政治格局的多极化趋势<br>(五)世界经济的全球化趋势<br>七、自主会考复习 | 高一第四学段 |
| 选修1 | 历史上重大改革回眸 | 高二第一、二学段 |
| 选修4 | 中外历史人物评说 | 高二第三学段 |
| 高二文科 | 中国古代史专题复习 | 高二第四学段 |
| 高三文科 | 第一轮复习：中国近现代史、世界史专题复习 | 高三第一、二学段 |
| 高三文科 | 第二轮复习及查漏补缺 | 高三第三、四学段 |

## 二、实施分层教学

分层教学即因材施教，教师针对不同层面的学生有针对性地进行教学、布置作业。从形式上来看，可以开展分层走班教学，也可以在不走班的情况下进行分层教学和分层指导。

文科类课程在分层教学的实践中，对基础较好、学有余力的学生，在培养时学校注重教学材料的多样化，注重拓展学生视野，提升学生思维品质；对基础薄弱的学生，学校立足于高考和教学大纲，在夯实基础的前提下提升学生学科能力。文科类课程一方面从授课角度开展分层，根据学生的学科综合能力分层级进行授课，不同的授课风格和内容，让不同基础的学生都能充分发挥自主性和能动性，获得适宜的学习环境；另一方面，对能力不同的学生要求完成不同层面的作业，作业分为检查巩固、深化提高、体验发展三个层级，侧重点不同，要求也有所不同。文科类课程的分层教学充分面向全体学生，尊重学生个性差异，紧密围绕文科类各学科的核心素养，不断提升学生参与社会生活的各方面能力，培养现代社会的合格公民。

理工类课程坚持"因材施教，循序渐进"的原则，开展分层教学，针对不同层次学生在思维发展水平、智力和认知结构方面存在的差异，确立不同的教育目标，采用不同的教学方法，既照顾到优秀学生"吃不饱"的情况，又解决了一般学生"吃不了"的问题，为学生个性发展创造了良好的环境，每个学生因而都能发挥其最大潜能。对于基础较好的学生，教师会充分调动其积极性，在进行日常教学的基础上，尽量多地引导学生进行研究性学习；对于基础较弱的学生，教师会在认真落实基础知识、基本技能的基础上，使其学会学习并喜爱理工类课程。

艺体类课程针对不同学习层次的学生确立不同的培养目标，提出相应要求和设置不同难度的作业。音体美类课程分层教学特点一方面体现在"因材施教"上：一部分学生掌握最基础的知识，具有初级技能，基本完成课堂学习任务；另一部分学生能够较好掌握基础知识和基本技能，能够独立思考并具有一定分析问题和解决问题的能力；再有一部分学生拓宽视野，发散思维，能创造性地完成学习任务。另一方面体现在"以生为本"上：尊重学生个性差异与学习水平差异，促进每个学生学习能力的提高；异质教学，异步共进，每个学生都能获得音体美学习体验。

## 分层走班模式下的高中英语阅读教学课例探析

自2014年9月起，首师大附中开始对高一年级实施基于学部制的分层走班教学。在这种模式下，学校依据学生的学习能力、认知水平、智力差异、兴趣爱好等将全年级学生分为创新学部、理工学部和人文学部：人文学部即文科班级，有两个班；创新学部和理工学部均为理科班级，各有四个班，创新学部学生整体学科基础水平高于理工学部。各学部各教学班级也依据学科综合能力差异情况分层编班。考虑到即便是各科总体基础能力相当的学生也存在各门学科的兴趣不同和水平差异，部内学生又依据单科学习成绩分为不同教学层次班级，开展分层走班教学。比如，创新部A8班由单科学业最优秀的学生组成，其次为A7班、B6班、B5班，理工部和人文部构成依此类推。按此方式，英语A8班和数学A8班的学生自然也会是不同的集合。

这样的教学组织方式，正是基于因材施教理论，每个学生都能在自己的最近发展区接受课堂教学，让每个教师都能面对个体差异相对不很显著的学生群体实施有效教学，将备课与教学的关注点更多地聚焦到特定的学生群体上来，进而提高课堂教学效率，讲授方式更有针对性。

分层走班模式对各学科教学提出了新的挑战。依据相关理论，英语备课组进行了多次研讨，确定了备课原则，即在教学过程中，各层次班教学进度一致，内容则依据学生的具体情况补充和删减。为方便教师交流共享备课资源，集体备课时原则上以A8班为基准，以下各层次班教学内容递减。下面以北师大版高中英语实验教科书中"The Road to Destruction"一课为例，以创新部A8班和B5班为授课对象，简要介绍阅读教学的实施情况。

A8班由创新部英语单科学业最优秀的学生组成。他们英语基础扎实，思维活跃，有较强的学习能力和良好的学习习惯，课堂参与意识较强，愿意配合教师完成各种教学任务，适应节奏快、密度高的课堂。学生在课堂上表现活跃，积极参与课堂活动，与教师互动较好。B5班由创新部英语单科基础最薄弱的学生组成。他们英语基础较弱，大多数学生没有浓厚的学习兴趣和良好的学习习惯，不积极参与课堂活动，与教师互动较少。

本单元话题为“Wheels”，主要目的是让学生了解公共交通设施，提升学生的环保意识。课程课文比较长，有一定的生词量，但文章结构清晰，信息量虽大但易于查找。对教材进行分析后，我们对A8班和B5班采用了差别较大的授课方式。对A8班学生，本课采用了翻转课堂的教学理念，让学生课前根据学案预习课文，理解表层信息。课上除检查学生的预习情况外，再通过两遍阅读引导学生对课文进行深层理解，挖掘并评价作者态度，最后通过语言输出实现语言生成的目的。教学目标为：第一，学生能够通过预习回答问题，实现表层理解；第二，学生能够通过两遍阅读挖掘课文的深层含义；第三，学生能够谈论汽车导致的问题并给出建议。

对于基础薄弱、完成作业有困难的B5班，显然不适合课前预习的学习方式。因此，教师充分利用课上时间引导学生理解课文，解决学生的词汇障碍，鼓励学生在理解的基础上尝试评价作者态度并进行语言生成。B5班的教育目标为：第一，学生能够通过阅读找出段落大意；第二，学生能够通过阅读找出相关细节信息；第三，学生能够通过上下文理解生词含义；第四，学生能够谈论汽车导致的问题，列出原因并给出建议。

在课前，A8班学生须完成预习学案上的五项学习任务。预习任务设置的目的是让学生在课前熟悉课文，并完成浅层理解的任务，给课上进行深层理解留出足够时间，并为语言输出任务做好相关准备。

第一个任务为通读课文，找出段落大意。为便于学生理解，教师给出了分段提示和段落大意，学生只需要在理解的基础上连线即可。第二个任务为找出汽车导致问题的相关细节信息，学生需要在表中填入相关数字信息。第三个任务为找出Jenny Trowe的建议及相关原因。第四个任务为根据上下文猜测词汇含义，学生根据提示连线。第五个任务需要学生思考几个问题，为课上的语言输出做好准备。

课上教学流程主要包括四个环节。

第一个环节，教师首先检查学生预习任务的完成情况，随机找学生进行回答。此环节用时大约 5 分钟。

第二个环节为分段对课文进行深层理解，用时大约 15 分钟。针对第一段，教师首先提出两个问题：How do people feel when they are stuck in traffic jams? What problems can be caused by cars? 教师让学生进一步思考：What problems are caused by cars in Beijing? 这个问题的设置是为了让学生从生活实际出发，发现身边需要解决的问题。针对第二段，教师引导学生在找出人们使用汽车理由的基础上进行追问：Why does the writer mention people's excuses? 从而引发学生的深层思考。随后，在学生说出课文中提到的六条建议及原因的基础上，鼓励学生提出建议：What other advice can you offer? 学生因而实现发散思维的目的。针对第三段，教师在学生找出作者需要使用汽车原因的基础上鼓励他们分析作者对使用汽车的态度。

第三个环节为通过细读和讨论帮助学生理解难词和难句，用时大约 8 分钟。需要理解的句子为：(Line 42) Sometimes it can take a little bit longer, but so what? (Line 74) The traffic's going to be awful, but what can we do? 理解这两句可以帮助学生分析作者态度并引发思考。教师通过追问 Do you agree to the writer's attitude? Why or why not? 及 How do you understand the title"The Road to Destruction?"帮助学生得出结论：Too many cars are destructive to our life。从而与课文标题相呼应。

第四个环节为语言输出环节，用时大约 12 分钟。任务设置如下。

Suppose you are a reporter from CNU High School TV station. You're going to interview at least 3 people to find out the problems caused by cars in Beijing and possible solutions. And then you will make a report.

最后，教师以课文中的原句作为结束语：Take action somehow! Don't just sit around and complain!"这样既回顾了课文，又进行了情感教育。

根据 B5 班的学情，大多数学生无法很好地完成预习任务，因此教师对教学内容进行了调整，取消了预习环节，A8 班的预习学案改编为课上阅读学案，充分利用课上时间引导学生完成阅读任务。主要任务是帮助学生理解文章大意、获取细节信息和扫清词汇障碍，并在此基础上进行一定的语言输出。具体实施包括四个环节。

第一个环节为学生速读课文，找出文章结构及段落大意，内容同A8班预习学案任务一。此环节用时大约10分钟。第二个环节为学生找出文章细节信息，进行课文理解，内容同A8班预习学案任务二和任务三，此环节用时大约15分钟。第三个环节为学生通过细读和讨论猜测生词大意，内容同A8班预习学案任务四，此环节用时约5分钟。第四个环节为学生根据课文内容和学案提示做口头报告，内容包括汽车导致的问题、课文中提到的建议及原因，并鼓励学生提出自己的建议和看法，此环节用时约10分钟。

整体来看，A8班学生的学习任务明显多于B5班。学生在课前通过预习完成了浅层理解，熟悉了课文，为课上细读、讨论和语言输出做好了铺垫。在课上，学生对课文比较熟悉，细读理解时就节省了很多时间，能够充分思考和讨论。语言输出环节能够充分展现学生结合课文内容、联系实际及用英语思考和表达的能力。这种课前预习、课上深层理解并进行语言输出的阅读教学模式，对于英语基础扎实、课堂参与意识强的学生尤为适用，在理解课文的基础上拓展了学生的知识面，激发了学生的思维，有利于学生养成关注生活实际、用英语思考、用英语表达的学习习惯。

B5班学生虽然没有进行课前预习，但是课上教师通过学案引导学生速读和细读，实现了对课文的浅层理解，并扫清了词汇障碍。同时，在适当的时机，教师加以追问，引发学生进行思考。最后一个环节相当于复述课文，鼓励学生依据课文内容表达，巩固本课所学内容。任务设置考虑到学生的实际情况，难度比A8班低，因此学生能根据教师搭建的台阶一步步理解、思考和表达，实现了本课阅读理解的目标，同时建立了英语阅读、思考和表达的信心，激发了学生学习英语的兴趣。

虽然两个班的学情差异很大，但依据“以学生为本”的原则进行的教学设计，能够很好地针对学情设置教学任务，帮助学生理解、思考和表达。在教学任务设置不同的情况下，两个班不仅保证了一致的教学进度，还确保了不同层次的学生对课文的理解。从学生在课堂上的表现来看，分层教学无疑体现了因材施教的原则，给每个学生都提供了学习和成长的平台，他们因而能在不同教学任务的设置中快乐学习，不断成长。

（案例作者：李军华）

## 三、开发学科融通课程

融通课程指本学科和其他学科的整合，即跨学科整合课程。

生活本身是复杂、融合、不分领域和专业的，源于生活的文科类课程各学科内部都有紧密联系。我校对文科类课程积极开发学科融通课程，开展了卓有成效的尝试。对文科类课程与音乐课程、创客课程等其他方向课程进行整合，共同教授中华传统文化，在文化的交流、沟通、借鉴中促进青少年情感、态度、价值观的形成与提升；还融合理工类课程相关知识内容，帮助学生更深层次地理解教学内容。在文科类课程内部，打通各学科的联系，打破学科固有的疆界，主动开展合适的、有针对性的跨学科知识整合，开阔学生的视野，综合培养学生的各方面能力。在学科融通课程的教学中，教师对课堂上所涉及的跨学科知识把握准确，分析明晰，找准了知识关联点，不牵强附会，不影响正常教学。

理工类课程内部联系紧密，相互融通，综合性极强。根据教学内容，理工类课程可以与信息技术、通用技术类课程有效融通，分析蕴含的理工类课程思想，以具体案例阐明原理并通过计算机语言等信息技术载体实现。理科类融通课程可以让学生在实践活动过程中通过对自身生活的感受及社会生活实际的调查了解，体验另类学习的轻松愉快；通过对科学、技术、社会、环境等方面的认识，增强社会责任感，培养可持续发展的观念；通过科学探究的过程，体验成功来之不易和成功之后的甜蜜与喜悦；通过对科学方法、科学态度、思维习惯的感受，培养热爱科学的思想情感。所有这些都使得学生在情感体验的基础上实现了理工类课程与其他课程的融合，同时又潜移默化地建构了理科知识体系。

音体美类课程与人文学科内容有很多交叉，与语文、历史、地理、英语甚至物理学科都有许多整合空间。开展音体美类课程的学科融通，有助于学生更细致、更深层次地了解课程内容与相关背景材料，同时反哺其他交叉学科，带给学生直观的视听体验。音体美类课程注重德育，引领学生在名作中感受艺术家和体育健将对于社会和生活环境的深刻观察，感受作品中体现的爱国主义精神。当代新媒体艺术、VR 技术等代表科技最前沿的成果也体现出音体美类课程与科技领域越来越紧密的联系。"有容乃大"的音体美类学科正不断在跨学科领域取得新成绩，做出新贡献。

**(一)英语：英语听力中的京剧**

高中必修课阶段的北师大版教材，各模块开式多样，内容全面覆盖了生活各领域。为更加贴近学生的实际，充分体现因材施教的教育理念，我校结合校情学情，进一步为学生提供大量参与、实践、探究、交流与合作的机会，渗透对英语技能的训练，并配有文化知识，帮助学生体验语言学习的乐趣，获得语言学习的方法，促进语言交流能力的发展，保障学生全面发展，夯实基础学习能力。高中基础通修课还以课程内容整合和拓展阅读为两大特色，促进学生基础素养的发展，实现了国家必修与必选课程的校本化实施。

北京大学出版社教材模块二第五单元第二课为"京剧"。本课主要以听力材料和教师介绍为输入，学生口头表达为输出，达到听说课和生活实际相结合、在传统文化中学习英语的目的。本课的听力材料由两部分组成，介绍了京剧的历史、五大行当、所需技能、音乐风格、服装特色及象征手法，信息量较大。因此教学目标设定为：学生通过本课学习，能够提取和归纳京剧相关的知识；进行"京剧之夜"的宣传活动。

教学环节主要有听前、听时和听后三大教学活动。听前活动，了解京剧背景知识并处理关键词，同时提示学生运用听力策略，为完成听力任务做好准备。听中活动，学生听两段材料，完成听力任务，提取和归纳京剧相关的知识。听后活动，在第一段听力材料后，学生以同伴合作的形式向Alex介绍京剧；在第二段听力材料之后，教师引导学生思考国粹的现状，完成“京剧之夜”的宣传活动，学生在小组合作中自主整合和运用从两段听力材料中所学的知识，并分角色进行表演。

本课首先体现了学科内的课程整合，即对课本上的第二段听力材料进行了整合。教材中的第一段听力材料介绍了京剧的基础知识，本课保留了这一关键材料；而第二段听力材料则是有关京剧表演中象征手法的介绍，较为简短、单薄。考虑到两段听力皆为信息类材料，缺乏对京剧的思辨性讨论，因此教师基于跨文化交际这一情境主线，对第二段听力材料进行了整合和改进，请外教老师录制了外国朋友与中国友人关于京剧的讨论，激发学生思考京剧的发展现状，具有思辨价值。

本课还体现了跨学科的课程整合。本课有关京剧的两段听力材料信息量大，难度偏高，学生缺乏相关的中文背景知识，学习起来有一定难度。而且，作为英语听说课，本课侧重于英语听说能力的培养，仅有一课时，学生没有足够时间观赏京剧表演，无法获得充分的文化熏陶。基于这一情况，我们通过与音乐教师的沟通，对课程安排进行了调整，学生提前在音乐课上了解京剧方面的知识，欣赏五大行当的京剧表演，感受“唱、念、做、打”相结合的京剧表演艺术，从而为英语课的听与说做了铺垫，体现了跨学科的课程整合优势。

（案例作者：席芊函）

为了配合我校高中自主排课及课程改革的需要，根据英语学科课程建设的整体规划，紧密围绕“六位一体”的课程整体创新理念，教研组对原有课程设置进行适度调整，使课程设计能够充分体现对学生综合素质的培养，真正实现因材施教的教育理念，更好地适应我校学生的实际水平，有利于学生的未来发展。

经调整，从高一年级开始，英语课程分为“必修模块 1～5”和“必选模块 6～8”两个课程系列。全体学生经一年的学习，在高二第四学段学习结束时，进行高中英语学科自主会考。学生会考合格后继续学习必选课程模块。

针对现有教材的局限性，教研组对教材进行了适当删减和必要添加，教学内容因而能够切实与学生的内在发展需求相一致，并充分体现了“课程内容自主”的原则。具体整合方案见表 3-16 和表 3-17。

**表 3-16 英语课程整合方案：高一学段教学规划**

| 整合模块 | 具体内容 | 课时 | 完成时间（学段）及目标 |
|---|---|---|---|
| 模块 1 | Unit 1 Lifestyle<br>结合学生日常生活方式复习一般现在时，将教学与中学生的生活联系起来。 | 20 | 高一第一学段充分调动学生学习英语的兴趣。 |
| | Unit 2 Heroes<br>根据历史知识，引导学生灵活运用一般过去时和现在完成时。与《典范英语 9》Sherlock Homes 相整合。 | 18 | |
| | Unit 3 Celebration<br>引导学生结合各种庆祝活动及方式，学会用情态动词表示各种语气。 | 10 | |
| 模块 2 | Unit 4 Cyberspace<br>由 Unit 1 Lifestyle 导入，结合学生喜欢的网络知识，引导学生灵活运用真实的条件句和虚拟语气。 | 15 | 高一第二学段培养学生良好的英语学习习惯。 |
| | Unit 5 Rhythm<br>介绍学生喜欢的歌曲、舞蹈，引导学生练习状语从句。<br>以第二课 Beijing Opera 听力课为例，通过录制额外的听力材料，对教材内容进行整合，此外通过与音乐教师的沟通，让学生在音乐课上提前了解京剧方面的知识，两大举措加强了学科的融合。 | 15 | |
| | Unit6 Design<br>用学生熟悉的话题如建筑、艺术等引导练习定语从句。与其他学科如美术相整合，引导学生产出 poster。Paper cut 剪纸课与创客课程相结合，学生通过创客空间的设备设计、创作剪纸作品。 | 20 | |

续表

| 整合模块 | 具体内容 | 课时 | 完成时间(学段)及目标 |
| --- | --- | --- | --- |
| 模块 3 | Unit7 The sea<br>介绍相关的海洋知识，练习定语从句。 | 20 | 高一第三学段注重基础落实。 |
| | Unit8 Adventure<br>介绍马可波罗探险的知识及一些极限运动，引导学生练习定语从句。与《典范英语 9》Treasure Island 相整合。 | 18 | |
| | Unit 9 Wheels<br>联系汽车、自行车等各种交通方式，练习现在完成进行时。 | 15 | |
| 模块 4 | Unit 10 Money<br>通过谈论物质世界、广告，练习不定代词的用法及不定式。 | 20 | 高一第四学段进一步巩固英语综合技能。 |
| | Unit 11 The Media<br>通过谈论国内外新闻媒体，引导学生进一步巩固语法知识，如主语、宾语、表语和定语。 | 15 | |
| | Unit 12 Culture Shock<br>通过谈论文化差异、文明礼仪等，进一步复习非谓语，以及语法成分，如表语、状语和宾语补充语。 | 15 | |

**表 3-17　英语课程整合方案：高二学段教学规划**

| 整合模块 | 具体内容 | 课时 | 完成时间(学段)及目标 |
| --- | --- | --- | --- |
| 模块 5 | Unit 13 People<br>了解情商和智商的概念，结合人物个性和工作来表达对现在或过去发生的事情的猜测，将教学与中学生的个性与性格特征联系起来。 | 10 | |

续表

| 整合模块 | 具体内容 | 课时 | 完成时间(学段)及目标 |
|---|---|---|---|
| 模块 5 | Unit 14 Careers<br>结合个人情商、性格及星座特点，模拟未来工作面试及需要注意的事项。了解科技发展对未来工作的影响和对个人技能的要求。结合教学过程中小组活动学习并运用间接引语进行汇报。 | 15 | 高二第一学段分析和了解自身的性格特点，认清自我，坚持终生学习和做好职业规划。 |
| | Unit 15 Learning<br>讨论终生学习的重要性，了解传统型学校和非主流学校的特点。并结合本校办学特征和优秀传统引导学生介绍并推广传统名校——首都师大学附属中学。学习和运用虚拟条件句，与《典范英语 9》Treasure Island 相整合。 | 15 | |
| 模块 6 | Unit 16 Stories<br>通过阅读故事认识历史，阅读有关名字的故事，了解英文姓氏的由来并讲述自己的姓氏故事和名字意义。学习海伦·凯勒自强不息的精神，并运用到自己的学习生活中。结合过去完成时态讲述海伦·凯勒的故事。 | 15 | 高二第二学段培养学生良好的英语学习习惯和品质。 |
| | Unit 17 Laughter<br>学习欣赏不同种类的喜剧，通过阅读趣味故事放松身心，整合课内外资源了解笑的好处，引导学生在紧张状态中学会放松，劳逸结合。使用现在进行时态讲述国内外名人逸事和趣闻。基于同一故事内容编创不同版本的幽默笑话。 | 15 | |
| | Unit 18 Beauty<br>探讨美的定义，了解每个人都有不同的审美标准。分享并创作诗文作品。收集精品，制作诗集及新年感恩贺卡。 | 18 | |
| 模块 7 | Unit19 Language<br>了解英语的地域性差异和不同口音，讨论学习英语的重要性和一些窍门，克服困难，增强学好英语的信心。 | 15 | |

续表

| 整合模块 | 具体内容 | 课时 | 完成时间(学段)及目标 |
|---|---|---|---|
| 模块 7 | Unit 20 New Frontiers<br>通过阅读了解科技发展和对未来的预测，引发学生思考，畅想和谈论人工智能机器人的发展，并结合将来完成时和将来进行时谈论 20 年后的科技前沿，谈论科学发展和对人类的影响。 | 20 | 高二第三学段探讨自身学习和人生规划，立志为科学做贡献。 |
| | Unit 21 Human biology<br>从阅读体育竞赛中使用违禁药品的报告入手，引导学生探讨医学发展对健康的影响。通过了解人类历史上出现的大规模传染病的暴发及其影响，使用条件句，预测未来医学的发展。 | 20 | |
| 模块 8 | Unit 22 Environmental protection<br>通过阅读文章了解全球变暖现象、濒危物种和自然灾害等环境问题，并以北京雾霾为主题，分小组讨论导致环境污染的主要原因和可行性解决方案，进行报告。引导学生树立环保意识，积极承担公民责任，保护环境。 | 20 | 高二第四学段了解社会，探讨社会问题的起因和解决方案，感悟社会变迁。 |
| | Unit 23 Conflict<br>了解冲突的范围和种类，小到朋友矛盾大到战争。讨论解决生活中各种矛盾的方法，认识社会中各种冲突的危害，引导学生在日常生活中有效沟通，避免冲突。结合原著阅读 *Kite Runner*，了解战争的残酷及其给人类带来的灾难，倡导世界和平。 | 20 | |
| | Unit 24 Society<br>通过阅读了解消费社会及作者笔下的乌托邦理想社会。谈论社会问题，引导学生通过理性分析解决生活中的问题。结合学生社会实践，寻访北京的胡同，并通过采访胡同居民了解北京胡同的过去和现在，感悟社会的变迁。 | 20 | |

### (二)地理：地域文化与城市发展

地理学科是兼容自然科学和社会科学的综合性学科，所涉及的知识范围广，综合性强。在课程实施过程中，我校始终把培养人才综合素质和促进人的终身发展作为第一要务，根据高中地理课程标准和学生实际情况，对高中的地理课程内容和教学时间进行适当整合取舍。整合后的课程兼顾了地理学科知识结构的难易程度、重要程度和教师多年实际教学中的探究结果，更好地契合了“六位一体”的课程整体创新要求。

一方面，适当压缩必修课时。必修课相关联的内容组合在一起，在必修 2、必修 3 的教学中中按照“理论知识＋案例分析”的方法进行整合。这样，既有利于理论与实际的结合，又有利于帮助学生构建知识体系。

另一方面，在必修内容完成后以专题为单位对之前所学地理知识和技能进行拓展练习与实践应用。精选案例与素材串联必修知识内容，培养学生的创新意识和实践能力，力求使学生通过地理课程掌握地理知识，运用地理技能，获取地理信息，探索地理问题，形成强烈的社会责任感和可持续发展观念，实现全面发展。

高中地理兼具自然地理和人文地理两方面的知识，综合性强，在教学中应该适当打破学科界限，主动开展合适的、有针对性的跨学科知识整合。这样，学生容易理解和接受，从而获得新知识，达到预期的教学效果。

自然地理偏向自然科学，教学中需融合数学、物理、化学等相关知识来理解光照图的判读、海陆热力性质差异等内容；人文地理偏向社会科学，教学中需要融合历史、政治学科知识理解人口迁移、地域文化等相关内容。在融合过程中，任课教师需对课堂上所用的跨学科知识准确把握、分析，找准关联点，既不能牵强附会，又不能对其介绍过深而影响地理课的正常教学。

“地域文化”内容是必修 2 第二章城市部分的最后一节。学生已经学习了城市空间结构的形成及原因、城市化的进程及其特点，对城市有了一定的了解，教师在这一节将从文化地理的视角进一步带领学生认识和理解城市。

文化的概念比较抽象，学生正确理解文化，进而理解地域文化，将对其认识我们所处的城市、国家和世界有很大的影响，地域文化并非只是流于表面的城市建筑风格、饮食、服饰等，而是蕴含在更深层次背后的更多内容。文化的形成与历史有着密切关系，文化的繁荣又是政治稳定的体现，因此在教学中应会调用历史、政治的相关内容。

学生通过课下查阅相关资料，认识北京宫城的规划特点，为本节内容的学习做好知识准备。在第一环节中，教师通过启发式讲授，引导学生分析宫城规划体现的文化内涵，理解地域文化会影响城市建筑的形成。

第二环节，教师利用学案向学生呈现北京传统民居四合院建筑形式，通过组织学生对北京四合院规制的讨论，引导学生自主分析建筑特色背后的文化内涵。

以上两个环节与历史学科中封建等级制度、建筑规格等相关内容有交叉和渗透。在授课过程中，教师着重引导学生对北京的宫城和四合院进行深入分析讨论，理解封建王朝等级森严、规制严整的文化内涵，学会分析城市代表建筑文化内涵的方法。从地理环境的表象中理解地域文化在形成过程中深受历史的影响。

在认识到北京传统建筑深受历史与自然地理环境的影响时，教师组织学生对比中国城市与欧洲城市的建筑特点，提炼不同城市建筑物的特色，引导学生认识地域文化对城市的影响。

通过北京与欧洲城市建筑的对比，学生理解地域文化在任何时间、任何地方都会对城市产生深刻影响，可以对比辨析文化的区域特征和不同样式，赏析不同民族文化的精粹，展现不同民族文化的差异，体现政治学科中文化多元化的价值表现。

高考改革的要求对学生的全面思维能力提出了挑战，既要求学生能够多角度、多学科地看待身边的现象，又要求学生对问题的认识和理解有一定的深度和广度。为此，在文化地理这一综合性较强的教学内容安排上，就不能泛泛地谈表面现象，而要更多地培养学生的综合分析能力和思维能力，培养学生对案例进行较为深入的探讨，锻炼学生搜集资料、提炼论点的能力。授课过程中对历史、政治学科相关知识的引入也能够逐渐给学生渗透跨学科的综合思维意识。

（案例作者：石丽丽）

我校始终把培养人才综合素质和促进人的终身发展作为第一要务，根据高中地理课程标准和学生实际情况，对地理学科课程进行整合，适当增加提升学生综合素质和有利于学生终生发展的实践课程，以及贴近学生生活的选修课程，对高中的地理课程内容和教学时间适当整合。

首先，适当压缩必修课时。高中会考所考查的必修内容课时由每学期每周 2 课时，共 3 学期，压缩为每周 2.5 课时，共 2 学期，对相关联的内容组合在一起。在完成理论知识的学习后，对相关案例组合，既有利于理论与实际的结合，也有利于帮助学生构建知识体系。例如，必修 1 将天气灾害中的“寒潮”整合到“天气系统”之后，将“水资源”移到“水的运动”之后等。

其次，增添文理兼修和选修课时。鉴于培养人才综合素质和有利于学生终身发展的要求，增加文理兼修课程和贴近学生生活的实践课程和选修课程；同时，也将地理重点内容如全球气候类型分布、分析判断气候类型等补充到“大气环流”之后。

最后，开展分层走班教学的课程设计。在分层走班中，地理学科课程分为三个不同层次，即人文学部、理工学部、创新学部，对不同层次学生提出不同的教学要求。人文学部教学要求与北京市高考考纲要求一致，创新学部教学要求高于北京市会考要求，理工学部教学要求与北京市会考要求一致。

结合学校课程改革和学生的能力水平，地理教研组对基础通修课程的内容进行了学科内整合。具体内容见表 3-18 和表 3-19。

**表 3-18　学时整合**

| 整合前 | 整合后 |
|---|---|
| 每周 3.5 课时，开设 3 学期 | 每周 2.5 课时，开设 2 学期 |
| | 每周 1 课时，开设 1 学期 |

**表 3-19　教学内容整合**

| 学段 | 主要教学内容 | 完成时间 |
|---|---|---|
| 第一学段 | 一、行星地球<br>1. 宇宙中的地球<br>2. 太阳对地球的影响<br>3. 地球的运动<br>4. 地球的圈层结构<br>二、地球上的大气<br>1. 冷热不均引起大气运动<br>2. 气压带和风带<br>3. 常见的天气系统<br>4. 常见的气象灾害<br>5. 全球气候变化 | 1 周 2.5 课时<br>共 10 周 |
| 第二学段 | 一、地球上的水<br>1. 自然界的水循环<br>2. 陆地水体的补给<br>3. 大规模的海水运动<br>4. 水资源的合理利用<br>二、地表形态的塑造<br>1. 内力作用与内力地貌<br>2. 外力作用与外力地貌<br>3. 常见的地质灾害<br>4. 地壳物质循环<br>5. 自然条件对人类活动的影响<br>三、自然地理环境的整体性和差异性<br>1. 自然地理环境的整体性<br>2. 自然地理环境的差异性 | 1 周 2.5 课时<br>共 10 周 |

续表

| 学段 | 主要教学内容 | 完成时间 |
| --- | --- | --- |
| 第三学段 | 一、人口的变化<br>1. 人口的数量变化<br>2. 人口的空间变化<br>3. 人口的合理容量<br>二、城市与城市化<br>1. 城市内部空间结构<br>2. 不同等级城市的服务功能<br>3. 城市化<br>4. 地域文化<br>三、农业地域的形成与发展<br>1. 农业的区位选择<br>2. 以种植业为主的农业地域类型<br>3. 以畜牧业为主的农业地域类型<br>4. 中国东北地区农业的可持续发展 | 1周2.5课时<br>共10周 |
| 第四学段 | 一、工业地域的形成与发展<br>1. 工业区位因素与区位选择<br>2. 工业地域的形成<br>3. 传统工业区与新工业区<br>4. 德国鲁尔区的探索<br>二、地域联系<br>三、人地协调发展<br>1. 人地关系思想的演变<br>2. 中国可持续发展的实践<br>四、区域与区域可持续发展<br>1. 区域与区域差异<br>2. 区际联系与区域协调发展(资源跨区域调配与产业转移)<br>3. 流域综合开发与治理——以美国田纳西河为例<br>4. 中国黄土高原水土流失的治理<br>5. 中国江苏省工业化和城市化的探索<br>五、地理信息技术的应用 | 1周2.5课时<br>共10周 |

续表

| 学段 | 主要教学内容 | 完成时间 |
| --- | --- | --- |
| 第五学段 | 专题实践与探究：<br>1. 什刹海地区旧城改造——谈地理学在城市改造中的作用<br>2. 生态脆弱地区的危机和保护——谈地理学在生态问题中的作用<br>3. 新能源电厂的选址——谈地理学在产业规划中的作用 | 1周1课时<br>共10周 |
| 第六学段 | 4. 茶卡盐湖的开发与保护——谈地理学在资源开发中的作用<br>5. 中国周边安全环境浅析——谈地理学在国家安全战略决策中的作用<br>6. 水资源的跨境调配困境——谈地理学在公共政策制定中的作用 | 1周1课时<br>共10周 |

### (三)音乐：古老的楚乐文化体验

“音乐鉴赏”模块是高中音乐课的必修课程。由于鉴赏教材涉及的内容多而散，根据学生的实际情况，我们对教材进行了删减和重组。高一年级四个学段分别针对戏剧音乐、中国民歌、音乐与时代、世界民间音乐四大主题进行学习和探究。

音乐鉴赏课程涉及人文内容较多，本课程与语文、历史、地理、英语甚至物理等学科都有大量内容可供整合。例如，《楚乐》一课，要想了解何为“楚乐”，首先要了解何为“楚”，也就是楚国出现在我国历史上的什么时期？其鼎盛时期疆域有多大？包括现在的哪些省份？单单这一个教学点就涉及历史和地理方面的知识。课内还大量引用《说文解字》及《文选》中的注解，学生的古文功底直接影响对相关文献的理解。在讲到曾侯乙编钟的制造及十二律时，本课还涉及了物理学相关知识。类似这样学科融通的例子在音乐鉴赏课程中几乎每课都会出现。

“楚乐”是高中音乐鉴赏第三学段“音乐与时代”第一部分“华夏音乐之光”的重要内容。教研组在教材内容基础上对课程内容进行了文化层面的深度挖掘，结合历史、地理、语文、物理等学科，对古老的楚乐进行全方位的追踪与了解。

本课的教学目标为：了解认识楚乐文化，感受、体验楚乐独特的神韵，认识楚乐是由歌、乐、舞组成的三位一体的音乐体系。

课程利用一段教师自己制作的水墨动画《离骚》导入，引出楚辞与音乐的关系。依次探究何为楚、何为乐、何为楚乐。在探究"何为楚乐"这一内容时，课程又分为楚乐器、楚歌、楚舞三个部分。

第一，楚乐器。从曾侯乙编钟入手，引导学生了解编钟在青铜时代是王权、身份、地位的象征。在楚国，钟的地位相当于鼎，被视为国之重器。乙是楚国附属国曾国的国君，所以他才能拥有如此重要的编钟。曾侯乙墓还出土了很多重要的礼乐器，如编磬。钟磬和鸣被称为金石之声，由此引出八音的重要概念。八音包括金(钟、镈)，石(磬)，丝(琴、瑟)，竹(排箫、篪)，匏(笙、竽)，土(埙、缶)，革(鼗、雷鼓)，木(柷、敔、木鼓)。

第二，楚歌。出自楚地沛县(今属江苏)的刘邦在衣锦还乡时唱《大风歌》，慷慨伤怀是楚国音乐的典型格调，其文字也是典型的骚体。

**大风歌**

大风起兮云飞扬，
威加海内兮归故乡，
安得猛士兮守四方。

由于楚歌年代久远，现今根本无法寻找到任何有关楚歌的音像资料和乐谱。所以教师可通过文字史料、考古发现，以及现存民歌中的一些古风遗声进行分析并得出结论：楚歌很有可能是以徵调式为主的三声腔结构。教师进而大胆为《大风歌》配乐并带领学生演唱，同时利用"四面楚歌"等历史故事引导学生分析歌曲情绪，探究楚歌哀伤之音的根源。

第三，楚舞。楚舞的特点是"体若游龙，袖若素蜺"。在这一部分，教师设计了非常有趣的活动，就是请同学来模仿一下刻画在文物上的人物舞蹈动作。要求同学们完成从静态到动态的转变，进而了解古典舞的创作依据。

介绍完楚乐器、楚歌、楚舞之后，课程最后回答了“何为楚乐”这个问题。《楚辞》中有记载，楚乐最大的特征是歌、乐、舞三位一体。湖北省歌舞团编演的《大飨礼》，就试图复原楚宫宴乐的宏大场面。

楚乐年代过于久远，找不到音像资料。音乐鉴赏课程没有听觉上的直观材料学生很难有清晰的理解，教师就在现今研究结果的基础上进行了大胆创作。这样，学生一方面可以得到听觉上的直观感受，另一方面也能了解现代古风作品的创作依据及其过程。

（案例作者：石泉）

根据学校“四修”课程体系的建设要求，音乐组全体教师经过多次研讨，完善了音乐学科的基础通修课程整合方案。具体内容见表 3-20。

**表 3-20　音乐学科课程整合方案**

| 整合模块 | 具体内容 | 课时 | 完成时间(学段) |
|---|---|---|---|
| 戏剧音乐 | 音乐剧 | 2 | 高一第一学段 |
| | 歌剧 | 1 | |
| | 京剧 | 1 | |
| | 地方戏曲 | 1 | |
| | 芭蕾舞剧 | 2 | |
| | 话剧音乐 | 1 | |
| | 电影音乐 | 1 | |
| 中国民歌 | 汉族民歌 | 5 | 高一第二学段 |
| | 少数民族民歌 | 4 | |
| 音乐与时代 | 华夏音乐之光 | 2 | 高一第三学段 |
| | 中国近现代音乐 | 2 | |
| | 音乐——从宗教走向世俗 | 2 | |
| | 音乐——从古典走向浪漫 | 2 | |
| | 音乐——从印象走向现代 | 2 | |

续表

| 整合模块 | 具体内容 | 课时 | 完成时间(学段) |
| --- | --- | --- | --- |
| 世界民间音乐 | 欧洲民间音乐掠影 | 2 | 高一第四学段 |
| | 拉丁美洲音乐 | 2 | |
| | 亚洲音乐 | 2 | |
| | 非洲音乐 | 2 | |
| | 印加音乐 | 1 | |

### (四)物理：巧用平板电脑拍摄功能，突破偏振光的应用

物理学科组根据学校课程建设的整体规划，对原有课程设置进行了适度整合，课程设计充分体现对学生综合素质的培养，更好地适应本校学生的实际水平，有利于学生的未来发展。

从高一年级开始，物理课程分为理科和文科两个课程系列。全体学生经过一年的学习，在高一四个学段学习结束时进行物理学科自主会考。理科学生会考合格后继续学习理科课程的其他模块，准备高考，文科学生会考合格后继续学习文理兼修课程。整合完成后，课程内容更侧重物理学与社会学、人文科学的融合，更重视借助知识的“窗口”让学生了解物理学发展的前沿和现状，增加交叉学科的知识，体现课程设计的时代性，更注重发掘物理学史的教育功能，突出科学历史观、正确的哲学思想、科学美学思想、科学价值观等人文教育特色。

物理木身就是综合性极强的学科，有很多人觉得物理难学，实际难就难在物理学科融通了很多学科的知识。比如通常使用的函数及其图像、三角函数、立体几何等知识属于数学学科，原电池、电流的化学效应是化学知识，用到的地球磁场、地球经度和纬度、天体运动等是地理知识。另外，物理学史就是一部涉及哲学、经济和科学的发展史，加上现代信息技术在物理学中的广泛应用，环境、气候、能源等问题是当今热点。这些都与物理学科有着深层联系，而这就更加督促我们在物理教学中要顺应时代的需要，关注周边学科的发展，做好多学科的融通。

“光的偏振”是人教版新课标物理选修3-4中第13章第6节的内容。学生在学习完光的干涉和衍射之后，通过光的偏振现象进一步认识光

波，并通过光的偏振性质来证明光波是横波。本节课程理论部分并不难理解，但是光的偏振在生活实际中的应用相对复杂，学生可能不会解释其中的原理。偏振光的重要应用之一，就是在拍摄玻璃后方景物或者水中景物时，在相机镜头前加上偏振片，把偏振片的透振方向调整到合适角度，可以大大降低镜面反射光的影响。

在传统课堂中，教师一般让学生观察对比普通照片和加偏振片的照片，了解光的偏振现象及应用。这种方式没有呈现偏振片调节过程中反射光的变化情况，学生并没有完全理解和相信偏振的效果。利用现代网络技术，结合平板电脑的实时拍摄功能，可以将整个动态过程在课堂上完整地呈现给学生，充分调动了学生的积极性，活跃了课堂气氛。

在传统课堂中，教师大多是利用课前拍摄的照片演示和对比，让学生看到没加偏振片与加上偏振片并调整好透振方向的照片的不同，来说明利用偏振片可以有效减弱玻璃或者水面的反射光。

利用拍好的照片进行对比，课堂气氛没有达到预期的热烈程度。经过分析，主要有两个方面原因。一是不能有效调动学生参与，学生学习积极性不高。照片是静态的呈现方法，学生只是看到了添加偏振片前后的两个“状态量”，没有真正参与到消除偏振光的过程之中，无法体验其中的“神奇”之处，即便是多拍摄几张反射光处于中等强度的照片拿给学生看，也无法替代消除偏振光的“过程量”。没有参与感，学生兴趣自然不大。二是无法展示反射光消除过程，可信度较低。现代计算机合成与修改技术发达，照片无法呈现反射光的消除过程，有学生会怀疑照片可能做过适当的处理，对照片的真实性产生怀疑。如果失去了学生的信任，那么课程的学习效果就会大打折扣。

利用平板电脑教学有很多优点。为了充分调动学生的积极性、保证实验结果真实可信，必须在课堂中完整地“导演”反射光的消除过程。利用以平板电脑为代表的具有实时拍摄功能的手持平板电脑，可以同时解决上述两个问题。

平板电脑连接到教室的无线局域网，就可以将平板电脑上所显示的内容实时投影在教室的计算机上，并通过显示屏让全体学生看到平板电脑上的实时内容。

打开平板电脑的摄影、摄像功能，让平板电脑的摄像头充当“眼睛”，对着玻璃或者水面的反射光去“看”，学生就能看到反射光从强到弱的动态过程，如图 3-1 所示。

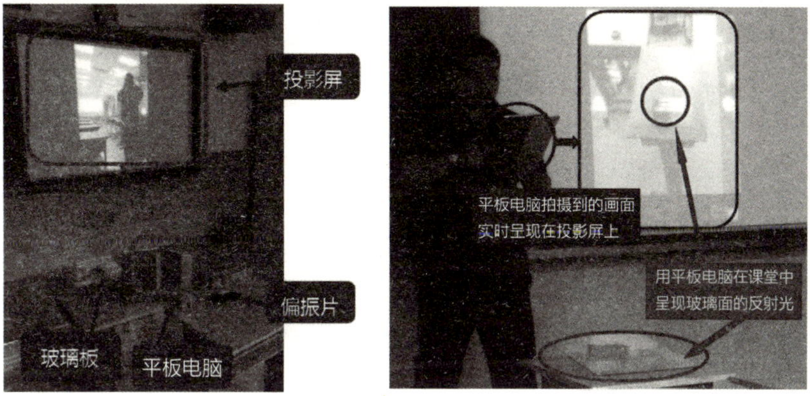


**图 3-1　利用平板电脑教学**

总结起来，利用平板电脑来进行演示有以下多方面优势。一是作为现代化电子设备，平板电脑深受学生喜爱，上课时教师如果使用平板电脑，拉近了与学生的距离，能够充分调动学生的积极性。二是不少学生拿平板电脑仅当作娱乐工具，而课堂的实验演示让学生体会到了平板电脑在学习中的重要作用。三是由于利用了平板电脑的实时摄像功能，在旋转偏振片的过程中，学生能够很清楚地观察到反射光由强变弱的过程，前后形成了鲜明的对比，引起学生强烈的共鸣。四是在现场利用实时拍摄的功能，所形成的图像真实可信，学生不会产生怀疑。

教育现代化提倡我们要理念现代化，更要敢于大胆利用现代化的高科技产品来丰富我们的课堂。平板电脑的拍摄功能使得物理课堂从“静”到“动”，是课堂表现形式的飞跃。我们需要不断思考和尝试新的教学工具，才能让课堂增添更多魅力。

（案例作者：詹凯）

为配合我校高中课程建设的需要，建设“六位一体”的创新整合课程，物理学科组根据学校课程建设的整体规划，对原有课程设置进行适度调整，课程设计充分体现对学生综合素质的培养、学校因材施教的教育理念，更好地适应学生的实际水平，有利于学生的未来发展(表 3-21、表 3-22)。

表 3-21　高中物理课程整合方案(理科方向)

<table>
<tr><th>整合模块</th><th>具体内容</th><th>课时</th><th>完成时段</th><th>原模块</th></tr>
<tr><td rowspan="6">模块 1</td><td>第一章运动的描述</td><td>10</td><td rowspan="3">高一第一学段</td><td rowspan="4">必修 1</td></tr>
<tr><td>第二章匀变速直线运动的研究</td><td>14</td></tr>
<tr><td>第三章相互作用</td><td>12</td></tr>
<tr><td>第四章牛顿运动定律</td><td>18</td><td rowspan="2">高一第二学段</td></tr>
<tr><td>第五章曲线运动</td><td>18</td><td rowspan="3">必修 2</td></tr>
<tr><td>第六章万有引力与航天</td><td>16</td><td rowspan="2">高一第三学段</td></tr>
<tr><td rowspan="3">模块 2</td><td>第七章机械能守恒定律</td><td>20</td></tr>
<tr><td>第十六章动量守恒定律</td><td>24</td><td rowspan="2">高一第四学段</td><td>选修 3-5</td></tr>
<tr><td>第十一章机械振动</td><td>12</td><td>选修 3-4</td></tr>
<tr><td rowspan="4">模块 3</td><td>第一章静电场</td><td>20</td><td rowspan="2">高二第一学段</td><td rowspan="4">选修 3-1</td></tr>
<tr><td>第二章恒定电流(1)</td><td>16</td></tr>
<tr><td>第二章恒定电流(2)</td><td>4</td><td rowspan="3">高二第二学段</td></tr>
<tr><td>第三章磁场</td><td>14</td></tr>
<tr><td rowspan="3">模块 4</td><td>第四章电磁感应</td><td>18</td><td rowspan="3">选修 3-2</td></tr>
<tr><td>第五章交变电流</td><td>8</td><td rowspan="5">高二第三学段</td></tr>
<tr><td>第六章传感器</td><td>4</td></tr>
<tr><td rowspan="3">模块 5</td><td>第十二章机械波</td><td>10</td><td rowspan="3">选修 3-4</td></tr>
<tr><td>第十三章光</td><td>10</td></tr>
<tr><td>第十四章电磁波</td><td>4</td></tr>
<tr><td rowspan="4">模块 6</td><td>第十七章波粒二象性</td><td>10</td><td rowspan="4">高二第四学段</td><td>选修 3-5</td></tr>
<tr><td>第七章分子动理论　气体</td><td>4</td><td>选修 3-3</td></tr>
<tr><td>第十八章原子结构</td><td>6</td><td rowspan="2">选修 3-5</td></tr>
<tr><td>第十九章原子核</td><td>8</td></tr>
<tr><td>模块 7</td><td>高考复习</td><td></td><td>高三</td><td></td></tr>
</table>

**表 3-22 高中物理课程整合方案(文科方向)**

<table>
<tr><th>整合模块</th><th>具体内容</th><th>课时</th><th>完成时段</th><th>原模块</th></tr>
<tr><td rowspan="4">模块 1</td><td>第一章运动的描述</td><td>8</td><td rowspan="3">高一第一学段</td><td rowspan="4">必修 1</td></tr>
<tr><td>第二章匀变速直线运动的研究</td><td>10</td></tr>
<tr><td>第三章相互作用</td><td>10</td></tr>
<tr><td>第四章牛顿运动定律</td><td>14</td><td rowspan="2">高一第二学段</td></tr>
<tr><td rowspan="3">模块 2</td><td>第五章曲线运动</td><td>14</td><td rowspan="3">必修 2</td></tr>
<tr><td>第六章万有引力与航天</td><td>8</td><td rowspan="2">高一第三学段</td></tr>
<tr><td>第七章机械能守恒定律</td><td>10</td></tr>
<tr><td rowspan="4">模块 3</td><td>第一章电场 电流</td><td>4</td><td rowspan="4">高一第四学段</td><td rowspan="4">选修 1-1</td></tr>
<tr><td>第二章磁场</td><td>4</td></tr>
<tr><td>第三章电磁感应</td><td>4</td></tr>
<tr><td>第四章电磁波及其应用</td><td>4</td></tr>
</table>

### (五)信息：神奇的电磁效应

本课体现了信息学科与物理等多学科的整合教学。本课的教学目标：一是运用实验法，观察、对比、归纳声音的本质，了解声音是如何产生的；二是亲身体验小喇叭的制作，锻炼动手能力，培养从生活中发现实验素材的意识；三是树立可持续发展的理念，逐步习得变废为宝的洞察力和创造力。教学重点是熟悉声音的本质，理解声音产生的原理，并通过实验进一步了解磁电效应。教学难点表现在：部分学生可能无法完成从现象到本质的跨越，听到声音大小的变化后，难以总结出背后的原因，此时需要授课教师引导；作为一门侧重操作的课程，学生的动手能力对实验结果有较大影响，因此本课的另一教学难点在于指导学生规范、正确地制作小喇叭。

在实施过程中，首先要准备好材料和工具，包括饮料瓶若干(有瓶盖)、大小形状相同的磁铁、有音乐播放功能的手机，以及线圈、数据线、电烙铁、剪刀、裁纸刀、打火机等。准备好材料就开始小喇叭的制作过程。先缠线圈，铜线要均匀地缠绕在饮料瓶的瓶口，注意不要覆盖瓶盖儿。线圈圈数足够后，用打火机加热铜线末端，使其表面涂层融化。在铜线末端焊一个耳机头，这样小喇叭就制作完毕了。然后，连接播放设备，使缠绕在瓶口的线圈末端与数据线相连，打开手机的音乐播放器，不停地播放。接着，移动磁铁，取若干块相互吸附的磁铁，使它们成条状。打开饮料瓶盖，将磁铁条经过瓶口缓慢放入饮料瓶中，注意保持磁铁条位置的相对稳定。感受音乐音量大小的变化，并用控制变量法探寻原因。随后改变条件，改变磁铁数量再试一次，让学生记住不同条件下的音量。最后，总结思考，结合课堂所学的理论知识和小喇叭的制作，总结声音的产生原理并反思磁电效应。

本课通过创设有趣的课堂情境，增强了代入感。在选择教学主题方面，小喇叭的制作过程简单，可行性强，揭示的科学原理是高中物理知识体系的重要内容，有助于用亲身体验的方式实现教学的深入浅出。从跨学科视角看，本实验最终揭示的是物理原理，在制作过程中呈现出音乐等艺术元素，给学生带来了一定审美体验。最终用跨学科的方式提升了课堂教学的趣味性，激发了学生探索世界的好奇心。

（案例作者：米安琪）

## 四、推进自主评价

为了提升学生学习的主动性和积极性，我校采用终结性评价和过程性评价相结合的评价方式。

终结性评价是指我校自主进行的学业水平考试，即自主会考。自主会考是开展自主课程实验的重要组成部分，是落实课程计划、检验和评价课程实验、达成实验目标的重要手段。

首师大附中于 2012 年 9 月经北京市教委批准开始自主会考。首师大附中普通高中自主会考以教育部《基础教育课程改革纲要（试行）》《北京市普通高中课程改革实验工作方案（试行）》《北京市教育委员会关于普通高中新课程会考制度改革的意见（试行）》及《海淀区普通高中课程改革实验草案》为指导，以教育部《普通高中课程方案（实验）》和各学科课程标准为依据，旨在全面落实素质教育方针，完善首师大附中“四修”课程体系建设，促进学生学业素养全面提升，培养学生的动手实践能力和创新精神，更好地发挥首师大附中在基础教育领域的示范作用和引领作用。

在新课程改革实验的背景中，首师大附中作为优质高中校，构建了灵活多样、自主开放、充满活力的课程体系，逐步形成了办学特色。对会考的考试时间、内容和方式等方面也做出了相应调整和改革。高中会考自主安排，有利于推进学校自主安排新课程的实验，有利于加强学校教学管理和质量监控，有利于高中会考与高考招生逐步协调，有利于促进教育事业可持续发展。

首师大附中自主会考的时间设置如下：

高一年级第二学期结束时完成物理、化学、历史、地理、信息技术和通用技术六科的自主会考，完成物理实验和化学实验的考查工作。

高二年级第二学期结束时完成生物、政治两科的自主会考，完成生物实验的考查工作。

高三年级第一学期结束前完成语文、数学、英语三科的自主会考。

高三年级第二学期完成体育学科会考（体育学科参加北京市统一会考）。

过程性评价是指各学科针对本学科特点对学生进行的学习过程中的评价。由于学生兴趣偏好与精力投入的广泛差异，不同学科的分层情况必然不可能相同，教学管理如何应对就成了新的课题。分层走班教学的实施打破了传统的年级、班主任管理的模式，对课程安排、成绩管理等方面都提出了新的要求，这就需要学校创造“智慧教育”管理模式，解决新形势下的新问题。在此情况下，我校充分利用学校已有的教学网络平台，通过整合新课改系统的应用，对分层走班的年级试行了过程性评价管理。

文科类课程教学的主要任务是对学生进行人文素养的教育，综合性、开放性和实践性强，因此不能简单地以考试成绩作为唯一的评价标准，评价既要关注学生的知识学习情况，又要对学生学习的过程与方法、情感态度与价值观领域进行评价。经过多年的探索，文科类课程主要采取过程性评价和结果性评价(或测试评价)相结合的方式检测学生平时学习和阶段性学习情况，具有重视激励性评价、重视过程性评价、评价主体多元化、评价内容多元化、评价尺度多样化等显著特点。根据学科特点，可综合使用课前演讲、口试、小论文等具有学科特色的课程评价方式开展过程性评价，同时大胆创新，采用灵活多样的作业、考试方式，让尽可能多的学生展示特长，体验成功，激发潜能。

理工类课程重视对学生进行学习成果和学习过程的细致量化评价，注重以形式多样的教学评价引领和指导学生的学习过程，注重让学生主动参与到教学评价中以利于学生的自我检测和自我完善，利于学生的良性互动和相互激励。理工类课程的自主评价实行终结性评价与过程性评价相结合、定性评价与定量评价相结合、自评与他评相结合的方式，评价贯穿于学习的全过程。其中，课程活动表现评价是很重要的评价方式，这种评价是在学生完成一系列任务(如调查、实验、设计等)的过程中进行的，通过观察、记录和分析学生在各项学习活动中的表现，对学生的参与意识、合作精神、实验操作技能、探究能力、分析问题的思路，以及知识的理解和应用水平、表达交流技能等进行综合评价。

艺体类课程的自主评价是和学校艺术活动紧密结合在一起的，要求学生参加我校每年举行的“春之声原创歌曲合唱节”等传统活动，根据班级整体表现给出学生的自主评价成绩。音体美类课程的自主评价体现出个体性、情感性、灵活性和阶段性四大特点：尊重学生在学习中表现出的个性差异，教师评价和学生互评都呈现出关注个体表达和感受呈现的特点；学生在观看、鉴赏的过程中体会到情感，从而产生共鸣；教学内容多元，学习任务多样，评价必然呈现出“多层次、多维度”灵活多样的评价方案；学生的认知水平和学习程度是不断变化的，在自主评价时关注学生的阶段提高，做相应的客观中肯的评价。

第四章

# 兴趣选修课程的实施

兴趣永远是最好的老师，教育的本质也绝不仅仅局限于知识的单向传授。如何充分激发学生的兴趣，成功地使兴趣爱好与既有的知识学习结合起来，一直是首师大附中几代教育人思索的问题。每个学生的头脑里都有新奇的小世界，都充满着奇思妙想和对未来的无限创造力。如果不进行合适的引导，这些奇思妙想就会在学生的成长过程中逐渐消失。

实施兴趣选修课程的重要目的就在于通过给学生带来不同于传统课本教育的课程选择，与既有的学科兴趣爱好对接，激发潜在的兴趣点，鼓励学生的奇思妙想，促其迸发出思维的火花。首师大附中的兴趣选修课由教师自主申报，学生自主选修，涵盖范围广，为学生提供了满足各种兴趣和发展需要的平台，极大地提高了学生获取知识的积极性和主动性，寓教于乐，寓乐于学。

# 一、教与学双自主

双自主指教师申报自主和学生选课自主。教师可以根据自己的基础通修课程安排、进修与培训、个人事务等情况，自主选择上课时间进行课程申报。学生可以根据自己的兴趣爱好和其他时间安排自主选择课程和时段上课。

文科类课程的兴趣选修课突出趣味性、通俗性、融通性，使学生在轻松而愉悦的氛围下获得兴趣的发展。课程的种类丰富多样，可以满足学生的不同需求，内容涉及语言、文学、文化、社会、历史、影视、传媒等多领域，可以多方位地提高学生的文科类综合素养。文科类兴趣选修课程传递深层次的文化内涵，注重人文素养的培养与提升，激发学生学习、探究文科类专业知识的兴趣，培养学生的思辨能力，提升学生综合知识的运用能力，引领学生从不同角度看待问题，加强学生对文化的理解并促进学生开展跨文化交流，为进一步的自主研修和专业精修奠定基础。

理科类课程与生产生活密切相关，生活中处处蕴含有趣的知识。理科类兴趣选修课从学生已有的生活经验出发，不仅有利学生接受新知识，了解理科类知识在生活中的重要作用，开阔眼界，增长见识，还可以让学生保持对生活中各种现象的好奇心，增加求知欲，有效地激发学生探索未知领域的兴趣，培养学生创新精神及实践能力。同时，理科类兴趣选修课能够让学生更全面地了解学科知识形成、发展的过程，了解科学研究的基本方法，提高学生的科学探究与实验能力。

音体美类课程开展了各种创造性的兴趣选修课程，内容丰富多彩，囊括了这类课程的方方面面。音体美类兴趣选修课强调创新精神与个性发展，注重教授学生走向社会的必备能力，引领学生逐步形成敏锐的观察力，培养学生高尚的审美情趣与人文素养，并于潜移默化中塑造学生的自信心，让学生养成开朗乐观的性格。

### （一）语文：轻叩诗歌创作之门

中国是诗歌的国度。语文诗歌教学就是引领学生在诗歌的海洋中遨游，感受诗歌的韵律，体会诗歌的意境，品味诗歌的韵味，进而引导学生去尝试与体验创作诗歌的乐趣。这对滋润学生的心灵，陶冶学生的情操，启迪学生的智慧等，均有不可替代的作用。

课程设计的过程充分考虑到双自主原则，即教师根据自己所擅长的诗歌领域整合教学内容，学生根据自己的兴趣爱好，自主选择诗歌选修课。在课程的不同阶段，学习的任务也有一定的可选择性，不同类型的学生都能有所收获，生成的学习成果各有不同。

在课程教学设计中，我们整合了必修1的“鉴赏诗歌、分析意象”，必修2的“反复吟咏、体会感情”，必修3的“进入情境，领略情趣”，必修4的“学习声律，运用联想”四个模块。这样，学习目标照顾到诗歌鉴赏的多样性，学生在完成这四个模块的学习任务，就能够对诗歌有基本的认识，能够积累阅读鉴赏经验，并且形成一定的阅读思路。

流程的设计要注意选修与必修的自然衔接，学生从局部探究到整体把握的发展过程，学生思想的碰撞与激发，学生自主学习与老师指导的结合。

第一阶段，制订计划，明确任务。学生在走进本专题作品之前先明确学习内容、学习步骤，对学习过程全程自我监控。事实证明，“任务驱动”效果非常好，学生能够做到阅读与思考、表达相结合，自由组成小组，选出组长，确定组员的分工，并能讨论活动内容，制订活动计划，活动结束后还能展示活动成果。

第二阶段，各小组按计划开展活动。师生共同分享最喜爱的诗歌，如杜甫的《登高》、戴望舒的《雨巷》、毛泽东的《沁园春·长沙》等，进一步了解诗歌的分类及创作特点。教师带领学生到阅览室、图书馆阅读与诗歌有关的报刊和书籍，学生在教师的指导下登录文学网站欣赏、搜集诗歌。小组成员人人参与，推荐自己最喜爱的诗歌，并交流喜欢的理由，把自己喜欢的诗歌拿来参加诗歌朗诵会，要求人人“朗诵诗歌”。

为了保证学生欣赏诗歌、创作诗歌的质量，唤起学生阅读诗歌的兴趣，激发学生创作的热情，搜集整理、大量阅览是必不可少的环节。而人人推荐诗歌的方式可以避免在小组合作学习过程中出现只分工不合作的情况。每个学生都拿出自己的学习成果，大家相互学习，彼此就会成为对方不可或缺的学习资源。

第三阶段，自选主题，展示诗作。

第四阶段，师生共同练笔。

题目1：以“圆”为题写一首小诗或一篇抒情文字。（2015年北京高考微写作）

题目2：2014年12月，《诗刊》杂志社、中国人民大学文学院和凤凰网读书频道联合举办了一场以“日常生活，惊心动魄”为主题的诗歌朗诵会，农妇、理发师、快递员、私企员工、煤矿工人都是这场朗诵会的主角。他们朗诵自己的作品，表达对诗歌的热爱和对生活的感悟。前述文字引发了你怎样的联想和思考？请自选角度，自拟题目，自定文体（诗歌除外），写一篇文章，不少于700字。（2015年海淀一模）

（案例作者：田云）

### （二）美术：土与火的艺术之趣

我校美术教师根据基础通修课程安排、进修与培训等情况，自主选择上课时间进行网上课程申报，网课中被称为“土与火的艺术”的陶艺课就深受学生喜爱。学生可以根据自己对陶艺的兴趣，进行网上报名，选择自己合适的时段上课。

陶瓷艺术作为中华民族的传统文化，历史悠久，自成体系，风格独特，内涵深厚。高中美术在“中国古代工艺美术——陶瓷工艺”的内容中进行了重点介绍。作为想象力和创造力结合的艺术，陶艺教育能充分培养学生的动手能力和创造能力，开阔他们的思维空间，充分发挥他们的才能。

陶艺教育同时也是审美教育、创新教育和动手能力教育的有效途径与方式，中学的陶艺教育不是为了培养陶艺家，而是让学生通过学习陶艺，接受美的熏陶，养成良好的学习习惯。制作陶艺作品的过程需要花费大量的时间和精力进行创作，有时一个小部件也可能要反复多次才能制作成功，虽然过程有些烦琐，但成功的喜悦总是让他们一次次地陶醉其中，陶艺课既磨炼了学生的意志力，也培养了他们的耐心。

陶艺课程的教学目标包括：掌握陶艺设计的基本理论知识，能够理解各种成型技法，熟练使用泥条盘筑法和泥板成型法，熟练使用各种施釉技法，了解陶土、工具及烧窑过程，从而学会陶艺设计制作的全过程；提高学生的思维能力与实践技能，增强学生对形体、色彩的理解能力；提高学生的自信心和成就感，培养学生的艺术素养，提高陶艺作品欣赏水平；接受我国传统文化技能的熏陶，增强爱国热情。

课程内容安排包括：陶艺发展简介，陶艺的制作原料和工具，成型技法——泥条盘筑成型、泥板成型、手捏成型、拉坯成型、注浆成型、印坯成型、修坯，装饰技法，施釉技法。

通过陶艺教学实践，学生完成了相关作业，掌握了基本技巧，更难得的是许多学生都创作出了精彩的作品，陶艺教学是素质教育的重要手段，承传了认识功能、审美功能和教育功能，需要通过不断总结、实践和沟通来达到教学目的，从而提高学生各方面能力。

陶艺教学的创新之处有三。

第一，争取让每个学生都能显示其个性。人人都做同样的东西，艺术从何而来？在学生掌握了相应的技术与方法后，就应该充分打开思路，注重强调情感、情绪、灵性，以诱发、引导为主要手段，培养学生的艺术敏感性和审美情操，这些是现代陶艺教育理念的中心内容。营造开放的、互学互动的学习氛围，让学生自主自觉地学习，创造性得到最大的尊重和释放。

第二，从制作到烧制完成，尽可能让学生参与完整的制作过程。可视的经烧制的作品能提供给学生最强的动力，反复实验更是学生技术提高的最好老师。窑火考验了作品，也考验了学生的制作过程。所以连续的烧制带给学生快乐或忧伤的同时，也大大促进了学生技术水平的提高。较复杂的制作工艺，完整的制作过程，多变的泥、火所产生的种种偶然因素，决定了陶艺教学必须具备理性教育观。循序渐进，因材施教，在陶艺教学中不可缺少。

第三，失败乃成功之母，让学生在体味中提高。在教学中，学生往往不能理解老师所强调的该怎么做或不该怎么做的道理，不懂一些不良习惯的危害。例如，在泥条盘筑的过程前，教师会告知学生在每一层之间要捏压，在泥板成型中要特别注意连接点、连接线的处理，免得在干燥过程中开裂。在制作中总是会有没听进去的学生，几天以后，他们的作品自然会断成很多截，几天的心血白费，无法与其他同学的作品一起进窑烧制，自然就深刻理解了原因。让学生在失败中体会，在以后的陶艺制作中就不会再犯相同的错误。一件作品解决一个问题。作品制作得多了，经验自然就有了；时间长了，技术水平自然也就提高了。

（案例作者：温红）

### （三）政治：儒家传统文化之精髓

“儒家的生命智慧，儒家的为学之道”重点梳理了儒家谈为学的内容，涉及如何界定为学、学习学什么、如何实现求学、学习之后的反思，儒家的为学和道德的关系等话题。本课内容来自古代的经典和网上搜集的素材，如《论语》《孟子》《荀子》《左传》《礼记》《说文解字》《史记》《国语》等。

孔子是个博学多才的人。博学源于他强烈的求知欲，一有机会，他便向别人请教。他不拘于学习的内容和形式，故而有六艺之长。他时时反思自己，学问日渐增益。孔子将为学和道德修养联系在一起，求学的过程也是道德实现的过程，是下学而上达的闻道过程。

我们的目标是：通过阅读经典原文，体会文言文的语言特点和表达方式，感受古汉语的魅力，理解其思想表达方式，增长文史知识；通过对儒家经典的研读、思考和讨论，对儒家思想进行深入理解，厘清对儒学的认识误区；通过对儒家思想的领悟，能够审视、思考自己人生中遇到的问题，并尝试运用儒学的智慧解决问题，指导实践；通过重新构建儒家思想与现实世界的关联，发现儒学在当代社会的价值，形成对儒家文化价值的理性评价和对传统文化的正确态度。

（案例作者：刘跃）

# 二、开设混龄课程

音体美和理工类的部分课程开设了混龄课程，取得了很好的效果。混龄课程打破了学生的年龄壁垒，向不同年龄、年级的学生教授同一课程内容，极大地提升了课程内涵的丰富性与层次性。对于音体美类部分专业领域，不同年级的学生基础很可能是相同或相似的，混龄课程给予有兴趣、有潜质的学生更广阔的交流机会。他们能够在与不同年级学生的交流中汲取灵感，获得更好的专业成长。对于理工类领域，不同年级的学生对学科知识的掌握程度有所不同，对同一问题能够从不同角度提出看法与认识。通过对比与交流，学生可获得更为全面的理工类知识。同时，在混龄课程中，低年级学生有机会向高年级学生学习，年龄相近的榜样更为真实；高年级学生在帮助低年级学生的过程中，也促进了自身的提升，培养了责任感与合作意识。

## (一)历史：古玩世界初探

2014—2015 学年第一学期，我校历史学科教师利用选修课时间开设了“古玩世界初探”这门课程。在博古雅致的历史专业教室，来自不同年级的学生一起走进青铜、陶瓷和古钱币等古玩的世界，从中感悟中华文明的源远流长和博大精深。古玩是人类文明和历史的缩影，融合了历史学、方志学、金石学、博物学、鉴定学及科技史学等知识。经历无数朝代变迁，藏玩之风依然不衰，甚而更热。课堂上，不同年龄段的学生虽然掌握的历史知识水平不一，但他们因为共同的兴趣爱好走到一起，一起探究古玩世界及其背后异彩纷呈的中华文明。

以“古代钱币”教学为例，初中学生仅具象地知道刀币和秦半两钱等，高中学生则已系统地知道从西周晚期的贝币、战国时期的刀币到秦半两钱的出现等中国古代钱币的发展历史。但是，学情基础的差异并不影响学生通过观赏古钱币、拓印古钱币和悉心听取教师对古钱币发展历史的介绍等活动，加深认识和理解。他们更加详尽地掌握了古钱币的别称、材质、形制、文字及铸造工艺等方面的知识，并能通过不同时期不同的钱文风格判断钱币的朝代。历史学科虽然存在知识积累的差异性和梯度性，但是并没有绝对的知识门槛，处于不同学业水平阶段的学生仍然能够通过互相帮助、合作探究等方式实现历史学科核心素养的提升。

（案例作者：黄小洁）

### (二)音乐：表演艺术尝试

表演艺术是通过演员的演出完成的艺术(话剧、舞剧、戏曲、电影及电视剧等均如此)，是演出艺术表现形式的主体，演员是演出艺术中形象的直接体现者，是演员在剧作家所创造出来的文学形象基础上，再创造出有血有肉、活生生的舞台人物形象的艺术。而这种舞台人物形象，是由演员在扮演角色时通过创造角色的舞台行动来完成的。

演员的任务是要创作出具有审美价值的人物形象，这不仅在演员的总体素质方面提出严格的要求，同时对于演员的创作素质也有着特殊的要求。这是具有专业素质的综合性实践课。

课程第一讲讲授表演艺术的创作任务，了解和掌握学生基础条件，因材施教。第二讲讲解戏剧创作的基本规律，进行舞台话剧作品分析。第三讲讲授舞台空间的运用，分析舞台话剧作品。第四讲讲解演员与角色的关系，分析舞台话剧作品。第五讲引导学生领悟生活是创作的源泉，展示演员的自我修养，尝试简单创作。第六讲讲授演员的综合创作素质及表演元素训练的重要性。第七讲探讨表演技巧的运用，讲解声、台、形、表等基础知识。第八讲全体同学分组进行片段连排。

（案例作者：石泉）

### (三)体育：国球魅力体验

乒乓球作为我国国球，是以技巧性为主、以身体体能素质为辅的技能型项目。乒乓球运动娱乐性强，受天气、场地、器材影响较小，深受学生喜爱。我校乒乓球兴趣选修课程为混龄课程，教学目的在于使学生了解乒乓球运动的基本知识及比赛规则，掌握乒乓球的基本技术，发展小肌肉群力量，提高快速反应能力和身体的灵活性、协调性，促进内脏器官功能和身体全面发展；培养学生沉着、机智、顽强果断的意志品质和与人合作的能力。

乒乓球教学实施过程包括学习基本步法、学习发球、学习正手攻球、学习弧圈球、学习搓球、教学比赛。

乒乓球课程创新之处在于以学生为主体，充分发挥教师的主导作用，授课中不但进行技术讲解，更多的是灌输乒乓球文化、理念等。在混龄班，在贯彻以学习基本技术为主的传统教学观念的同时，树立以实用和创新为主导的新教学理念，以强带弱，使低年级学生有机会向高年级学生学习、挑战，并得到他们的帮助，增加项目竞争性，增强合作的能力。教师应积极引导、启发学生对乒乓球的理解，使之增强对乒乓球运动的鉴赏能力和分析能力。

（案例作者：孙丹）

## 三、课程资源丰富

兴趣选修课程为学生提供了丰富的课程资源。我校聘请了大学和专业院团的教师，以及著名配音演员、知名运动员、教练员、非物质文化遗产传承人、艺术大师等为学生开设课程或担任指导教师。这些课外资源极大地丰富了我校音体美类兴趣选修课的内容，开阔了学生的眼界，学生在培养兴趣爱好的同时获得了专业指导，并通过外聘专家带领学生开展了更高水平、更高层次的课程实践活动，让学生走上了更广阔的舞台。

**（一）舞蹈：东北秧歌中的鼓相之美**

舞蹈形体课作为我校的校本课程于 2000 年开设，现已成为我校的特色课程。内容涉及中国民间舞蹈、中国古典舞蹈、芭蕾舞、现代舞、街舞、瑜伽、华尔兹等。课程形式多样，学生在学习过程中有时是学习者，有时是创编者，有时是教授者，有时是评价者。在种种角色转换中，学生主动认识舞蹈，参与舞蹈，发现自己身体的动态之美，养成良好的形体习惯。

在教学中，教师真诚地爱教育，爱学生，全身心投入。无论学生存在多大的差异性，教师都对他们一视同仁，认真关注他们课堂上的表现，听取他们的意见，善意地纠正他们的错误，耐心地引导学生。过于专业的舞蹈训练并不适合普通中学生，中学生需要的舞蹈教育是知识、方法和动作的统一体。教师突破传统专业舞蹈教学的桎梏，针对学生的特点，将每个舞种的基本风格特征提炼出来，寻找学生的兴趣点，编排适宜的教学内容，运用适当的教学手段，引领学生由认识舞蹈，体验舞蹈到喜爱舞蹈乃至编排舞蹈。学生表示，每周一节的舞蹈形体课无疑是满满当当的“语数英”中的亮点，穿过长长的楼梯，在六楼干净又特别的舞蹈教室感受舞蹈的魅力，这是陌生又令人向往的体验。教师用舞蹈形体课这把钥匙帮助学生开启激情之门，去唤醒学生舞动的青春。

本课例内容尝试使东北秧歌的基本动律(上下动律)，基本手绢花(绕花、片花、缠花)，基本步伐(前踢步、十字步、走场步)融合在一起，展现同学们生活中擦玻璃的场景，引导学生想象劳动场景，时而在擦玻璃，时而在投抹布。在这样的情境中，学生就能够相对愉快并快速地投入课堂学习中。

韩愈的《师说》中这样写道：“师者，所以传道授业解惑也。”艺术教育，它的本质首先是培养人，然后是培养专家。一个优秀的教师不仅要传授学生以技术，更重要的是教授学生学习的方法和培养学生对知识的兴趣。课程内容的编排应尽量与学生生活及现代社会相联系，切实反映学生生活经验，努力体现中学生的特点。如此方能有效地改善学生学习生活与现实世界相脱节的状况，极大地调动学生学习的主动性和积极性。在教授过程中，教师不再以最严格的目光审视学生每一个动作的不足，因为这样消极的明示或暗示，会使同学们会不约而同地关注外在动作，而全然忘记舞蹈本身的内涵。教师强调并鼓励学生体会生活，在舞蹈动作中展现生活，培养学生以情带动、以动传情的表演兴趣，引导学生从学习到体验，再到投入表演，收获舞蹈学习的乐趣。最终，经过学生对鼓谱的识别、鼓相动作的了解与学习，引导学生用已学的东北秧歌舞蹈动作创编一鼓鼓相作为“擦玻璃”的结尾。因为鼓相中的舞蹈动作并不是一成不变的，所以有足够的空间让学生发挥自己的想象力和创造力。分组创编的整个过程中，学生会呈现出出人意料的热情与无限的创意。他们会有动作、队形、舞姿等方面的多种变化。在最后的分组展示与互评环节，学生再次体验了表演的乐趣与来源于生活的艺术之美。

（案例作者：刘亚丽）

### (二)地理：五大系列校本课程

我校地理校本课程的开发充分利用各类资源，共开设了五大系列十一个方向的地理校本课程(图 4-1)。可利用的资源包括以下几个方面。

教师资源：教师队伍中青年教师占比较高。他们具有系统而扎实的专业基础，各有所长，为我校地理校本课程资源多样化开发奠定了师资基础。

教学设备：近些年，学校在校园建设方面投入较大，建设了星空教室、自动气象站、岩石矿物展柜、地貌模型展柜等，并且购置了野外生存包、宝石矿物标本、天文望远镜、定向越野等相关设备器材，为开发校本课程做好了物质准备。

地方资源：北京的各类博物馆、公园，以及文化演出等都是可供利用的地理课程资源，有利于开展体验教育、实践活动、探究性学习，为校本课程的开发创造有利条件。

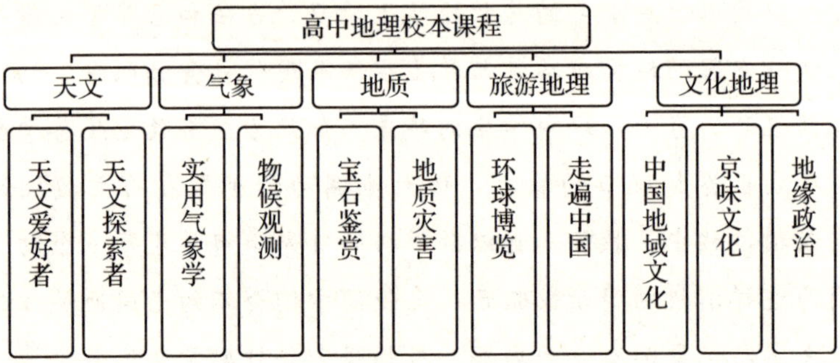


**图 4-1　地理五大系列校本课程**

多样化的课程可以提高学生学习地理的兴趣，将学生从狭隘的书本知识带入广阔的应用天地，使其充分认识到地理知识的意义与价值，增强学习的主动性与自觉性，也为学生以后的专业发展奠定基础。

“雍容华贵的宝石皇后——珍珠”属于宝石鉴赏课程，随着国民经济的发展，人们生活水平不断提升，宝石选购和收藏成为社会上备受关注的话题。

珍珠是古老的有机宝石，也是永不过时的饰品，有着“宝石皇后”的美誉。现在市面上的珍珠数量越来越多。哪些是正品？哪些是赝品？如何评价珍珠饰品的价值高低？围绕这些问题，教师通过巧妙设计课堂上的小活动让学生通过听、看、摸、评等方式了解珍珠的鉴赏常识。

在教学过程中，教师设计了“慧眼识珠”的小活动，每个学习小组分到一个展示盘，盘中共有 12 颗珠。学生可以通过各种方式对珍珠进行检测，鉴别真假并陈述理由。在这个环节中，学生可以通过触摸、利用放大镜观察、摩擦、掷地等方式比较教师提供的 12 颗珍珠的性质，结合之前了解的珍珠性质进行鉴别。通过这个环节，学生能够见识到市面上不同种类的仿制珍珠，通过亲自实践，掌握一些简单的、快速鉴别珍珠真伪的小方法。

在能够简单鉴别真伪的基础上，针对如何选购珍珠，教师设计了鉴别珍珠项链价值的活动。将市面上买来的五条珍珠项链展示在学生面前，并告知学生标价。学生通过观察将价格与实物相关联，感受光泽、形状、大小、颜色、表面特征等因素对珍珠价值的影响。

学生在课后的反馈良好，对能在课堂上见到真正的珍珠表示兴奋，对学到的鉴定技巧和评判珍珠价值的方法感到受用良多，表示本课对将来选购宝石很有帮助。

（案例作者：宋丽芳）

### (三)英语：知彼更知己——中西方文化差异

“知彼更知己——中西方文化差异”是英语学科的精品兴趣选修课程，也是跨校网络微格课程，学生可以自由选择时间和地点通过互联网参加此课程。

外语学习的最终目的是培养语言应用能力，而随着跨文化交际能力的热议，文化在语言学习中的重要作用日益凸显。中西方文化差异课程，从日常交流引入，涵盖语言、教育、旅行、节日、饮食、科技、体育、占星学等一系列话题，学生能够从多方面获知中西文化的差异，了解中西文化礼节，拓展文化视野。同时，学生通过中西文化对比，能更深入、更清晰地认知中国传统文化，并初步具备用英语表达和传播中国文化的能力。

本课程的培养目标符合普通高中英语学科核心素养要求中增加的“文化品格”方面的要求，即学生能获得文化知识，理解文化内涵，比较文化异同，吸收文化精华，形成正确的价值观念和道德情感，自信、自尊、自强，具备一定的跨文化沟通能力和传播优秀文化的能力。

本课由学生自由选择时间上网完成，网络记录考勤。学生可根据自己的时间完成上、下两个系列的课程，课程分 Course Interview、Language Learning、Education、Charm China、Traveling in the U. S. 、Science and Technology in Ancient China 等 12 个中西方文化话题。

课程利用互联网优势，教学互动十分灵活，学生通过网络微格课程，可学习话题知识，探索兴趣话题。这种方式满足了学生能自主学习的需要，提高了学习的效率。学生通过学习中西方文化，提高了学习英语的兴趣和信心，增强了民族自豪感和使命感。

（案例作者：童湘晖）

## 四、高端技术支持

为满足课程开设的需要，我校引进了大量的软硬件设施，包括专业教室、实验室的建设和各种教学平台的搭建。以过程性评价为例，我校引进了深圳某公司开发的新课改系统。每个学期末，教师在课改系统录入学生成绩，提交教案和课件等与所开设课程相关的资料。学生在完成一学期课程后获得相应学分，并对教师进行网上评教，评教信息由专职教师汇总，作为评价教师的参考。学生网上评教体现了我校的课程评价自主。

通过使用网络系统进行教师网上申报和科研室审批，我校迈出了走向数字化校园建设的第一步，减轻了教师纸质申报、管理选修课的烦琐工作，体现了网络选课的自由，给予了学生充足的空间进行思考和选择；学生通过网络进行评教，教师对学生进行形成性评价记录，实现了师生共勉和教学相长。各种特色选修课的开设有利于拓宽学生的视野，丰富学生的业余生活，并为学生将来上大学选择专业提供了一定的参考。

**(一)数学：图形计算器的使用**

在教学过程中，各种教学事件都应与学生的活动有某种相当明确的关系，特别是为教学事件服务的每一特定技术的使用都要有鲜明的指向。信息技术的作用在于推动和促进学生对学习结果的获得和保持，应具有利于学生发展的潜性。此选修课的开设想达到的目的是：信息技术的使用应是使用者与其接受到的特定信息相互作用的一种自然结果，并且当知识被回忆和联想时，习得时的有意义的前后联结的存在能使信息的恢复保持最佳，那么信息技术的作用才真正促进了学习，这种学习方式对发展性的学习才是有价值的，这也是用技术辅助教学的真正意义所在。

两个案例，学习的目的都是习得“双曲线的定义”。但导入方式不同，暂且把这两个案例分别称作“轨迹生成式”教学和“直接定义式”教学，两种教学过程都使用 TI 图形计算器辅助学习。阅读下面两个案例时，请关注教师教学中指导性语言的逻辑连接方式，关注学生获得各种信息后的反应和行为，特别是对言语信息和图形信息的反映和活动。教学步骤如下。

**【案例一】**

师：(在黑板上作图并提出问题)点 $C$ 是圆内异于圆心的定点，点 $D$ 是圆上的动点，那么线段 $CD$ 的垂直平分线与过点 $D$ 的直径所在直线的交点 $M$ 的轨迹是什么图形呢？

(大多数学生迅速操作图形计算器，运动点 $D$，追踪点 $M$，观察结果，少数同学动笔绘图分析。)

生：椭圆。(陆续回答。)

师：(让若干学生演示其结果，代表图形为图 4-2)为什么是椭圆呢？

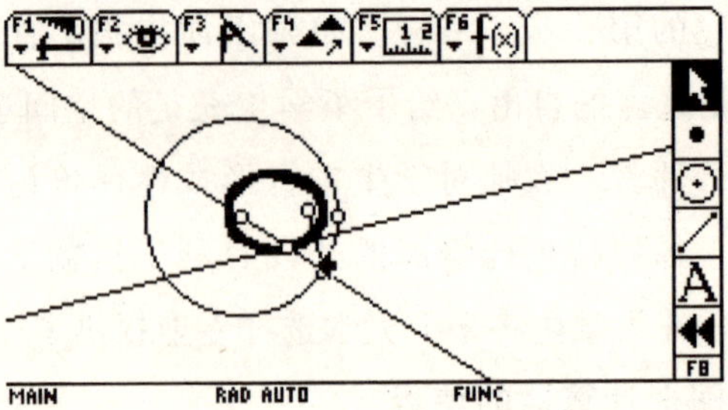


图 4-2

生 1：因为它满足椭圆的定义。(在黑板的图中详细解释轨迹是满足椭圆定义的点集。大多数学生对照自己动手操作的图形后，表示认同。)

师：如果点 $C$ 是圆外的定点，那么动点 $M$ 的轨迹还是椭圆吗？(更多数学生自动操作计算器观察变化结果，更少的学生动笔绘图分析。)

生：不是！(陆续回答，动笔的同学较慢得出结论，两种方式解决问题的同学自发交流，互相印证论断。)

师：这样的曲线是什么样的呢？(继续展示若干个同学的操作结果，代表图形为图 4-3)它有什么特点？

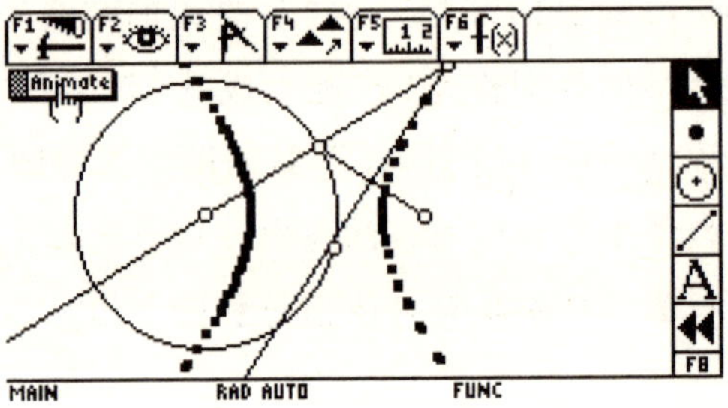


图 4-3

生 2：这样的曲线不封闭，由两条对称的曲线组成。

师：好！我们就叫它“双曲线”！它是满足什么条件的点集呢？类比椭圆给出双曲线的定义！(分组讨论、交流。一部分学生不断演示形成双曲线的动态过程，在观察中发现，一部分学生改用纸笔探究，在分析中归纳。)

……

A组代表：（一位同学在黑板上绘图讲解，一位同学演示图形计算器上的动态图形配合）从图中分析出 $|MO|-|MC|$ = 半径，半径是常数，即“分别与两个定点（圆心 $O$ 和圆外定点 $C$）的距离的差等于常数的点集叫双曲线”。

生3：（随即举手发言，并演示点 $M$ 运动到左支上的情形）这仅是动点 $M$ 在右支上的条件，当动点 $M$ 在左支上时满足 $|MC|-|MO|$ = 半径，所以双曲线的定义应是：平面内与两个定点的距离的差的绝对值等于常数的点的轨迹叫双曲线。（学生们明显表现出认同，不时点头或自动说出“是”“对”等词。）

师：类比椭圆，这两个定点叫双曲线的焦点，两个焦点的距离叫双曲线的焦距。同学们在操作图形计算器得到双曲线的过程中，发现了什么制约条件呢？

生4：圆外的点与圆心的距离恒大于半径，就是说“焦距”大于“常数”！所以平面内到两个定点的距离的差的绝对值等于常数（小于焦距）的点的轨迹叫双曲线。

师：同学们通过对双曲线图形的分析，得出了较为严谨的定义。当“常数”为0时满足这个定义的点集是什么图形？

生：是线段的垂直平分线！（很多同学迅速回答出来。）

师：那么生4得出的定义是否还有缺陷呢？请同学们给出双曲线的定义！……平面内与两个定点 $F_1$、$F_2$ 的距离的差的绝对值等于非零常数（小于 $|F_1F_2|$）的点的轨迹叫双曲线。

**【案例二】**

……

师：椭圆的定义是什么？

生：平面内与两个定点 $F_1$、$F_2$ 的距离的和等于常数（大于 $|F_1F_2|$）的点的轨迹叫椭圆。

师：那么，“平面内与两个定点的距离的‘差’是常数的点的轨迹”是什么样的曲线呢？

（大部分学生很茫然，期待地看着老师。个别学生动笔描点构造。）

师：（给出表格）表中的点 $M$ 到两定点 $F_1$、$F_2$ 的距离的差等于常数 1 或 $-1$，做出这些满足条件的点 $M$，把它们用光滑的曲线连接，就可以看到“与两个定点的距离的‘差’是常数的点的轨迹”了。（学生表现出同意老师的理论，开始积极思考）

怎样画出与 $F_1$ 距离为 5，与 $F_2$ 距离为 4 的点呢？

生 1：（积极踊跃发言）作两圆的交点！以 $F_1$ 为圆心作半径为 5 的圆，再以 $F_2$ 为圆心作半径为 4 的圆，两圆的交点就是点 $M$。（该生很自信，也得到其他同学的赞赏。）

师：请同学们用尺规在表中按要求作图，看看得到的是什么样子的曲线？

（已经有学生迅速绘制其余点，个别学生未按老师要求主动用图形计算器尝试构造。）

……

师：（展示学生所作的图 4-4）我们看到用描点作图的方法得到的曲线形状。它由两支对称的曲线组成，我们把它叫作双曲线。（有了具体的曲线形状，学生眼中的茫然消失了，对这条曲线的性质和形成规则产生了兴趣。）

师：把点 $M$ 看作动点，则曲线就是点 $M$ 的运动轨迹。如何让点 $M$ 动起来呢？（沉默，思考，小声自发讨论，互相交流。教师观察学生，提问生 2。）

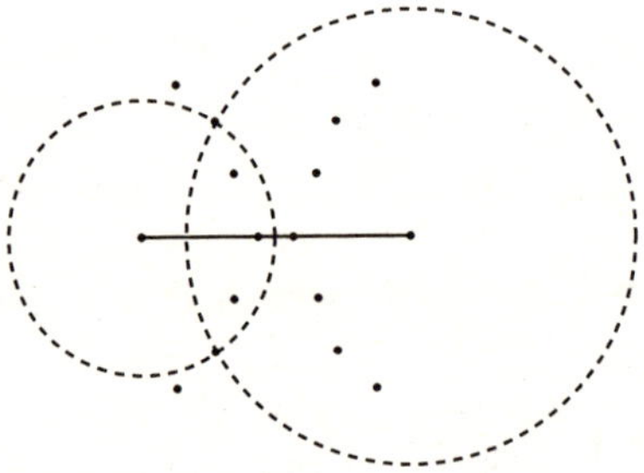

图 4-4

生 2：把点 $M$ 视作两个“动圆”的交点，这两个动圆的半径之差为 1。两个动圆交点的轨迹就是“与两定点的差为常数的点的轨迹”。（很多同学受到启发，操作机器。）

师：（补充）也就是说，只要构造出两条差为 1 的“动线段”即可。用你们手中的图形计算器构造出这样的两条动线段来。

（思考、交流、动手实践……教师让一位操作成功的同学展示图 4-5，并在黑板上解释。）

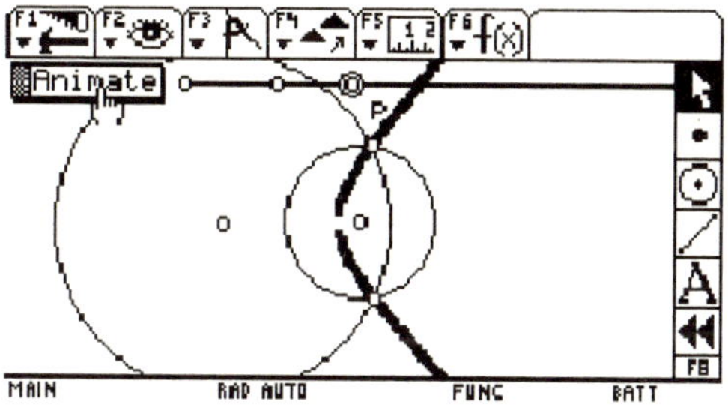


图 4-5

生 3：作一条射线 $AB$，使 $AB=1$，在 $AB$ 的延长线上取动点 $P$，则 $|PA|-|PB|=1$。以 $|PA|$ 和 $|PB|$ 为半径构造两动圆，就可以实现双曲线的构造。（他很得意，部分同学按他的步骤操作，并表达对他的佩服。）

师：请继续你的构造，展示你所做出的轨迹(图 4-5)。

生 3：（边动手操作边解释他构造双曲线的方法步骤。）

取两个定点 $F_1$、$F_2$，以 $F_1$ 为圆心，$|AP|$ 为半径作圆；以 $F_2$ 为圆心 $|BP|$ 为半径作圆，两圆的交点是 $M$ 和 $M'$，追踪 $M$ 和 $M'$，当点 $P$ 在直线上运动时，点 $M$ 和点 $M'$ 形成的轨迹就是一条双曲线。特别注意，如果 $|F_1F_2|$ 小于 1，两圆就没交点，也不存在轨迹(在操作中出现了两圆没有交点的情况，经过尝试和讨论调整了 $|F_1F_2|$。)

生：（不约而同）怎么是一支呢?!

见图 4-6。生 3 也很纳闷，同学们也动手实践，讨论，互相传看。

生 4：（举手发言解释原因并展示自己的“创作”图 4-6）这是到两定点距离的差为 1 的轨迹，不是“距离差的绝对值为 1”的轨迹。只要把射线改为直线，点 $P$ 在 $BA$ 的延长线上运动就可得到另一支。

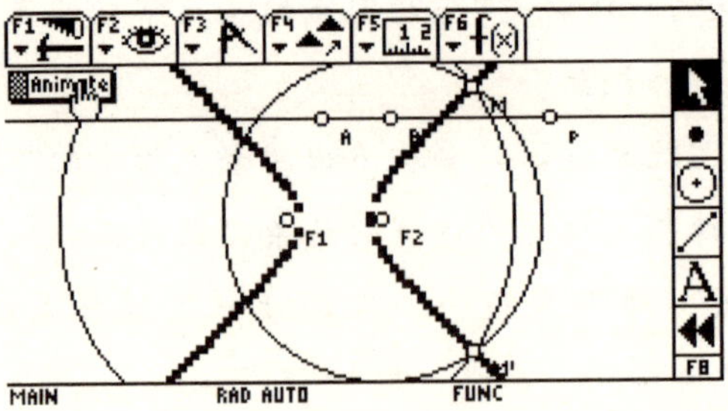


图 4-6

师：那双曲线是满足什么条件的点集呢？……平面内到两个定点的距离的差的绝对值等于常数（小于焦距）的点集。（给出双曲线的定义，略。）

在上述两个案例中，我们可以从为学生强化了问题情境的刺激程度，为教师提供了“指导性言语”的物质支持这两个方面分析信息技术的作用。

两个案例都以复习已有的椭圆定义来提供外部的刺激，激活学生的选择性知觉；都在教师的“语言指导”下用使用技术解决问题，生成新的概念。然而，应用信息技术支持教学的出发点是不同的：“轨迹生成式”的教学通过问题解决自然进入新的问题情境，将双曲线的表象信息（曲线）加工为言语信息（定义）；而直接定义式的教学则通过复现已学过的椭圆定义的语义结构，利用数学概念的演变将（双曲线的定义）言语信息加工为表象信息（动点轨迹）来获得定义。

**1. 强化问题情境：数学图形的刺激 VS 数学概念链的刺激**

在两个案例中，学生都是从外部接受问题情境的刺激，信息技术介入问题情境，强化了问题情境的刺激。不同的是，“轨迹生成式”技术的介入可以起到激活视觉的适应性，启动模式（圆上的点运动带动相关点运动的轨迹）识别的有益作用。在这种教学方式下，信息技术在归类某些特征相似的代表性样本的能力方面显示出了专长。例如，很多学生得到的图形都是“双曲线”形的，通过演示有限个相同（似）的“样本”归类这些曲线的特征，为转化为言语信息做铺垫。在“直接定义式”的教学中，概念的演变直接使学生进入新规则的认知情境中，信息技术让概念中的“规则”可视，并实现了此规则下动点的轨迹。学生接受的信息得到了信息技术的强化，它沟通了离散和连续，静止与运动，使得特殊到一般的方法在可视化的“物质”基础上得以实现。技术的结果成为曲线是否存在的“物证”。

**2. 支持教师的言语指导：“可认同性”言语线索 VS“可获得性”言语线索**

双曲线的定义，从数学角度上讲语义比较复杂，学生学习也很困难。因此，如何分解、组合这个概念中的规则，如何引导学生以适当的次序将新规则的学习与构成它的概念组合起来，如何对这个概念进行精细的加工是一个挑战。此时，教师须通过言语指导来实现所期望的学习效果。技术的使用应帮助教师的这种有目的性的指导，应促成教师言语指导与学生活动之间的相互作用的自然发生。

在这两个案例中，教学的进程都受到了情境刺激下的学生零星活动的帮助。不同的是：教师的言语指导线索在“轨迹生成式”中要遵循“规则”的可认同性原则。也就是说，双曲线定义中的各个要素需要大多数学生在“图形”的观察和分析中自然接受，而非强加。例如，“差的绝对值”是在学生分解图形结构的过程中得到的，如果没有图形的支持，这个要素是较难获得的。教师的言语指导要让学生认同定义中的各个要素，有没有技术的支持效果是不一样的。教师在学生使用信息技术的基础上，通过学生的演示用言语不断引导，是技术支持了教师言语指导线索的可认同性，辅助教师使学生获得概念的各部分细节，支持了教师的主导作用。学生在教师的指导下选择、控制和推理，行走在教学目标的轨道上。

在“直接定义式”的教学情况下，指导的目的不仅仅是言语序列的学习，更重要的是规则的学习，否则就可能把一系列概念或其中的部分成分仅作言语信息项目来学习，不适当的规则也可以习得，比如“双曲线”图形的形成规则是“与两个定点的距离的差等于定常数”的点的轨迹，只靠教师语言强调而没有技术的帮助，学生常常忽略“差的绝对值”，不管“常数大于焦距”等限定条件。所以，教师的指导语应强调用物质(图形)解释“规则”的“可获得性”，利用符合规则的图形的存在性，帮助学生习得定义。信息技术为这种可获得的规则提供了现实的物质保障。学生接受信息，期望看到在这种规则下的图形图像，印证它们的属性。在这个案例中，学生借助信息技术实现了点的动态变化，完成了曲线的构造。这个过程主要是在教师言语指导下进行的，而言语指导的作用又是能动的，学生的活动在教师的指导下应用信息技术得到了视觉上的例证，技术加强了教师言语指导的信度和效度，信息技术支持了教师“可获得性”的言语指导线索，它使得双曲线定义的形成是可靠的。无论是暗示的还是提示的引导语言，都在信息技术作用下可以获得。信息技术提供的零星反例，比如没有图像或者只出现双曲线的一支这种视觉刺激，更突出了教师言语指导是依托于技术的支持的。

### (二)物理：光电门传感器测量加速度

“力学传感器选修课”系列课程是利用学校开放物理实验室完备的传感器，结合实验仪器，根据高一学生物理课教学进度开发设计的一系列力学选修课。突出传感器结合计算机测量准确、采集处理数据、图像生成方便快捷的特点，能够更加高效率、多角度地研究力、运动及其相关问题，学生对速度、加速度、牛顿运动定律等问题有更深入的理解，实验能力、计算表格能力、图像分析处理能力均明显提高，对利用数学工具处理物理问题有更有效的认识。

本课例是“力学传感器选修课”系列课程中的内容，是高一学生已经学习过有关运动学的内容，知道位移、速度、加速度、时间这些描述运动的物理量和一些相关规律，学习了位移传感器有关问题，会使用软朗威®DISLab7.2软件中的课程图像处理和图像拟合功能的前提下，结合相关的函数知识对物理问题进行分析研究的课程。在课程中，我们将学习使用光电门传感器，了解光电门传感器的原理，利用光电门传感器测量速度，通过实验测量进一步理解平均速度和瞬时速度的关系。学习软件计算表格、公式和绘图功能的使用，结合之前所学的图线拟合功能，完成利用光电门传感器测量加速度的实验设计，完成实验，写出实验报告。

本课例用到的课程资源有光电门传感器两个、力学轨道及其配件、轨道小车、数据采集器、数据线、朗威®DISLab7.2软件、笔记本电脑。

与常规教学相比，本课例的特色体现在以下三点。

第一，更加关注学生，注重从学生的发展实际入手，进行课程设计，学生真正体验科学研究的气氛，体验科学研究的过程，从而为以后走上真正的科学研究道路产生潜移默化的影响。在上课的过程中，学生通过了解实验器材的原理，熟悉实验仪器和练习使用实验仪器，再进行实验报告的设计，完成实验，进行数据分析，得到实验结论，充分体验了科学研究的完整过程。老师通过精心设计的任务驱动，引导学生展开实验，利用传感器软件强大的处理功能，避免进行许多繁杂甚至超出其现有数学水平的计算。通过表格和函数图像又清楚的得到了各物理量的关系，学生因而对物理模型的建立和灵活应用有了更深层次的认识和理解。

第二，充分利用优越的实验条件和先进的实验器材回归教材，突破教学难点，为学生高中物理课的学习开阔思路，是对课堂教学的很好补充。这也应该是利用好高端物理实验室，开设好传感器系列选修课最有价值的所在。在日常的有关运动图像的教学中，对于学生来说，真正建立起“位移—时间”图像和“速度—时间”图像这样数学中的抽象函数图像与实际物体运动的联系是难点，再将多变的图像与多变的运动情况对应起来加以分析就更不容易；反过来，将实际的运动情况转化为函数图像，利用数学手段进行分析就更是难上加难。在本课例的实施过程中，学生能够反复进行实验，因为配套的力学轨道和小车等辅助实验器材精度高，误差小，更利于学生得到理想的实验效果，加上通过传感器采集数据直接传给计算机，配套软件可以根据学生研究分析的需求，进行表格计算和图像拟合。从运动过程到图像和从图像到运动过程都能反复实验和对应，学生经过几次重复，加上处理数据和撰写实验报告，就能对这部分知识有更充分的理解。

第三，跟以往不同的评价方式。课程最后，学生提交的实验报告要交流。此外，最能展示学生思维水准的是每组同学最后写的实验小结，包括对传感器实验与传统实验的分析对比，以及对这部分知识的归纳总结。经过交流，学生很有收获，教师也对以后的课程设计有所感悟，因为他们从这里看到了学生真正的“心路历程”。

**（三）信息学：航空知识与模拟飞行**

在我们身边，总有一部分孩子会对天空很崇拜，对飞行非常渴望。本课程的设置在满足他们这些需求的同时，让学生经历系统理性化的学习实践，达到扩充知识、激发潜能、发掘航空专业人才的目的。

本课程旨在拓展学生的航空知识，锻炼其实际动手操作能力，通过生活中遇到的相关航空现象，学生能主动地使用理论联系实际的方法去对待，理解学习的重要性，激发对航空航天相关领域的热爱，同时为学校模拟飞行竞赛社团储备人才增加一条新渠道。

本课程的实施采用讲授与动手参与相结合，以模型、音视频演示为手段，结合学生实际生活经验，深入浅出地讲解理论知识，规范模拟飞行动作，利用学校的全仿真模拟舱增加教学的互动性，同时提升学生对知识神秘性的好奇心，以此提升学生的学习动力。

教学中首先以问答方式了解学生对飞行器的认知程度。以模型飞机为实例，结合 PPT 介绍和图片展示，通过航空事故来引起学生对飞行本身的重新认识。然后使用模型机翼，观察机翼尤其是截面结构，考查学生的观察能力，对流体压强相关知识进行提问，讲解伯努利定理的由来和内容，用实物比划攻角，为以后的失速等重要飞行显现做准备。通过提高课堂内容的科技感和神秘感，诱导学生对新知识的渴望。

接着按照模拟飞行软件的标准飞行程序使用软件，播放飞行摇杆的使用视频，参考模拟飞行的命令集合，记住几个常见操作键，课后根据软件安装文档，自学安装程序；学生学会使用音速时代模拟飞行软件，学会使用联机模式，学会使用相关地图，掌握基本的飞行动作。音速时代操作简单易上手，先用视频让学生对五边飞行有初步认识，通过对具体飞行操作的讲解，把整个五边飞行进行动作分解，通过计时比赛的方式，激发学生的飞行兴趣。

后期对空气动力学具体实例进行层层推进式分析，分析几次空难事故的教训，以事故阐述方式使学生明白失速的危害性，激起学生对破除失速操作的兴趣。紧接着，告诉学生失速改出方案，并说出我国对失速研究的成果与艰辛的奋斗历程。讲解低空风切变原理，简单阐述飞机颠簸、结冰的成因及其危害，以此为出发点，深入了解知识点，从而达到以点带面的效果。通过对身边波音分级的深入细致了解，体验飞行的真实感，以航空导航员与飞行员的身份，利用对讲机的声音效果让学生参与到飞行中来，鼓励学有余力的同学课外学会使用冷舱启动，感受掌握一定航空知识的重要性，激发学生自主研究的兴趣(图 4-7)。

图 4-7　飞行操作模拟

## 五、引领专业倾向

文科类的兴趣选修课程以基础通修和学生兴趣为依托，考虑到学生将来的人文类、政治类、经济类、法律类等专业发展方向的需求，我校有针对性地开设相应课程，培养学生的文化意识，引导学生领略文科类课程各学科的魅力，感悟中华文化之博大，从而完善学生的语言系统、美学系统和价值观系统。通过学习这些课程，学生能够在多个相关领域有所成长，为以后可能开展的相关研究打下基础。另外，学生将有机会深入了解书本知识的实际运用，体会学校教育的重要性和学校教育与未来职业的联系，并为自己的职业发展做好准备，达到学以致用。

应用的广泛性是理工类课程的共同特点，理工类课程也是很多专业课程的基础。理科类相关的兴趣选修课，旨在开拓学生视野，培养学生的学科兴趣，提升学生的应用能力，在成为日常教学良好补充的同时，也为学生将来的专业发展奠定基础。理科类兴趣选修课紧密结合我校实验室设备先进的硬件优势，从激发学生学科兴趣入手，使学生体验理科类学科的研究过程，辩证认识学科的本质，深入学习学科知识。理科类选修课使兴趣与学习目标和学习动力、职业规划和事业追求相匹配，促进学生认识自我，为自己的学科兴趣、个性爱好、专业与职业倾向定位，最重要的是让学生在这一过程中建立起科学观念以形成科学核心素养，即使学生以后不从事理科类专业相关工作，这些观念在学生的终身发展中也会起到积极的作用。

音体美类兴趣选修课为有一定基础的学生提供了进一步深入学习这类理论知识的平台，并提供了大量的实践机会，对学生的知识、技巧和能力都会有很大提升。音体美类兴趣选修课使得学生能够真正将理论知识活学活用，为下一步的专业提升或专业创作打下坚实的基础。

**（一）化学：解密反式脂肪酸**

本案例为首师大附中校本课程“解密化学”系列之“生活篇”的内容，为高中学段高一年级的化学课程，本课知识涉及化学、食品学、医学等相关领域。本案例属于人教版《化学与生活》内容的延伸。化学与生活的教学不仅要关注化学，更要关注生活，使化学教学具有生活气息，使学生在生活中感受到化学魅力。

反式脂肪酸是每个人在现代生活中都必须面临的生活问题。随着全球化脚步的加快，麦当劳、肯德基等“洋快餐”越来越被国人接受，越来越多的青少年喜欢奶油、奶油蛋糕、黄油、冰激凌等食物，他们喜欢吃各种油炸食品，这些“洋快餐”到底好还是不好？从化学知识的角度来讲，学生并不清楚。

本节课教师在课前布置学生查阅反式脂肪酸的相关资料，准备课上交流讨论。首先，教师在课上播放《舌尖上的中国》中使用植物油煎炸食物的片断，引发学生对东西方饮食文化中油脂使用差别，以及在煎炸过程中发生的哪些化学反应的思考，西方饮食文化中偏向于使用黄油，我国的饮食文化中偏向于使用植物油。然后，学生分组进行实验，体会用植物油和黄油炸出的食物在口感上的差异，感受反式脂肪酸的存在，师生共同交流反式脂肪酸是什么。教师再利用炸前和炸后对植物油、黄油测定的图谱差异来让学生从科学的角度理性地认识到反式脂肪酸的存在及其产生的原理。继而，教师提出驱动性问题——反式脂肪酸对人类健康的影响及为什么人类会使用反式脂肪酸。学生针对以上问题展开讨论，并做出交流汇报。最后，老师设计在超市选购食品的活动，让学生在活动中体会反式脂肪酸知识的价值，体会化学知识对生活的指导作用。

本案例用到的教学资源有：拓展资料——《舌尖上的中国》视频素材，以及其他与反式脂肪酸相关的网络资料、新闻视频、纪录片素材等；特色资源——首师大分析化学实验室提供的相关化学仪器。有条件的话配一个厨房实验室最好，如条件达不到，最起码要有有排风设备的教室，以及电磁炉和配套的锅(汤锅、炒锅)，勺子，笊篱，筷子，白搪瓷盘，吸油纸，一次性餐具(碗、盘子)。

本案例与以往或其他教学案例相比有如下创新之处。

第一，关注与生活相关的化学素养，从生活走向化学，又从化学走向社会，让学生充分感受化学的价值。本教学案例与常规案例相比，以解决生活实际问题——食品的选择为教学的主线索。在对反式脂肪酸的深度探讨环节，关注反式脂肪酸的历史及在国内与国外食品中使用现状的差异，同时在问卷中设计问题“假设你是一名中国官员，会议上讨论中国是否应该停止在食物中使用反式脂肪酸的问题，请简要说明你的决策思路”。让学生从对化学知识的学习过渡到关注社会发展问题，在此过程中充分感受化学的价值。

第二，充分利用实验突出重点，突破难点，体现了化学以实验为基础的学科特点。本案例设计了学生动手“炸薯条”的实验，学生在感受生活的同时，提高生活自理能力，学会炸食物的技巧。品尝食物的环节让学生感受到了反式脂肪酸的存在，后续的图谱分析从科学的角度再次让学生感受反式脂肪酸的产生原理，突出了“反式脂肪酸的结构”的教学重点，突破了“反式脂肪酸的产生机理”的教学难点，充分体现了化学以实验为基础的学科特点。

第三，有效地整合了高校科研资源和新闻影视媒体资源。本案例利用图谱定量分析反式脂肪酸的环节，教师尝试引导学生产生进入大学实验室进行主动学习、主动研究的兴趣和欲望，并且在教学中使用大量媒体资源，以达到校外科研、媒体资源深度整合的目标，促进了中学化学课程校内外教学资源的互补和衔接。

第四，关注学生的学情分析。教师从培养学生与生活相关的化学科学素养的角度对反式脂肪酸教学内容进行分析，设计了学生感兴趣的生活化学实验，从生活走向化学。为了探查学生的学习效果及学习前后的发展变化，教师设计了课前、课后调查问卷。从学生解决辨认型、解释型、评价型、决策型和行为型问题的表现来评价学生的学习效果，了解学生获得的发展。

### (二)生物：生物技术与实践

从远古到现在，从传统发酵到现代克隆技术，生物技术一直与我们的生命、健康、生活息息相关。课程包括构建细胞结构，细胞分裂，DNA 分子结构模型，以及果酒、果醋、泡菜的制作。学生通过课程学习与实践，体验和运用生物技术，感受生物技术给人类带来的变化，感受生物学的神奇、美丽。“千里之行，始于足下。”相信，伴随一个个实践的完成，学生收获的不仅是生物实践操作技能，还有实践与创新成功的快乐，对美好生活的更高追求。

### (三)音乐：录音基础课程

录音课程是在作曲和 midi 制作课程基础上开设的兴趣选修课程，

实操性较强。学生在录制歌曲的过程中，学习各种硬件操作和软件运用。录音技术包括理科和艺术学科的大量知识，需要学校提供强有力的硬件和软件支持。我校已建成设备先进的音乐 midi 制作专用教室，给学生提供了动手操作的平台(图 4-8)。

**图 4-8 录音课程学习**

教学内容包括录音时电平标准的阐述、录音的基本概念以及技术流程、话筒放大器的使用、话筒放大器使用的高级技巧、前期录音要注意的问题、关于前期录音分轨的补充、关于乐器的摆位和混响的初步使用等十四课内容。

第五章

# 专业精修课程的实施

专业精修课程就是在基础通修课和兴趣选修课的基础上开设的体现个人特长发展的选择性专业课程，用以满足学生未来专业学习与发展的需求，明确学生的学科专攻方向。

在课程改革的大背景中，为进一步促进学生的个性发展，我校在人文、理工和艺体三个方面开设了专业精修课程，集中优秀的教师及教学资源，通过制订细致完善、有针对性且循序渐进地实施计划，力求提高学生的学科素养，增强其实践能力，培养其创新精神。

人文类精修课程结合国家颁布的新课程标准，由优秀教师团队专门编写适合高中生学习的教材，注重精讲和内化，以加深学生对中华传统文化的理解。理工类专业精修课程则主要顺应学生发展需求，在开展系列活动、普及相关基础知识的同时，通过不同层次的竞赛课程，致力于对学有所长、学有余力的学生进行培养，涉及科目包括数学、生物学、天文学等多个学科。理工类专业精修课程与高等教育相衔接，建立配套的专业精修教室和高端实验室，确保学生在夯实基础、熟练掌握各种基本技能和知识的基础上，进一步锻炼多方面能力，培养创新意识，开阔视野，并最终在各级各类竞赛及自主招生中有所收获。艺体类精修课程针对艺体特长生开展了有针对性的训练和培养，不断提升学生的艺术造诣，引领学生走向专业化发展之路。

# 一、人文类精修课程

人文类课程的精修并不是要钻进“故纸堆”或躲进“象牙塔”，而是要努力建立经典与学生的生活经验、社会热点的联系，引导学生挖掘课程内容的现实意义，联系社会现实进行人文反思，最终在生活中灵活运用。文科类课程的专业精修课程，侧重文化的传承与理解，学生人文素养的培养，特别是要培养学生从中华传统文化中汲取营养，增强文化自信，提高个人修养，通过阅读各类语言文字材料，拓宽视野，提升思维的广度，培养有品质的审美。这些专业精修课程，能够激发学生的研究兴趣，鼓励学生以后在学科专业领域进一步做研究，课程围绕学生已有的知识储备，与大学和科研院所合作，以研究性学习和综合实践为依托，使学生了解大学相关专业，为未来专业发展奠定基础。

## (一)语文：国学传承

语文专业精修课程旨在让学生通过阅读优秀作品体验丰富情感，激发审美想象，感受思想魅力，领悟人生哲理，并逐渐学会运用语言表现美和创造美，形成自觉的审美意识和审美能力，养成高雅的审美情趣和高尚的品位。

语文学科专业精修课程主要是国学课程。在课程改革的大背景中，语文学科开设了系列国学课程。为了继承中华民族的文化传统，大面积普及国学常识，整体提高学生的人文素养，我校高一语文教研组精心设计了“国学小百科：《幼学琼林》讲读”这一校本课程，作为高一年级全体学生的国学教程，我们的理念与初衷如下。

其一，《幼学琼林》是具有中国“古代小百科”性质的蒙学教材，能从多方面普及传统文化知识，学生通过一本小书了解历史悠久、色彩斑斓的传统“大世界”。其二，基于《幼学琼林》本身知识的丰富性、广阔性和生活性，能让学生学习的热情“高保真”，更能激发学生阅读、了解、探究古代文化的兴趣，亦能起到一本小书提挈若干学科的作用(如干支纪年、诗歌与传统节日、师生传统等部分，引发了学生极大的学习热情)。其三，《幼学琼林》的可贵之处还在于书中知识分类繁多，语言精美如玉，整齐有情致，学生易学易记，诵读自觉，难能可贵。其四，对于语文学科而言，《幼学琼林》可发挥强大的“助教”力量。除了语言美如琼玉，其中还有大量的成语以故事的形式呈现，有了这些美丽的语境，学生在寓教于乐、潜移默化中轻松掌握。再者，经过前期调研，目前尚未有一个选本适合高中生阅读。基于学生实际，我校语文教研组选编了这样一本适合高中生学习的讲义，选文贴近生活，补充内容联系学科教材内容，拓展知识有一定难度而不艰涩。且课程本身是开放性体系，教师可根据自己的需要进行个性取舍，方便开展教学和教育学生。

本国学课程面对全体学生，讲义的编写有以下八个原则：一是所选内容须传承优秀传统文化，语言生动优美，贴近现代生活，能让学生“穿越”自如，激发听读兴趣，最终实现我校“成德达才”的教育宗旨，包括天文、岁时、夫妇、师生、朋友、宾主、饮食、文事、鸟兽、花木等方面知识。二是相关补充知识要有出处，有原文，有大意理解，力求精准。如此一来，虽然查找校对费些工夫，但对学生大有裨益。三是力求将学生熟悉的文学文化内容融入相关讲读内容中。引进学生学过的、熟悉的、似曾相识的大量古诗文，将文言诵读融入学习中，让学生在阅读中温故知新，融通品鉴，厚积厚累。四是语言上力求准确、精致，努力让学生的耳朵不疲惫，让学生的心中有浪花。

每一讲的课程呈现形式有以下几个方面：诵读选文，选文通释，打通教程与通用教材(可适当调整选文讲读顺序)，相关文言拓展(旨在有语境地扩大文言阅读量，培养文言语感)，相关文化传统历代传承脉络梳理。可筛选、剪辑相关文化常识视频，招募有相关文化知识积淀的学生，进行相关专题的学生讲读，如胡同文化、茶文化等。

在课程检测方面，高一上半学年的期中检测、单元检测试题中，有“国学讲读”的相关内容，测试内容有字词的形音义、相关文学文化常识、文言阅读等。课程资料包括自编教材、课件、视频、音频等。

## 《幼学琼林》讲读第八讲

今天是周末，很可能你今晚睡前会洗个澡，想想你沐浴的过程：打开热水器，打开浴霸，然后热水流出……你一定可以想象古人在没有这些电器的情况下洗浴的不便及对沐浴的渴望。我们今天就讲讲和沐浴有关的，一个曾经充满诗情画意的，我们已经遗忘的古老节日——上巳节。

“三月三为上巳辰。”

上巳，古代称农历三月第一个干支带“巳”的日子为“上巳”。

先秦时代，每逢上巳日，人们就要到水边祭祀，并用香熏的草药沐浴。通过沐浴以祈达到消灾祛病的目的，人们把这种大规模的民俗节日，称为“祓禊”(祓，古代用斋戒沐浴等方法除灾求福的祭祀，亦泛指扫除。禊，古代春秋两季在水边举行的祭礼)。《周礼·春官·女巫》：“女巫，掌岁时祓除衅浴。”郑玄注解为：“岁时祓除，如今三月上巳如(到)水上之类。衅浴，谓以香熏草药沐浴。”概括起来就是：三月上巳辰，女巫职掌每年除凶去垢的祭祀仪式，主持人们以香熏草药沐浴除灾。

可见周朝时，在规定的时间里行“祓除衅浴”之礼已成为制度，并有专门的女巫掌管此事。上巳节在后代又逐渐增加了嬉游宴饮、曲水流觞等内容。魏晋以后，该节日改为三月初三，又称重三或三月三。

汉代学者应劭对上巳节的起源和意义做过阐述，大意是：此时正当季节交换，阴气尚未退尽而阳气蠢蠢而动，人容易患病，所以应到水边洗涤一番。为什么要选在巳日呢？应劭在《风俗通义·祀典·禊》中解释说：“巳者，祉也。”“祉”就是幸福、福祉，希望于此日既除病，又祈福。这种看法为许多学者赞同。简言之，上巳的原意是“古人春季驱邪避瘟的卫生保健古俗”。

另有一种观点认为，上巳节起源于兰汤避邪的巫术活动。兰草有芳香幽洁的特点，古人视为灵物。《楚辞》对祭神仪式有生动描写，祭神必斋戒，斋戒必沐浴，沐浴用兰汤。当兰汤沐浴成为辟邪法术时，这种沐浴活动就必须由专职的女巫组织和领导。三月上巳到河边洗除邪秽的

“祓禊”风俗，从起源上看正与兰汤驱邪避凶密切相关。

《诗经·郑风·溱洧》描写了每到上巳，郑国男女倾城而出，来到溱水、洧水之滨，手执兰草洗濯身体，以求祓除不祥的情景。朱熹注解为：“郑国之俗，三月上巳之辰，采兰水上以祓除不详。”

《论语·先进》篇也记载了上巳沐浴游乐的情形。孔子与弟子座谈志向，曾皙的志向是：“暮春者，春服既成，冠者五六人，童子六七人，浴乎沂，风乎舞雩，咏而归。”意思是，暮春三月，穿好春装，同五六个年轻人，六七个童仆，在沂水中沐浴，在舞雩台上吹风，然后一路歌咏而归。多么浪漫洒脱、卓尔不群的曾皙，引得孔子立刻对他的志向大加称赞。汉朝时，上巳的风俗在宫廷和民间都非常流行。《后汉书·礼仪上》有：“是月上巳，官民皆絜（洁）于东流水上，曰洗濯祓除，去宿垢疢，为大絜。”

到了魏晋时代，上巳节逐渐演化为皇室贵族、公卿大臣、文人雅士临水宴饮的节日，并由此而派生出上巳节的另外一项重要活动——曲水流觞。众人坐于环曲的水边，酒杯置于流水之上，任其顺流漂下，停在谁面前，谁就要将杯中酒一饮而尽，并赋诗一首，否则罚酒三杯。魏明帝曾专门建了一个流杯亭，东晋海西公也在建康钟山立流杯曲水。

历史上最著名的一次“曲水流觞”活动要数王羲之与其友在会稽举行的兰亭之会了。“永和九年，岁在癸丑，暮春之初，会于会稽山阴之兰亭，修禊事也。群贤毕至，少长咸集。”大家“一觞一咏”“畅叙幽情”。王羲之挥毫作序，乘兴而书，成就了书文俱佳、后人赞誉为“天下第一行书”的《兰亭集序》，后人亦称此帖为《禊帖》。

自兰亭修禊后，修禊之风日盛，但真正波及全国范围、影响了几代人的修禊活动是在清康乾年间、扬州瘦西湖畔发生的几次“红桥修禊”，主持者皆为名士，参与者近万人。听听他们的名字，你就会震撼：诗人王士禛，词人纳兰性德，《桃花扇》作者孔尚任，乾隆三大家之之随园主人袁枚，画家、诗人郑板桥，《宋诗纪事》作者厉鹗……

唐代时，节日的内容除了修禊之外，主要是春游踏青，临水宴饮。据宋代吴自牧《梦梁录》“三月”条载，唐朝皇帝这天要在曲江池宴会群臣，同甘共苦行祓禊之礼：“三月三日上巳之辰……赐宴曲江，倾都禊饮，踏青”。杜甫的《丽人行》对此盛况亦有描写：“三月三日天气新，长安水边多丽人。”白居易在《三月三日谢恩曲江宴会状》一文中也详细记载了盛会的情况。

宋朝以后，理学盛行，提倡“存天理，灭人欲”，礼教渐趋森严，浪漫欢腾的上巳节受到压制，逐渐式微。

元朝时曾又改回三月上巳日。白朴的杂剧《墙头马上》第一折写道：“今日乃……上巳节令。洛阳王孙士女，倾城玩赏。”言下之意，平时养在深闺的美女都能在上巳节这天和男子一样大大方方地出门赏玩了。想想看，大好春光，妖童媛女，又有怎样的故事会上演呢？

古时上巳节还有“曲水浮素卵”和“曲水浮绛枣”的习俗，即把煮熟的鸡蛋或红枣放在河水中，任其浮移，谁拾到谁食之。晋张协《禊赋》中对此有记载。临水浮卵和曲水浮枣比较古老，是民间关于繁衍孕育的巫术。曲水流觞和临水饮宴则是这种巫术的演变，是文人雅士的娱乐活动。

一般多认为当前南方许多少数民族中盛行的各种以三月初三为期的节日活动，也与古代的上巳节有渊源。从云南大理每年三月三日举行的泼水节活动中，依稀还可看到古时上巳节祓禊之俗的影子。

日本平安时代受到唐朝上巳节“曲水流觞”风俗的影响，人们用纸做成人形，表示自己身体的不适会转移到人形上，然后放入河水中流走。当前日本有些地方还保持这种习俗。女儿节，是日本女孩子的节日，又称人偶节，本来在农历的三月三日，明治维新后改为公历 3 月 3 日。日本的男孩节则定于端午节。

今天的我们在三月三做什么呢？耳边响起了那首歌：“又是一年三月三，风筝飞满天。”

### (二)英语：原著阅读

现在的外语教学重视语篇和阅读，关注学生的学习能力和语言能力。我校开设的英语学科专业精修课程，在此基础上更关注新课程标准中提出的外语学习的人文性属性，注重提升学生的思维品质和文化品格。

英语学科专业精修课程包括英语文学阅读、托福词汇、托福听力、诗歌写作等。这些课程都是在学生英语基础通修课程基础上开设的，旨在进一步提高学生英语专业能力和学科素养。这些专业精修课程覆盖精听说、精读写英语四大专业技能，有效促进学生在某方面的优势或弥补了不足。文学欣赏、诗歌写作能帮助学生进行跨文化对比和融合，也能在赏析和模仿创作中陶冶情操，修身养性。下面以文学阅读为例，简介课程的开设情况。

### 《典范英语》阅读课程——原著文学阅读

一、课程设置目的

在全面深化高中英语课堂教学改革的大背景中，本着“促进学生个性发展，提高学生英语学科能力”的宗旨，英语学科开设了英语文学阅读课。课程注重训练学生阅读理解能力，扩充学生的词汇量，兼顾语法、听说、写作和思维能力培养，学生从中体会到学文化、启心智、爱生命的人文精华。本课程拓展了优秀学子的视野，培养了他们跨文化交流的意识，还成为学校英语教材教学的有效补充。在学校一年一度的“《典范英语》戏剧表演节”中，学生充满创意的剧本、流利地道的发音、激情四射的表演、超炫的舞台效果，充分展示他们的表演才能、团队意识、创作灵感与激情，以及英语综合应用能力。

二、课程设计方案

英语学科文学阅读课程是辅助基础通修课程的固定阅读课程。主要以《典范英语》阅读和原著文学阅读为主，要求学生在高一年级完成《典范英语》所有书目的阅读，高二年级开始阅读完全无精简删改的原著。

本课程教学系统成熟完善，教学步骤主要包括六个阶段。

第一阶段：学生每天阅读一章节内容，并写出每章内容的小结；教师对学生的总结进行批改并评出等级，让学生对于《典范英语》阅读材料有初步的熟悉。

第二阶段：包括人物关系及作品背景介绍，文章主旨的分析，以及好词好句的欣赏，学生对文章的主要内容有基本的了解。

第三阶段：听附带的光盘，纠正学生的发音，训练听力，培养学生语感，将阅读与听说巧妙结合。

第四阶段：学生观赏相应的影片，加深对故事情节的理解。

第五阶段：将阅读材料中的重点内容纳入考试体系，这是与新课标的考试方向相一致的。根据新课标对阅读的重点要求和对能力考查的加深，课程使《典范英语》阅读材料的学习与考试相结合。例如，plot 一词在课堂教学中只出现过“情节”的意思，《典范英语》阅读材料中出现了“阴谋”的意思，刚好考试中多次出现了这一意思，说明这一步骤非常必要。

第六阶段：《典范英语》表演，为深化学生对小说内容和小说体现的社会文化背景知识的理解，让学生对小说故事进行演绎。

学生每天坚持读《典范英语》，做笔记，查生词，写每个章节的故事小结，跟录音朗读原文，画人物关系图，并对书里的人物关系、故事发展进行梳理，对书里的经典佳句进行深度赏析，欣赏根据原著改编的电影，对故事进行巩固和深入思考。学生深入理解人物性格、关系，通过每学年举办“《典范英语》戏剧表演节”，以戏剧表演的方式，变课本学习为主动输出式的表演方式，英语语感和文学修养因而得以提高。

### (三)历史：史料研读

历史学科专业精修课包括史学入门、史料研读、历史知识体系建构能力的培养、文科综合能力的培养与训练、中国历史专题指导、世界历史专题指导等方向。这些课程有助于培养锻炼学生的历史学习技能，如阅读历史材料、整理历史知识、编制历史图表和表述历史等；同时，也可以提高学生的历史思维和解决问题的能力，如能从一种或多种角度客观评价历史人物、历史事件或历史现象，能辩证分析历史问题产生的原因、发展的过程及各种历史问题的关系，能科学地比较不同的历史人物、历史现象，并发现其异同，能运用基本的史学概念、方法对某些历史结论做出相应的评价等。

对于文科生，无论是从史料价值、文学手法，还是从司马迁的治史态度来说，《史记》都是毫无争议的“史中翘楚”，学习《史记》可以为他们提供开阔的史学视野，培养学习历史的基本方法。从高考角度出发，高考改革对于历史学科核心素养的要求越来越高，尤其是史料实证、历史解释的要求，已明确列入高考改革中。选择《史记》中与教材相关的史料解读，二者有机结合，能为学生的个人成长和现实的高考需求保驾护航。

### 秦朝中央集权制度的形成

本课以封建专制中央集权制度的创立及其影响为中心，讲述秦朝政治制度史。秦始皇建立了我国历史上第一个统一的、中央集权的封建国家，具有承上启下的重要地位，极具开创性。课标要求为：知道始皇帝的来历和郡县制建立的史实，了解中国古代中央集权制的形成及影响。《史记·秦始皇本纪》以编年记事的形式，记载了秦始皇及秦二世一生的主要活动和当时的重大事件，相比抽象的教材内容而言，本文条理清晰，内容丰富，真实全面地反映了秦王朝建立前后四十年间风云变幻的历史场面。因此，将文章与教材相关的内容结合，以秦统一、秦确立君主专制制度、秦建立中央集权制度三个教学环节来相互补充印证，可以很好地扩充教材内容；同时，将人物放在特定的历史时空中去认识和评价，也非常契合“历史时空观”这一学科素养的培养；最后，在全面掌握史实的基础上，对秦专制主义中央集权制度客观评价。

本课精选《史记》内容，三个环节环环相扣，思路清晰。从史料出发，上升到对历史人物、重要制度的理解，进而渗透培养学生的史料研读能力、历史时空观等学科素养，结合教材又高于教材。

#### （四）地理：天文探索

我校开设的地理学科的专业精修课程包括地质、地理信息技术、气象、天文等多个方向，力求全面提升学生地理专业学习能力。

地质方向的专业精修课程涵盖地貌、矿石、地质灾害等方面。

地理信息技术方向的专业精修课程涵盖遥感、全球定位和地理信息系统方面。我校与高等院校开展相关合作，鼓励、推荐、帮助学生参与高校的研究课题。教师在学生与研究员共同完成课题探究的过程中进行知识的补充与深化，最终帮助学生形成高质量研究性学习论文。

气象方向的专业精修课程与中国气象局和北京气象台等专业机构合作，从物候观测、气象观测、全球气候变化等角度入手，通过实际操作和案例探究等形式对学生进行专业培养。

天文方向的专业精修课主要是针对不同级别天文竞赛的辅导课程，涵盖理论分析与验证、天文计算、天文仪器操作及观测等相关方面。在天文专业的精修课程中，教师为学生搭建了学习的“脚手架”，教师组织探究活动，学生在实验、探究、讨论的基础上对专业知识有了初步认知。教师引导学生自主学习，提升专业学习能力。天文社已成为我校规模最大的学生社团，有全校各年级社员70余人，在各级各类竞赛中取得过国际天文学和天体物理学奥林匹克竞赛金牌、亚太天文学奥林匹克竞赛银牌、全国中学生天文奥林匹克竞赛金牌等诸多奖项。

### 天文探索

本课程是针对我校参加天文竞赛学生的专业辅导课，授课地点为天文专业教室，学生通过教师讲授、生生探讨、专家讲座、实际操作等形式，深入学习天文知识。

教师精心设计实验，引导学生通过实验探究开普勒行星运动定律与万有引力定律的关系。

一、实验一：作图描述水星的运动轨迹

学生首先利用教师提供的数据画出水星的轨道，然后在纸上取一点作为中心，作水平和竖直零线；用量角器依次量取数据中各角度，并画出各角的放射线；最后标出所有数据点，画出它们之间的连线。

在完成实验步骤后，学生得到了水星运动轨道的形状。教师在学生画好的形状上加画一条通过太阳的直线表示轨道的长轴，作为主轴。学生依据画出的水星轨道探讨其与真实行星运行轨道是否相同？如不相同，实验中的哪个环节出现了问题？

通过这个实验，学生可以探讨太阳系中行星运动轨迹形状。

二、实验二：建立行星和卫星的轨道模型

在这个实验中，学生将分析能够显示开普勒第一和第二运动定律是怎样应用于太空物体的轨道模型。

具体实验步骤为：取一张白纸，通过中心横向画一条直线，表示主轴。用细线拉成一个圈，在主轴中心处按一个图钉，将线圈套在图钉上。在线的另一端系一支铅笔并拉紧，再绕中心移动铅笔，画出一个圆。利用公式计算两个焦点的距离，并用两个图钉表示焦点位置，将线圈套在两个图钉上，用铅笔绕图钉转动一圈，画出椭圆。利用相同的方法画出多条轨道，标清名称和偏心率。

学生需要通过测量得到轨道上的远日点和近日点，计算各物体偏心率的实验值。比较实验得到的偏心率与已知偏心率，算出各数据的误差百分比。

教师在实验结果的基础上组织学生探究：为什么 $e=0$ 时轨道是圆？与圆轨道相比，地球的轨道是什么样的？观察哪些轨道的偏心率大一些？

在实验结果与讨论结果的基础上，学生可以解释实验中所画的运动轨道是否符合开普勒第一定律，在运动轨道的近日点和远日点行星运动速度的差异。

基于以上研究和实验体验，教师对学生提出更高层次的要求：通过设计实验精确验证开普勒第二定律和第三定律的正确性。

**（五）政治：视野拓展**

在高一学段，我们在文科生中开设了“西方经济思想史”课程。以选修中“经济学常识”“西方经济思想史”等为基本课程资源，对西方经济学主要理论——亚当·斯密和李嘉图的古典经济学、凯恩斯的经济学革命、新自由主义经济学等进行介绍，从而探求社会主义市场经济的理论起源。通过对西方经济思想史的学习，培养学生对社会主义市场经济体制的政治认同，培育其经济学的基本素养——理性精神。学生从而深刻理解我们的社会主义市场经济理论，探寻解决当下经济问题应该有的基本思路。

在高二学段，我们在文科生中开设了“国家与国际组织”课程。本课程以国际政治为框架，以介绍现代国家形式和国际组织的基础知识为主要内容。本课程有益于帮助学生了解现代西方国家的主要形式，从中借鉴人类政治文明的有益成果，了解当代国际组织的发展状况，以及中国在国际组织中的地位和作用，拓展政治视野，培养世界眼光。

我们还开设了“中美班比较政治”课程。理解政治最好的方式就是对比，既与本国的过去相对比，又与同时代的其他国家相对比。中美政治课因学生未来的求学方向而对教学提出了挑战。本课程设立的基本理念是了解中国，包容差异。

## 亚当·斯密与中国市场经济改革

——“经济人”与“道德人”思想及其现实意义

本课教学内容整合了国家选修课程“经济学常识专题——斯密理论贡献及政策主张”和“社会主义市场经济理论的探索及体制的建立”部分内容，并补充了斯坦利·L·布鲁和兰迪·R·格兰特合著的《经济思想史》中的部分内容，以及于中鑫所著《亚当·斯密——经济学鼻祖》中的相关内容。课程以斯密的“经济人”和“道德人”思想为核心，研究其对中国市场经济改革的现实意义。

本课主要介绍经济思想史与中国的市场经济改革，介绍历史上各种经济思想必然涉及所属的时代。这个课程与历史课的差别在哪里呢？在于关注当代，关注中国的现实。看似在讲历史上的各种经济思想，其实落脚点在其对我国当下改革的借鉴意义。本节课也是遵循这样的基本思路，从斯密的“经济人”和“道德人”思想出发，探讨其对我国改革开放的意义，以及对当下进一步推进改革的价值所在，甚至触碰到当下最引人关注的改革——金融改革。

对于高中学生来讲，重要的不是对各种经济思想进行精深地研究与分析，而应该是引导他们在对经济思想有基本的了解之上形成求真务实的治学精神和历史地认识和分析问题的能力。本节课设计从斯密的“经济人”和“道德人”思想说起，引导学生认识并分析其对所处时代的意义，以及其对后世的影响，进一步探讨其对中国市场经济改革的借鉴意义。在本节课最后提醒学生：我们的改革需要从前人的思想中汲取养料，也更需要我们自己的独立思考，需要不断开拓创新，与时俱进，实现民族和国家的发展。

教学应符合学生的认知规律。对于刚刚接触经济思想史的高中生，教学更要把握好节奏，要关注学生的思想状态，在与学生的互动中不断推进。本节课从斯密的财富观讲到增加财富的两条途径，进一步讲“经济人”和“道德人”思想，以及这些思想对中国改革开放的意义等，步步推进，层次清楚。

## 二、理工类精修课程

理工类专业精修课程包含竞赛系列课程、大学先修系列课程、自主招生系列课程、建模和实验操作系列课程四大系列。竞赛系列课程，旨在培养学科创新拔尖人才，最能体现理科类学科的思想和方法，要求学生克服畏难情绪，不怕挫折，学会与他人分享和合作，具有独立思考能力和自学能力。大学先修系列课程，利用中国大学先修课程网络教学平台，结合本校及周边大学的教师资源，线上和线下教学结合，给学有余力的同学提供更广阔的学习空间。自主招生系列课程面向各大学组织的自主招生考试。建模和实验操作系列课程，旨在培养学生运用科学工具解决生活中的问题，为其在各级各类建模竞赛中提供指导。学生通过理科类专业精修课程的学习，能够养成良好的思维能力，获得全面的科学素养。

### (一)数学精修课程

数学学科专业精修课程包含四个系列：数学竞赛系列、大学先修系列、数学建模系列和自主招生系列。

数学竞赛系列课程，旨在培养数学学科创新拔尖人才，共分为五个子系列：数学竞赛拓展类课程，主要是高中内容的深化和延伸，旨在培养学生的学习兴趣，拓展学生的数学视野，提升学生的综合能力，评估学生的学科潜力；数学竞赛知识类课程，主要介绍高中数学联赛及后续更高级别比赛中用到的数学知识，如平面几何、初等数论、组合数学、不等式等知识，丰富学生的数学工具；数学竞赛模拟类课程，旨在提升学生的解题能力和数学知识的综合运用能力；数学竞赛进阶类课程，旨在为进入全国数学奥林匹克竞赛乃至更高平台的学生提供指导和帮助；AMC 数学竞赛系列课程，为参加 AMC 比赛的同学提供专业指导，为有志于申请国外高校的同学提供更多的机会和平台。

大学先修系列课程，包含微积分、线性代数、概率论三门课程。数学建模系列课程，旨在培养学生运用数学工具的能力，为其参加北京市数学知识应用竞赛、国际数学建模挑战赛等各级各类建模竞赛提供指导。

开设数学竞赛课程以来，我校取得了可喜的成绩。以 2016 年为例，在全国高中数学联赛中，我校学生获得北京市一等奖 1 人、二等奖 3 人、三等奖 4 人；在中国数学奥林匹克竞赛中，我校学生获得二等奖(银牌)。在北京市中学生数学竞赛、北京市数学知识应用竞赛、中国东南数学奥林匹克竞赛、国际数学建模挑战赛等各级各类比赛中，我校也有多人获奖。

**数学竞赛系列课程——平面几何**

平面几何的研究对象主要是平面内的点、直线和二次曲线(主要是圆)，以及其围成的平面区域的几何结构和度量性质，完整的公理化体系是其最鲜明的特征，历来都是培养学生空间想象能力和逻辑推理能力的重要素材，也是各级各类数学竞赛的重点内容。

本课程介绍数学竞赛中一些基本的定理(如 Ceva 定理、Menelauss 定理、Ptolemy 定理、Simson 定理、张角定理、Pascal 定理等)，基本的性质(如三角形的内心、外心、重心、垂心、旁心等性质，三角形的欧拉线和九点圆、圆内接四边形及圆外切四边形的性质等)、基本的方法(综合法、分析法、同一法、反证法、解析法、三角法、向量法、复数法等)，基本的变换(平移变换、旋转变换、反射变化、位似变换、旋转位似变换、位似轴反射变换、反演变换、配极变换等)，基本的模型(完全四边形模型、调和点列模型、圆幂和根轴模型、极点与极线模型等)。

### (二)物理精修课程

物理学科专业精修课程的主要教学内容包括高考和竞赛两个方向，

高考部分是竞赛部分的基础。竞赛部分是大学普通物理的核心和精髓，最能体现物理学的思想和方法。对选择物理学科专业精修课程的学生，首先在高一完成高考内容的授课，达到高三毕业生的物理水平，在高二暑假开始，按照全国中学生物理竞赛大纲的要求授课，到高三暑假学生可达到大学二年级的物理水平。

物理学科专业精修课程开设的意义和目的有四点。

第一，激发学生的好奇心和求知欲。孩子的兴趣源于对未知世界的好奇与向往，课内教学学生感觉“吃不饱”，缺乏挑战，而不断接触新鲜的知识是保持学生求知欲的必要条件。竞赛课程能拓宽学生的视野，激发学生的潜能，是给那些学有余力的学生准备的。

第二，培养学生思维能力和科学素养。自然科学是物理的框架和数学的表达。物理学和数学学科体系包含观察实验、建模解模、总结归纳、创造设计多个方面。学生通过竞赛课程的学习有助于培养良好的思维能力和全面的科学素养。高中阶段科学素养的培养对学生一生的职业规划都有重要意义。

第三，培养学生独立思考能力和自学能力，使学生学会合作、探究、交流、分享。填鸭式教学容易使学生养成惰性，使学生拒绝独立思考，拒绝与人交流分享，而缺乏自学能力与表达能力。竞赛学习难度大、内容多，这为学生的自学和合作创造了良好条件。在竞赛教学中我们会特意挑选适合自学的内容，让学生自主学习，独立思考，培养他们的自学能力和独立思考能力。学生在教师引导下相互讨论，学会交流、分享。

第四，培养学生抗挫能力和良好的心理素质。现在，学生多在“温室”里长大，突出的才能得不到及时肯定，本应承担的心理挫折被学校和家长所屏蔽。学生一旦进入大学的开放环境，心理承受能力弱的问题就会突出表现出来。利用竞赛的特殊性，在可控环境中，学生反复体会遇到挫折、努力克服、获得成就的过程，磨炼心理素质。学生更顺利地适应大学，走向社会。

近年来物理学科开设的专业精修课程主要有物理综合解题思想方法

训练、物理思想方法应用与提高，针对学生综合性问题解决能力和物理模型构建能力进行深入培养和提高。针对“全国中学生物理竞赛”的专业指导课程和实验操作考核训练课程在高中各年级均有开设，对参加物理竞赛的学生进行训练。通过高端开放实验室实现对“全国中学生物理竞赛”的 34 个要求实验进行操作训练，我校竞赛学生理论综合应用能力和实验操作能力得到均衡发展，在理论笔试和实验操作考核中均取得优异的成绩。我校逐步开展开发高端物理实验选修课程，利用高端物理实验室实现一些平时难以做成的实验和在中学实验中很少去做的实验。为学生打开另一个有趣的物理世界，是对平时物理课堂教学的最好补充。

### 探究潮汐的成因

本课通过对潮汐成因的探究，让学生学会运用物理知识解释自然现象，培养学生理论联系实际、运用物理知识解决实际问题的能力。潮汐现象的探究，在理论上需要用到大学物理、数学和地理学科的相关知识，此课题综合性较强，对学生要求较高，所以通过对本课题的研究，学生的自学能力、钻研精神、交流合作能力都能得到提高。

课程实施包括三个步骤。

一、学习任务驱动

潮汐是非常壮观的自然现象，也是地理课上学过的问题。潮汐的成因是什么？有什么规律？地理课上的解释是笼统的、概括的，同学们对潮汐现象一直充满好奇，心存疑问。课前，学生查阅相关资料，搜集有关潮汐的问题，加以归类，形成学习任务，通过分组抽签，问题变成学习任务，分配给学生。

二、问题探究和理解

各小组在课堂上交流、展示学习任务完成情况。第一组交流分享牛顿运动定律成立条件及非惯性系如何利用牛顿运动定律。第二组同学交流分享以太阳为参照系，地球上不同位置的海水质元受力情况及数学表述，并化简。第三组同学分析地球上发生潮汐的位置及规律。通过学生交流展示，促进学生自学，锻炼学生探究、合作能力。学生交流展示，能及时发现问题，解决问题，加深对问题的深入理解。

三、教师总结点评

学生在交流过程中遇到困难，通过组间合作也无法完成的，教师可以点拨和帮助。每组展示完成，教师要评价，指出学生的优缺点，多鼓励。最后，教师对本节课核心问题进行总结。

本节课通过课前学习任务驱动，课堂上问题交流、讨论和展示，激发了学生学习的兴趣，极大促进了学生学习的积极主动性，学生成为学习的主角，培养了自主探究能力和交流合作意识，提升了物理学科素养。

**(三)化学精修课程**

化学竞赛课程内容涵盖高中内容和大学课程。课程设置为：高一上学期讲完高中必修1、2和选修3、4、5；高一下学期讲授大学无机、有机基本知识，高一暑假分析结构初步知识；高二上学期讲授元素，下学期完成有机提高；高二寒假完成物化部分，高二暑假封闭训练。

近年，我校学生在全国化学竞赛中多次获奖。2014年、2015年、2016年，在全国中学生化学竞赛初赛中，我校多人获一等奖、二等奖。2016年11月，我校学生代表北京市参加在湖南长沙举办的第30届全国中学生化学竞赛决赛(冬令营)，获得金牌和银牌。

**价层电子对互斥理论**

本课是我校化学竞赛高一上学期的教学内容，选取教材《无机化学》(上册，宋天佑等编著，高等教育出版社)第六章第四节内容。选取的教学内容是在人教版化学教材选修3“物质结构与性质”中对于分子微观结构描述的基础上，对相关知识的进一步展开和深化。

分子结构在无机化学中占有很重要的地位，对学生理解微观化学物质的性质和预测物质的物理化学性质具有非常重要的意义。两个或者多个原子之所以能结合为分子，是因为原子之间存在着某种强烈的相互作用——化学键。化学键大体可以分为三种类型：共价键、离子键和金属键。共价键占有特殊地位，对于分子结构，主要选择共价分子讨论。经典路易斯结构式，只能求得原子之间公用电子对的对数，无法预测分子在空间的立体结构，本节课对价层电子对互斥理论的介绍，可以解决上述问题。价层电子对互斥理论是前人在总结实验事实的基础上，提出的在概念上比较简单又能比较准备地判断分子几何构型及杂化方式的理论模型，为无机化学中的重要理论，对于判断公价分子或者离子的构型及中心离子的杂化方式非常实用。

本课教学目标是，学生通过学习价层电子对互斥理论，理解价层电子的数量对空间结构的影响，掌握价层电子对、孤对电子的计算方法，判断分子的空间结构。

本课教师设计了四个教学环节。

其一，引入课题。通过书写路易斯结构式引入本课。教师通过问题：路易斯结构式可以表明原子之间共用电子对的数目，但是能预测分子或者离子的结构吗？教师展示经典理论的不足之处，表示需要有新的理论模型指导我们解决新的问题，引入价层电子对互斥理论。

其二，介绍价层电子对互斥理论。教师介绍价层电子对数的概念：定义为分子的成键电子对数加孤对电子对数。通过举例引入常见无机分子实例进行计算的方法，帮助学生建立价层电子对数的概念，并且使学生初步掌握价层电子对数计算的方法。教师进一步将分子或者离子写成 $AX_mE_n$ 的形式，讲解孤对电子对数 $n$ 的计算方法，并且辅以实例。这样学生就能更加清晰地建立价层电子对数的概念。

其三，探究价层电子对互斥理论与分子结构。教师从价层电子对互斥理论的模型，引导学生发现具有相同模型的微粒的空间结构也是相同的，引出后续教学内容。提出规律，结合实例进行总结，让学生初步了解分子或离子的微观结构。

其四，探究斥力对微粒空间结构的影响。共价键实质是共用电子对，带负电，相互排斥。微观粒子在体系中能量总是趋于最低，所以分子的斥力越小越好。教师通过讲解电子间斥力的产生、斥力大小的判断与比较，对于微粒总能量的影响进行总结，指导学生作图，通过画图、讨论，独立思考之后，再和其他同学讨论得出答案，提升学生的空间想象能力、交流能力。

教师通过引入价层电子对互斥模型的方法，使用该模型对各种无机分子、离子的立体结构进行分析。在教学过程中充分调动学生参与，培养学生的空间想象能力、独立思考能力和合作交流的能力，使学生掌握用已知模型解决陌生问题的办法。

**(四)生物精修课程**

生物竞赛课程的教学目标是普及生物学知识，提高学生生命科学素养，激发学生才智，引领他们迈向科学王国。通过联赛、竞赛成绩，对学生高考升学有所帮助。

课程内容包括高中课程和大学课程两部分。高中课程包括必修 1、2、3，选修 1、3；大学课程包括植物生理、植物学、动物学、动物生理、动物行为、细胞生物学、遗传、生物化学、生态、微生物、生物实验技能。

课程实施分为三个阶段：第一阶段，串讲。本校老师、北京市优秀教练、大学教授轮流讲授大学教材，面对约 25 名高一新生。第二阶段，提升。经过一年半的串讲后，有些同学因为各种原因退出，保留不超过 10 人的团队。利用高二寒假，以中国农业大学、河南师范大学、湖南师范大学为依托，进行竞赛辅导。第三阶段，应试。高二第二学期，进行习题训练，提升学生应试水平。

通过开设生物竞赛课，学生和教师均有很大收获。比如，原本中学教学过程中，九年级和高一不开设生物课，本课程面向高一学生授课，解决了初高中生物课程衔接不畅的问题。原本中学教学过程中，侧重高中范围的知识和实验技能，而本次培训更侧重大学生物内容，为学生的成长、教师的发展搭建了更广阔的平台。原本生物课教学过程中，高考指挥教师的教学、学生的学习，而本课程为学生和教师打开了新的通道，拓宽了升学之路。

开设生物竞赛课程以来，我校学生取得了优异成绩。以 2016 年为例，中学生生物奥赛联赛，一等奖 7 人，3 人进入北京市代表队，二等奖 12 人，三等奖 10 人，全国生物竞赛银牌 3 人。

**(五)信息学精修课程**

我校现在开设的信息技术专业精修课主要有基于数据库应用的交互

式网站设计制作、信息学奥赛、机器人设计与应用课程等。这些课程的内容广度和深度都远超现行高中课程大纲要求，专门针对学有余力、有专业特长和创新潜质的学生开设，为他们的专业发展搭建更广阔的平台。

基于数据库应用的交互式网站设计课，主要通过学生对数据管理技术的学习，提升学生对生活中数据的分析能力，培养学生利用信息技术创新应用开发的能力。机器人设计与应用课程，引导学生进行各类传感技术的应用研究，在学习相关前沿专业技术的同时，鼓励学生使智能技术与生活需要联系起来，激发学生的创新兴趣，培养学生的创新能力。

信息学奥赛课程则通过对计算机编程技术进行研究，结合数学知识，培养学生对高端智能技术的应用能力，同时鼓励学生参加各类竞赛，为成才打开通路。三年来，我校学生超过 40 人次在全国信息学竞赛、全国各类机器人竞赛中获得国家级奖项。(图 5-1)

**图 5-1 信息学精修课程学习**

## 轮廓线动态规划算法应用

本课主要针对对计算机编程和应用有浓厚兴趣，对计算机算法比较熟悉，数学思维比较敏捷的同学开设。课程主要内容有算法设计基础，数学基础(数论、概率与期望、线性方程、数值方法等)，数据结构，计算几何，图论及各种经典算法。课程的实施将为学生参加相关比赛创造条件，同时也为学生后续学习计算机的高级应用奠定基础。

本课介绍一类特殊的问题，需要用“轮廓线动态规划”的方法求解。这类问题的共同特点是，需要在一个比较“窄”(行数少或者列数少)的棋盘上进行复杂操作。如果采用传统方法(以整行整列为状态)进行动态规划，将无法进行状态转移，因此只能把参差不齐的“轮廓线”也作为状态的一部分。尽管轮廓线的形态复杂，但由于棋盘比较窄，状态总数仍然能控制在可以接受的范围内。

本节的基础是在“递推关系”部分中学到的多段图路径问题，因此在这里以计数问题为例，帮助学生回顾。然后选取经典例题，带领学生逐步分析和实操验证。

## 三、艺体类精修课程

艺体类专业精修课程针对学生的专业领域发展，以整体提高学生的艺体类学科素养为目的，为报考特长生的学生提供专业指导。我校每年都有很多学生受益于艺体类专业精修课程，由知名高校降分录取。艺体类专业精修课程注重合作精神的培养，学生以个人或集体合作的方式参与专业精修学习活动，共同学习知识技能并在实践中得到提高。课程鼓励多元表达方式的建立，学生在专业精修课程中综合运用直觉、想象、思维，以创造性的方式进行活动，探索技巧。课程专注培养终身学习的理念，学生逐渐理解艺体类学科与其他学科的联系，逐渐养成终身爱好，提高艺体类学科的核心素养。为了培养学生的专业特长，我校有专业的舞蹈队、管乐团、篮球队等，并开设了相应课程。

### (一)艺术精修课程

艺术专业精修课程分为管乐演奏、合唱、舞蹈和非洲鼓乐四个方向。近年来在北京市及海淀区中小学生艺术节上，我校学生无论是在集体项目中还是在个人项目中都取得了优异成绩。其中管乐合奏获得北京市中小学艺术节比赛金奖，舞蹈《勤学路》获得全国荷花少年舞蹈比赛金奖，合唱获得北京市中小学生艺术节比赛二等奖。

**1. 音乐精修：非洲鼓乐**

本课内容包括掌握非洲鼓乐的基本演奏方法和演奏技巧，练习演奏丰富多样的复合节奏乐曲，体验独特的非洲文化等方面。非洲鼓乐的演奏门槛不高，只要有一定的节奏感就可以完成学习。本课程强调团队合作。学生必须兼顾同伴才能完成复合节奏的演奏。非洲鼓乐的节奏热情奔放，动感十足。学生在鼓乐的感染之下解放四肢、宣泄情绪，无论是精神还是身体都能得到很好的放松。

教学内容包括六个部分：第一课，认识 Djembe 及西非鼓乐。帮助学生了解 Djembe 的起源、基本的手法及西非音乐概况。第二课，传统的 Djembe 学习方法。讲解如何通过传统的方式学习 Djembe，提升学生感知性的学习方法，单纯依靠听、看及模仿来学习音乐。第三课，简介《Djole》曲目的背景、现代记谱法的理论、Djembe 伴奏一的演奏手法、信号的使用。第四课，演奏《Djole》的 Djembe 伴奏二，了解 Dunun 这种乐器及 Dunun 的演奏方法。第五课，《Djole》的合奏训练，Break 的引入。学生通过前述内容了解到如何使一些简单的节奏相互结合，最终形成一首相对完整的非洲鼓乐。第六课，《Djole》的歌曲学习。将歌曲融入到节奏中，完成《Djole》曲目的学习。

**2. 舞蹈精修：中华神韵之中国古典舞**

舞蹈教育究竟是为了什么？技术完美仅仅是舞蹈表演的一方面。对于众多学生来说，学舞蹈的本意不会是为了获得杂技演员般的技术，最初的原因很简单，应该就是——喜欢或想喜欢，不要让学生的这种求知欲在片面的技术传授中被扼杀。正像诗人顾城所说的那样：“形式应当只是道路，而不是墙。”我们应换一种观念，使学生愉快地体会人体语言的美妙，尽情展现青年人的活力。

素质教育的手段讲究的是“润物细无声”，舞蹈教育对学生身体的锻炼更是不言而喻的。舞蹈以独特的方式从人体出发，通过全身的配合，肢体对音乐节奏的感知，对空间意识的适应等，使大脑在不知不觉中得到了全方位的锻炼，学生因而能用身体感受和开启另一种思维方式。与体育相比，舞蹈除了可以健身，增强人的体质外，还有其独特的娱乐、审美作用。舞蹈是美的艺术，是情、形、意的统一，通过高雅而优美的律动训练与身体姿态训练，赋予人挺拔、优美的肢体与高雅的气质。舞蹈教育作为美育手段，又融音乐与美术于其中，有人说“音乐是舞蹈的灵魂”，这体现了音乐与舞蹈的紧密关系，受教育者需要在一定的音乐节奏之中去协调自己的肢体语言，使音乐外化为视觉的、动态的“音符”。

中国古典舞作为中国舞蹈文化的典范，有着深厚的文化底蕴。作为我国舞蹈艺术中的一个类别，中国古典舞是在民间传统舞蹈的基础上，经过历代专业工作者提炼、整理、加工、创造，并经过较长期艺术实践的检验流传下来的具有一定典范意义的古典风格的特色舞蹈。中国古典舞很讲究内在的韵律感，讲求“形、神、劲、律”的配合。中国古典舞又被称为“画圆的艺术”，“圆”是人们早已公认的中国古典舞特点的重要体现，舞蹈动作的路线多变化，以圆为主。在“圆”的形式表现中，积淀了中国古代高度的思想文明，是中国传统文化的身体表征：“圆”折射中国古人对宇宙的认识，以及中华民族的心理个性和情感模式；“圆”的形态是中国伦理哲学符号的艺术视像。“画圆”的动律形成了传统舞蹈的“体如游龙”“转似回波”，导引出人体在空间的流连绵延之状，中国舞蹈因而具有流动的线性之美。虽然中国古典舞创立于20世纪50年代，是崭新的艺术门类，但其审美原则不是什么新发明，而是几千年中华文化的流传和延续，中国古典舞是可以和芭蕾舞、现代舞相媲美的新的舞蹈种类，是中国舞蹈文化的代表。学生通过中国古典舞可以更深地认识中国舞蹈文化。

本课例通过视频导入，引出课题，通过中国古典舞的审美特征介绍、中国古典舞的动作元素练习、《春江花月夜》组合学习、感受《春江花月夜》诗词的意境、体验中国古典舞中的圆、分组竞演等环节，引导学生了解体验中国古典舞独特之美。

其中《春江花月夜》组合学习环节，教师会循序渐进地引导学生去体验，感受，再体验：第一遍，教师按八拍教授舞蹈动作，边示范边讲解动作要求。第二遍，教师讲解前一个八拍动作中形、神、劲、律的具体体现。第三遍，教师请学生找出舞蹈的任意动作，分析形、神、劲、律的表现。第四遍，教师请学生思考形、神、劲、律的关系。中国古典舞很讲究内在的韵律感，形、神、劲、律四个字是相辅相成、缺一不可的，动作有点与线的连接相似，点要清，线要圆，做动作要求有内在的感觉，“形神兼备，身心并用，内外统一”是中国古典舞不可缺少的标志，是中国古典舞的艺术灵魂所在。整个过程中每排学生轮流站在第一排练习动作，教师指导，并提醒学生注意体现每一个动作的形、神、劲、律，充分表现出中国古典舞特有的风格和韵律；让学生对中国古典舞的风格特点有进一步的了解，同时及时纠正学生体态上的不良习惯。

在感受《春江花月夜》的意境环节首先介绍有关知识。展示张若虚的诗文《春江花月夜》片段，请同学朗读。再播放《春江花月夜》音乐片段，学生聆听感受，教师进行简单的分析介绍，请同学和着音乐哼唱主旋律。教师通过对《春江花月夜》诗、乐、舞作品的分析，引导学生进一步体会舞蹈《春江花月夜》的意境。最后，所有学生分两大组进行竞赛表演，每组有一个同学朗诵，一个同学哼唱《春江花月夜》曲调，其他同学进行舞蹈表演。学生互相观摩学习，互相评价。

中国古典舞常作为中华民族文化艺术的重要代表符号出现在世界的舞台上，如残奥会上的舞蹈《千手观音》，就获得了巨大成功，不但宣扬了“只要心中有爱，就会伸出千只手去帮助别人”的爱心主题，还引起了世人对中国传统文化的关注。

### (二)体育精修课程

我校体育教研室在基础通修课程的基础上，为有特长的学生开设了各项专业精修课程，有篮球、足球、田径、健美操四个专业精修方向。通过精修课程的学习，我们培育了很多优秀的体育人才，其中篮球最为突出，向八一队、首钢队、前奥神队输送了许多优秀运动员。许多同学获得高等级运动员称号并通过高水平运动员测试，顺利升入了清华、北大、人民大学、北京理工大学等知名高校。专业精修课程是为有着特殊才能的学生搭建的展示平台，一群热爱足球的孩子通过足球专业精修课程，接受教练指导，仅仅一年就获得了海淀区高中组第三名的好成绩，健美操队多次获得北京市以及海淀区健美操比赛一等奖，田径队多次参加海淀区田径运动会，获奖牌若干。

以“身体功能训练”为例，雾霾天气已成为影响北京市中小学正常开展体育课和户外体育活动的主要问题。中学生由于体育活动时间严重缺乏，运动能力普遍下降，体能储备不足，肥胖率增加。同时，由于项目选择的限制，体质测试难以反映学生的真实体质状况，急需探索由体质测试向体能测试转变的有效方法。我校开设身体功能训练课，通过对学生体能状况的调查，设计符合学生个性需要的运动，通过专门的身体功能训练，达到发展身体运动能力、促进体质健康、预防运动损伤、产生最佳运动效果的目的。

课程实施由明确训练为切入点，帮助学生制订个性化训练计划，提高动作效率，激活人体肌肉群，加强腰腹力量，帮助运动员提高潜在运动能力。

身体功能训练对场地、设备要求较低，本课首先利用 FMS 测试动作帮助学生识别有较高受伤风险的危险信号，利用讲解示范，让学生初步了解弥补自己不足的方法。先采用集体练习，而后分层练习，为学生设置个性化的练习计划，由易到难，进而达到较好的锻炼效果。

# 第六章

# 自主研修课程的实施

当今教育改革进入新阶段，课程形式不再单纯以课堂教师教授为主，学生对自身成长也有了更新的需求。鼓励学生用课堂中习得的知识解决生活中遇到的问题，才能真正使其从课堂中解放出来，还学生平等、和谐、探究的学习过程，从而根本上提高教学效果，实现促进学生全面发展的教育目标。

在这样的教育背景中，首师大附中的自主研修课程应运而生。为了推进课程改革，首师大附中实施了“高中研究性学习”，并实行研究性学习结业证制度。为了培养学生的自主学习能力、创新思维能力和动手实践能力，首师大附中联合中科院等单位开发设计了多学科综合实践课程，同时在文科班开展一系列社会实践活动。为了拓宽学生视野，我校开展特色品牌活动“校长邀你听讲座”，邀请社会各领域的名家开主题讲座，与学生零距离接触。这些自主研修课程为学生个性化发展提供了广阔的平台，深受学生和教师的喜爱，起到了良好的教育效果。

自主研修课程在课程安排上更为灵活自主，包括课程时间自主、课程内容自主、课程形式自主。首先，自主研修时间比较灵活，只要学生没有选课，就可以在教师的指导下或自发组成探究小组，研究自己感兴趣的课题。他们可以利用每天的午休时间、选修时段、放学后、周六日、寒暑假等时间进行探究和学习。其次，自主研修课程最独特的一点是课程内容完全自主，只要是学生感兴趣的内容，尤其是基础通修、兴趣选修或专业精修都没有开设或涉及的课程，学生都可以寻求导师的帮助，以个人或小组的形式开展学习和探究。最后，由于课程时间和内容自主，涉及面很广，所以课程形式也非常多样化。有以年级或班级形式组织的综合实践活动课程，也有以个人或小组形式进行的项目学习。有些课程学校会聘请校外专家指导，有些课程完全是学生自主开展。形式的自主保障了学生根据自身情况可以开展自主研修，导师的指导保障了学生的学习效果。

## 一、综合实践课程

按照斯滕伯格的创造性智力理论，人的成功需要分析性智力、创造性智力和实践智力的共同发展，而常规的课堂学习主要在培养学生的分析性智力方面有较好的作用。实践性智力大量地源于默会知识（tacit knowledge）的获得和应用，默会知识是程序性知识，不是从明确的教授中获得的，往往只可意会，不可言传，人们要想在一个环境取得成功就需要知道。创造性智力是一种选择，能够帮助人把各方面的智力有效地应用于生活之中。因此，对于学生的培养，我们需要改变目前过度注重认知学习的状况。这种仅重视分析智力而忽视创造和实践能力的局面必须改变。

新课程改革最大的亮点，是设置了以主题式研究性学习活动为重要内容的综合实践活动课程，可以使学生亲历数学建模、社科研究、科技实践，联系自然、联系社会、联系自我，动手动脑，获得直接经验，有利于创造性智力的培养。

首师大附中在传统上比较注重实践能力的培养，博识课、校园志愿者服务、假期休学考察等已经开展多年。但是，所有这些活动在参与面和质量上还有待提高，此外也需要对学校目前的实践活动进行梳理，开创其他实践活动项目，开发构建更完整的实践活动课程体系。

**(一)人文素养课程**

人文素养是人的内在素质和文化底蕴。当今社会物质文明高度发达，精神文明也应跟上时代的发展，提升人文素养尤为重要。我校在自主课程实验中，非常重视学生人文素养的培养，除了在日常的教育教学中注意人文教育外，我们还在高中文科班开展了一系列的社会实践活动，引导学生走进社会，了解社会，服务社会，培养他们的人文素养和社会责任感，提升他们的综合实践能力。

在连续六年的社会实践活动中，我校逐渐形成了独具特色的活动项目，这些社会实践活动使学生了解我国国情，接触到各种群体，体验到劳动的艰辛和意义，学会与人沟通相处，学会关心、尊重别人，树立了法规意识、公德意识和社会责任感。

**1. 灼华汉服社女子成人礼践习**

中国自古被称为“礼仪之邦”。礼仪在古代社会规范人的道德和行为，是文明的象征。中学生处于向成年过渡的重要阶段，因此成人礼的学习符合他们的年龄特点和心理需要。在礼仪的学习和实践中，有助于学生深入理解传统文化，完善人格，培养端庄高雅的气质。

本课程的最大特色在于学习与实践相结合，语言文字的阅读与直观的体验相结合，知与行相互统一。学生在亲自行礼、现场观礼的过程中，自然而然地体会到礼仪中渗透出柔美、端庄的审美趣味，也能够认识到古代汉族成年女子的社会角色、人生责任：女子将以与男子不同的方式走向未来，支撑世界。

第一阶段，以高三学长举办“成人礼”这一则校园新闻导入。在新闻图片中，同学们大多穿着西装、晚礼服。教师继续展示世界各民族成人礼新闻，从中不难发现，各民族的成人礼各具特色，多数与当地民俗、传统相关。由此可见，中国人的成人礼是欧美式的，丧失了本民族的特点。进而追问中国古代有没有成人礼呢，具有民族特色的成人礼是怎样的？

第二阶段，阅读与笄礼相关的古代典籍《礼记·士冠礼》《朱子家礼·笄礼》，了解笄礼知识。师生共同从文献中归纳总结笄者的年龄、着装先后的变化、笄礼的大致流程。

第三阶段，学生自由选择笄礼中的角色，分环节展示笄礼过程：主人迎宾、主人致辞、笄礼准备、笄者加笄、换装、醮、示训。

第四阶段，自由发言，讨论女子笄礼的当代意义：笄礼中表现出中国古代女子的社会文化角色是什么？笄礼中有哪些值得继承的思想精华？

通过此项活动，学生可以认识到以下几点。

笄礼中体现的文化元素：庄重的礼仪氛围，敬祖敬老的意识，与阴阳五行密切结合的方位、日期讲究，宾主之礼，女子的装束与身份关系……

古代女性庄重典雅之美值得传承。

笄礼的目的不是复古，是对责任的承担，是明确人生的志向。

礼仪虽然是对语言、动作等外在形式的规定，但本质上“礼”的核心在于精神之“诚”和情感之“真”。

学习礼仪，践行礼仪，向中国传统礼仪表达最崇高的敬意。

成人者着一袭典雅端庄的汉服礼服，缓缓插上代表成年女性的发簪，向父母许下孝敬长辈、报效国家的誓言……这是笄礼中最核心的部分，也是最能体现中华传统美德与传统服饰之美的部分。飘飘衣袂随着优雅的步伐缓缓而动，流畅而自然，精美的刺绣更能衬托出笄者的亭亭玉立，家长也有种“吾家有女初长成”的感觉。

相对简陋的条件、有限的资金，都不能阻拦社员对传统礼仪文化的热情，只因为我们心中有最真实、最打动人心的成人礼。

**2. 英语实践吧**

“英语实践吧”活动是在英语学科中广受学生欢迎的综合实践活动。

实践活动主要面向高一和高二学生，由学校联合校外公司组织完成。学生参加游学活动为期半个月，主要是去英语国家进行实践学习。课程活动有具体而丰富的游学行程，有老师及导游导学，并根据学生的年龄特点和所学的学科知识进行设计。

英语实践吧活动主要有三大主题。

一是英语国家(如美国)家庭体验。学生入住美国家庭，体验真正的美国生活。周末家庭活动有登山、教堂礼拜。英语在学中用，在用中学。

二是美国教育体验。学生团队访问知名大学，深入学校图书馆、教室、学生活动中心等，了解名校特点、优势专业、录取政策；并在中学插班体验一周，走进美国课堂，体验美式教育。

三是美国娱乐体验。学生游玩迪斯尼乐园、好莱坞环球影城、海洋世界等，在快乐中探索和学习。

以行程为主线，在导学老师的带领下，学生开展自主研学的英语实践活动。在活动中，学生每天都写日记，写心得或总结，及时和老师及接待家庭分享和沟通。在学习过程中，学生有完整的七天进入当地学校学习生活，进行零距离的文化接触，和在校学生一起走班上课和参加课后各种活动，感受趣味与互动，感受自主和合作，体验不一样的教育。这些真正浸润在全英语氛围的学习经历不仅能提高学生的英语综合能力和学英语的信心，提高学生的独立生活能力和社会交往能力，也能与美国学生和接待家庭建立良好的友谊，促进中美文化交流。

英语实践吧活动安排学生参观美国知名大学，如加州大学和哥伦比亚大学等，通过对国外名校的了解，学生原有的或新生的愿望一触而动，从而坚定努力学习的意志。

在课程中，学生还参观了美国许多著名城市和代表性景点。尤其在博物馆中，学生从陈列的文物中渴求知识，缅怀历史，增长了见识，开阔了视野。

**3. 河流的开发和治理**

2016 年 4 月，我校高一、高二年级的文科班通过综合实践活动走入了大美甘肃和秀美成都，对当地的自然环境与社会文化进行了较为深入的考察和学习。在活动开始前，地理教师对学生进行了简单的研学培训，学生需遵循“明确选题、设计研究方案、实地考察、总结成果、交流讨论”的原则研讨问题。兰州与成都的自然地理环境有明显差异，城市的形成与河流关系密切，教师指导学生围绕“河流的开发与治理”专题深入研讨。

学生在实践活动开始前在网络上进行了专业文献检索，对两座城市河流开发的现状有了初步的认识。在实践活动中，学生到现场观察兰州的水车和成都的都江堰工程，并聆听当地专家的介绍，通过观察、采访、听讲座等形式获取信息。实践活动结束后，学生总结各自小组的研究成果，一周后，两位任课教师组织高一、高二年级文科班学生同上一堂分享课，在课堂上交流研究成果，开阔眼界，相互借鉴。在课堂上，随着教师设问的层层深入，学生将实践所见的感性认识上升到理性认识，从而树立起河流的开发与治理需因地制宜、因时制宜，最终应实现河流的可持续发展的意识。

实践完成后，首先，高一和高二两个年级的研究小组汇报兰州水车和都江堰水利设施概况，包括修建时的自然及人文环境特征、水利设施的结构和功能等。通过汇报交流，分析水利设施建设与地理环境的关系，进一步梳理地理实地考察的一般步骤和方法。接下来，教师引导学生深入思考：随着建国后两地区域地理环境的变化，人们对水利设施的利用状况有何变化？对已有的水利设施进行了哪些方面的改造？学生可以进行小组讨论，也可以利用教师提供的计算机进行相关资料的搜集整理，简述两地随着时代的变迁及技术水平的提高对水利设施改造和利用的状况。此环节主要是引导学生理解水利设施的建设和改造需因地制宜和因时制宜，并初步了解河流开发和治理要遵循自然规律，谋求人地的协调发展。在此基础上，归纳区域河流开发与治理的研究思路及实践方法，明确在实践活动中进行研究和学习的基本方法。

最后请学生结合综合实践活动浅谈个人的收获、感悟或反思，回顾综合实践活动，总结提升，感受地理实践活动的重要意义。

**4. 法庭现场**

参与法庭旁听也是我校开展的综合实践活动。

在课前准备环节中，学生查阅资料，走访法律专业人士，了解案件背景、法律知识、庭审程序知识、注意事项，在班会课上做展示。

在课程实施过程中，学生听取法庭工作人员关于北京市第一中级人民法院的基本情况介绍，参观法院设施，体会法院“执掌正义天平”的宗旨。接下来，学生听取案情介绍，学习案件相关知识，随后旁听庭审过程。

某次旁听活动给同学们以极大触动，引发了同学们的激烈讨论和深刻思考。同学们从不同角度撰写了感受几十篇。

**于悲剧中寻真理——记高二文科班庭审旁听活动**

高二 10 班　郭禹辰

2016 年 10 月 27 日，我校高二文科班师生在北京市第一中级人民法院，亲历了一场案件的审理。

同学们此次旁听的是一场涉及未成年人杀人的刑事案件，被告作案时尚未成年。5 月份，被告在寻求与前女友复合时见她与另一男子在一起的场景，情绪受到极大刺激，使用木棒将该男子打死，检察院以故意杀人罪起诉。庭审开始时，他刚刚成年。

案件定于 10 时开庭审理。9 时许，在阴云笼罩之中，师生抵达了北京市第一中级人民法院。庭审开始前，学生首先在法院大厅听取了法庭工作人员关于北京市第一中级人民法院基本情况的介绍。听工作人员解说，同学们详细了解了法院各法庭的构成、室内装潢的内在含义，更深刻的了解了法院“执掌正义天平”的作用。参观完一间小型法庭，同学们便由工作人员带领，来到审判庭旁听席落座。在等待开庭时，法院工作人员为同学们介绍了案件的基本案情与审判流程，还讲解了预防毒品危害等相关知识，希望同学们能够通过此次经历，意识到交友不慎的危害，并以本次旁听的案件为戒，避免悲剧在自己身上重演。

10 时，庭审准时开始，法庭中一片肃穆。在旁听席的被害人亲属情绪早已接近崩溃。“就要让那个惨无人道的杀人犯死!”听到被害人亲属不断发出的这种声音，在另一侧就座的被告亲属则是更多的无奈和无助。一方刚刚经历丧子之痛，另一方正目睹自己的孩子受到法律的审判，双方都是悲伤的。法律终究是理性的，容不得一点儿情绪化。在法官的公正主持下，控辩双方进行了一次又一次的提问、一轮又一轮的举证，以求达成最公正的结果。场下感情碰撞，场上理性交锋，在这样的环境中，在这样的过程中，作为旁观者，学生不仅感受到事实的悲惨，而且有了许多人生体悟。限于时间，学生在庭审还未结束时便离开了法庭。

这次经历对于学生来说，更像一个平台，引发人们思考那些此前从来没有思考过的事情，注意那些此前从来没有注意的领域。通过这次经历，每个人都会产生新的认识、新的见解。这正是此次旁听活动的可贵之处。

### (二)科学素养课程

为了拓宽学生视野，培养学生的自主学习能力、创新思维能力和动手实践能力，引领学生更好地走向社会，首师大附中联合中科院等单位开发设计了物理、化学、生物、地理等多个学科的高中综合实践课程。

这些课程是学校“四修”课程体系的重要组成部分，是高中阶段的必修课程。课程采用中科院专家现场授课与课外实践活动相结合的形式，充分发挥国立科研院所和科学大家智力库的资源优势，帮助学生建立开放型知识结构体系，培养学生的科学价值观，引导学生更理性地了解科学，更客观地认识世界。

综合实践课程有中科院各学科领域的专家共同参与，带领同学们走进未知的世界。同学们与知名科学家“面对面，手拉手”，深入交流，心中的科学理想因而得以树立。在探究和求索的过程中，每一个环节都由同学们自己设计，每一个难题都由同学们自己处理。综合实践课程通过充分发挥学生在科技活动中的主观能动性，激发他们的科学兴趣，锻炼他们的科技技能；通过引导学生在实地科考中探究知识，教会他们解决实际问题的方法，培养他们实事求是的科学态度。素质教育，水到渠成。

在综合实践课程中，同学们互助互信，互帮互助，朋友之谊愈发深厚；严守纪律，心系他人，团队意识越发增强；自我管理，自我保护，独立精神愈发彰显。各方面的提高都将为他们日后成长为全面发展的创新型人才打下坚实基础。结课后，丰富多彩的体验汇报和优秀团队展示活动，让综合实践课程的收获得以延续，学习成果得以巩固。

作为学校“四修”课程体系的重要组成部分，首师大附中的高中综合实践课程帮助同学们建立了开放型的知识结构体系，引导同学们更理性地了解科学，更客观地认识世界。同时，走出课堂，同学们切身感受到不同地区异彩纷呈的文化和生活，视野得以拓宽，见识得以丰富，旅途中的点点滴滴也会成为美好的青春记忆。

**1. 两栖动物多样性与水质评价研究**

本课程是生物学与环境科学相结合的活动课程。

近年来，大量水体遭到破坏，水质情况需要监测，多数底栖动物长期生活在底泥中，具有区域性强、迁移能力弱等特点，对于环境污染及变化通常缺少回避能力，其群落的破坏和重建需要相对较长的时间，且多数种类个体较大，易于辨认。同时，不同种类底栖动物对环境条件的适应性及对污染等不利因素的耐受力和敏感程度不同。所以，利用底栖动物的种群结构、优势种类、数量等参量可以确切反应水体的质量情况。

本课题通过科学合理的采样方法对不同的水质采样，观察底栖动物种类，进而利用 Shannon 多样性指数算出水质情况，以期指导我们检测水质，保护水资源。最终，通过本课程，学生能够学会科学合理的采样方法，了解认识底栖动物，学会监测不同地区的水质情况，提高保护水源的意识。

课程实施主要通过调查不同地区溪流的底栖动物种类和数量，建立底栖动物的种群结构，判断目标样地的水质受污染程度。数据处理主要用以下几个指数来判断底栖动物的多样性：一是物种总数目，即存在多少个物种，不考虑每个物种有多少个体。二是物种密度，用群落个体总数除以样方面积得到各样方的种群密度。三是优势种，指群落中占优势的种类，这里将样方中数量最多的物种定义为优势种。四是物种多样性指数(Shannon 多样性指数)，多样性指数是反映种群结构特点和指示有机物污染的一种方法，实际为生物群落中的种群数和个体总数的比值。因此，根据不同水质条件下生存的淡水底栖动物的多样性，可对水质污染监测结果进行综合评价。

**2. 雾霾污染成分认知与防护途径评价**

自 2013 年 1 月起，持续大规模的雾霾污染涉及我国约 1/4 的国土面积，影响人口约 6 亿，严重影响着人们的健康。雾霾横行，让有“防霾神器”之称的 PM2. 5 口罩在秋冬两季卖得异常火爆。随着口罩的频繁使用，口罩自身的问题也一一凸显。环境问题、防护问题需要我们做进一步研究。

通过认识雾霾的成分，进一步了解雾霾的危害，借助口罩过滤效率检测装置和激光 PM2. 5 检测仪，测定市面上几种常见防雾霾口罩对颗粒物的过滤效果，以期能够指导人们购买防霾效果好且价格合适的口罩，不盲目跟风，杜绝商家的炒作。通过本课程的学习，希望学生能够了解雾霾形成原因；认识雾霾的危害，提高环保意识；从密闭性及过滤性对防霾口罩进行防护途径评价；寻找最适合自己脸形的口罩；知道如何减缓雾霾，保护环境。

课程实施过程应用到的实验基本方法有两种。

第一，控制变量法。保持一个或多个量不变，调整另一个或多个量改变，来探究这些量之间的关系。在实验中选取多个变量加以控制，比如场地、时间、口罩种类等。

第二，等效替代法。等效替代法是指在研究某一个物理现象和规律中，因实验本身的特殊限制或因实验器材等限制，不可以或很难直接揭示物理本质，而采取与之相似或有共同特征的等效现象来替代的方法。本实验中用雾霾检测仪的动力模仿人呼吸的动力即属于此类方法。

具体的实施过程有以下四步。

第一，湿度的测定。选取三个场地，测量湿度，重复三次，取平均值。

第二，尺寸测量。用尺子测量三个同学的面长、面宽、耳屏、鼻宽，并计算出面部长宽比（面长，从额头发际线到下巴的长度；面宽，以眼睛水平位置为基准，从一侧发际线到另一侧发际线的宽度；鼻宽，两鼻孔外侧缘的距离）。面部总面积是粗略估算值。再测量口罩的长宽，并计算出口罩面积与面部面积的比值。

第三，测量多种口罩的过滤能力。口罩过滤效率检测装置通电后，在风机的作用下，读出口罩过滤前的PM2.5，依次读取3组数据，取平均值。然后，将几种口罩编号并用橡皮筋依次罩到风机口上，30秒后观察PM2.5数值的变化情况，每组依次重复进行3次取平均值，通过实验数据计算出各自的过滤效率，并最终比较出过滤效果最佳的口罩。

第四，检测口罩适应性。将几种口罩都标号，准备好几份分别盛有白醋、酒精和花露水的容器。戴上口罩，闻气味，记录反应时间和准确性，反应时间最长的口罩防护性最好。

**3. 知识从体验中来——交大实验之旅**

交大实验之旅是针对刚刚升入高二的学生设计的。这个阶段的同学已经学习了高中力学的全部知识，对于力学的认识有了一定提高；对于电磁学，已经学习了相关静电场的知识，对静电感应现象、尖端放电现象、静电屏蔽现象等已有很好的理解；而对于电磁感应现象和一些光的干涉、衍射等现象还没有涉及。力学、电磁学是高中物理的重中之重，特别是一些电学的应用，以及尖端放电的雷电实验、法拉第笼等危险、大型实验，对于学生的学习、认知是非常有帮助的。

对于雷电的形成、灶台的电打火、火花塞的点火原理等实际问题的探究，在物理学中对相关知识的涉猎，对学生使物理与生活实际相联系有很好的帮助。让学生在生活中认识物理，应用物理，使物理学不脱离生活实际，是现阶段物理教学的一个发展方向。如果学生能够理解相关的物理知识，并实际应用，对于物理学学习的拓展是非常有帮助的。

本次交大实验分为力学、电磁学、光学三个实验组。

对于力学，学生首先接触了一些振动、单摆等相关实验，认识了一些相关的振动、共振的实际应用，如共振鱼盆等。然后，学生接触了一些大学的角动量守恒的相关实验，如直升机的工作原理等。虽然学生没有学习角动量守恒的理论知识，但是，通过实验，学生运用所学有关动量守恒的知识，进行“知识的迁移”，能够理解有关角动量守恒的一些浅显道理。这对于学生知识体系的建立有很大的帮助。

对于电磁学的大型实验和危险实验，特别是法拉第笼实验、雷电实验等，在实验室是无法完成的。但是在交大实验室，学生亲身体验了一组这种实验。这些实验激发了学生的兴趣，亲身体验使学生对知识的掌握和理解更加牢固。

对于光学实验，虽然学生还没有学习，但是精彩纷呈的光的干涉、衍射、偏振等实验，还是给学生留下了深刻印象，对高二下半学期的光学教学起到了重要作用。

交大实验之旅从学生本身出发，与一般的课堂灌输式学习是截然不同的。相关的物理实验有很多种，当教师演示实验结束之后，学生可以自行选取感兴趣的实验进一步研究。教师可以在旁边解释和帮助，解答疑问。因此，学生的学习是自主性的，对于知识的内化更有益（图 6-1）。

**图 6-1　学生交大实验之旅**

# 二、项目研究课程

## （一）研究性学习

为推进高中课程改革，首师大附中于2001年开始实验“高中研究性学习”，并实行研究性学习结业证制度。高中阶段，学校组织开题论证，学生自由选择并确立课题题目，自由组合并形成小组进行课外的自主研究学习。学校或者校外的导师给予方法和理论上的指导，最后，学生形成报告或论文。学校组成评审委员会进行答辩审议，对具有创新思维、具有较完整的调查或研究过程的报告或论文给予结业通过。每位学生高中阶段应有两个研究性学习成果。这一制度调动了学生的学习积极性，培养了学生的科学思维习惯，训练了学生基本调查研究的能力。学校每学年都会刊印学生的研究性学习报告，以展示学生的研究成果。

当今教育改革进入了新阶段，课程形式不再单纯以教师的课堂教授为主，学生对成长也有了更新的需求。“自主、合作、探究”的学习方式和方法备受学生青睐。教师鼓励学生用在课堂中习得的知识解决生活中遇到的问题，才能真正锻炼学生生活的能力，才能真正使学生从课堂中解放出来，还学生平等、和谐、探究的学习过程，才能从根本上提高教学效果，实现促进学生全面发展的教育目标。我校高中研究性学习的开展更加尊重学生个性的发展。在学生确定研究课题之前，教师要求学生收集他们在生活和学习中遇到的问题，或者是他人的困惑，还要求学生特别关注自己的兴趣点和成长需求，然后确定研究的范围和取向。学生可以邀请自己崇拜的老师进行经常性指导，也可以参与到大学及研究所的科研课题中，体会真正科研的味道。

研究性学习作为高中课程必不可少的一部分，是高中生培养科研意识、增长见识、学习科学研究方法的好机会。学生根据自身兴趣自由组成研究性学习小组，在学校提供的导师库中选择适合自己研究方向的导师；在导师的指导下，完成选题、开题、研究、撰写结题报告、答辩等研究活动(表6-1)。

**表6-1　2015—2016学年学生开展研究性学习的部分研究课题**

| 序号 | 课题名称 | 课题成员 |
|---|---|---|
| 1 | 北京圆明园底栖动物的多样性探究与水质评价 | 朱炎、赵一泽、蔡顺汀、高晓斌、许佳琪 |
| 2 | 延胡索镇痛效果的实验探究 | 宋如凌、任婕、崇聆涛、沈欣萌 |
| 3 | 多种口罩对雾霾过滤能力的差异及特征研究 | 白云柯、钟睿琦、林欣悦、王栩、何曌如 |
| 4 | 加工肉类中亚硝酸盐含量的调查 | 胡泰阁、章雪晴、贾雨桐、张悦 |
| 5 | 青城道——青城山与道教的渊源及发展 | 翁之翎、黄思宇、吴音媚、梁蕴资、杨明宜、刘荷 |
| 6 | 探究低氮对狗牙根生长的影响 | 刘天芮、张雅欣、钱春圻、钱安淇 |
| 7 | 青城山旅游业综合分析 | 李雨桐、刘宽、刘天正、王一川、张静远、张琦 |
| 8 | 室内空气净化器对雾霾净化效率的探究 | 胡秋玥、崇耿涛、沈欣萌、钱安淇、张若冰 |
| 9 | 多种口罩防护密闭性、适合性程度研究 | 任婕、宋如凌、宋丞、曾梓鸣、于子珊 |
| 10 | 多种口罩防护密闭性、适合性程度探究及防雾霾口罩发展方向 | 许怿恺、许恺涵、谷笑远、王钰宸、曹诗宁 |
| 11 | 个性风筝制作与飞升原理探究 | 楚然狄、王润妍、孔祥久、唐泽诚 |
| 12 | 探索土壤中生物炭的施加对蚯蚓的回避效应 | 王子元、舒永航、孙瑞鹏、宫鸣亮、宋敏 |
| 13 | 有序银纳米棒阵列的表面增强拉曼散射活性研究 | 嵇煜、许辰、许梦彤、王梦洋、陈帅辰、张启蓉 |
| 14 | 室内空气净化器对雾霾净化效率的探究 | 周子晖、沈亦临、王嘉晨、贾宇尘、赵嘉卿 |
| 15 | 雾霾水溶液对原生生物的危害 | 刘俊宸、周蜜、卢瑞、汤佳欣、杜伯轩 |
| 16 | 食物中亚硝酸盐含量的测定 | 干晨、陈昊珂、王秦川、刘楚彦、王海萌 |
| 17 | 底栖动物群落结构多样性探究与水质评价 | 徐楠、田佳悦、陈佳铌、张羽楫、张玉龙 |

续表

| 序号 | 课题名称 | 课题成员 |
| --- | --- | --- |
| 18 | 抗肿瘤天然产物的衍生化及初步鉴定 | 钟睿琦、林欣悦、王栩、王雨晴 |
| 19 | 水生植物与浮游动植物对水生生态系统的影响 | 杨钧涵、程劲滔、彭谞睿、林琛、黄宇健 |
| 20 | 中山杉不定根发育相关基因克隆 | 张曼泽、武思瑄、周正清 |
| 21 | 鳞翅目凤蝶科、蛱蝶科、粉蝶科、夜蛾科、舟蛾科、刺蛾科的形态特征及生物学特性比较 | 姚晓枫、李梓昂、郑云逸、宋竺馨、房楚桐、张凯琦 |
| 22 | 大肠杆菌 FGF5 模板质粒的提取及目标片段的检测 | 李嘉珊、李赫扬、刘永昊、唐心怡、朱邦瑞 |
| 23 | 蛙及黄鳝心肌收缩特性 | 朱子元、李子娇、宁竟、杨炀、姜啸晨、韩子辰 |
| 24 | 论水利工程的因地制宜的修建和因时制宜的完善——以都江堰为例 | 王鹤丹、陈可芃、毕涵霏、林若菁、林子悦、刘宇晨 |
| 25 | 植物叶性状与物种共存关系探究 | 杨旭雯、史天然、张嵘瑾、夏欣然、何萌 |
| 26 | 莫高窟的价值、破坏与保护 | 王子健、狄杰齐、刘宇飞、李琦煜 |
| 27 | 常用口罩防护密闭性、适合性程度研究 | 贾济帆、陈雨童、雷楷熙、李依宁、郑逸婧 |
| 28 | 空气湿度变化对雾霾扩散效果的影响 | 杜乐怡、王思琪、聂彤彤、谢辰晨、孙一凡 |
| 29 | 不同原理加湿器对 PM2.5 的净化效果差异的研究 | 司嘉浩、涂青蓝、任博雅、高依冉、张博宇 |
| 30 | 室内空气净化器对雾霾净化效率的探究 | 尤明东、刘开源、伏彦松、刘金雨 |
| 31 | 室内空气净化器对雾霾净化效率的探究 | 刘铭心、耿佳宇、郭昕启、温煜馨 |
| 32 | 多种口罩防护密闭性、适合性程度研究 | 沈思涵、姜涵喆、张逸馨、赵昕宇 |
| 33 | 南京市玄武湖水体中细菌数量及 DNA 浓度的空间差异研究 | 李宜泽、仉佳艺、贾舒云、朱远哲、张效源 |
| 34 | 多种口罩对雾霾过滤能力的差异及特征 | 王昊翔、林忻妍、毛乾宇、申元英、杨健祺 |
| 35 | 市场上口罩对雾霾过滤能力的特征与差异研究 | 曹浩轩、吕昱婵、钱睿铖、吴天佐、吴雨诺 |

续表

| 序号 | 课题名称 | 课题成员 |
|---|---|---|
| 36 | 用免疫荧光技术观察生物细胞吞噬细菌 | 沈佳麒、马润禹、杨嘉诚、赵子涵 |
| 37 | 利用荧光显微镜观察浮游植物及其寄生菌 | 何宇凡、程清涛、张景博、梁雨桐、刘宸 |
| 38 | 鸟巢搭建与保温性、隔湿性影响因素探究 | 高依冉、张梦阳、陈敬涵、李明骏、宋博文 |
| 39 | 基于百度地图 API 的 LBS 应用 | 叶语霄、张辰伟、张卓然、李嘉骏、高睿涵、葛元臻 |
| 40 | 莫高窟与佛教发展 | 王思雯、王梦雪、林忻妍、李茜 |
| 41 | 不同植被条件下土壤团聚体稳定性研究 | 王楚凡、宋兆飞、林宇鹏、刘嘉源、张鑫旸 |
| 42 | 浅析电影艺术中暴力美学在东西方的产生与发展 | 李沐慈、朱鑫淼、胡昊洁 |
| 43 | 设施土壤有机污染物成分确认及含量测定 | 宋佳、郭玥、张逸馨、柴钧议 |
| 44 | 海浪的计算机仿真模拟实验 | 王可钧、周诗淇、冉然、韦明洁、王馨怡、刘艺 |
| 45 | 三种常见植物根系构型及其功能特性分析 | 孟祥娇、刘东儒、刘尚瑾、吕宗艺、孙浩文 |

我校与中国科学院京区科学技术协会合作，对高一、高二的学生进行专业、系统的研究指导，专家从如何检索资料、如何选题，以及如何开题、确定研究步骤、采用研究方法等诸多方面入手，带领学生进行系列研究，经历了研究、分析、反思、调整、整理、总结和结题的复杂过程，验证了选题的科学性、创新性、可行性，形成了最终成果。

开展研究性学习锻炼了学生的综合能力和意志：一是发现问题、提出问题和解决问题的能力；二是搜集、筛选和加工处理信息的能力；三是激活知识储存，尝试运用相关知识的能力；四是积极参与研究和探索的创新能力；五是学会与他人沟通和合作的能力；六是实事求是的科学态度与克服困难的坚强意志品质；七是关心社会进步、人类发展、环境保护的责任感。研究性学习改变了学生单纯在课堂上学习的方式，构建了开放的学习环境，使学生生活在四类空间中，即学校空间、社会空间、自然空间、心理空间，是学生非常喜爱的学习方式。

**1. 历史论文写作指导课**

高中生历史论文写作，顺应教育理念的转变，其对阅读与写作的高层次指引，成为社会关注的焦点。近年来，文科生论文竞赛成为新的发展趋势，国家级赛事如登峰杯、金鹏论坛等，成为国内知名中学竞相参与的热门赛事，而海淀区研究课题如中学生深度阅读等，将论文写作视为深度阅读的思想结晶与成果展现。我校密切结合教育发展的新趋势，适时开设高中生历史论文写作指导，受到学生的热烈欢迎与积极支持。

下面就以实例展示我校历史论文写作指导课。

教师以宋史研究会会长包伟民老师的《两宋“城市文化”新论》为例，首先清晰展现历史论文的重要结构，让学生留下整体印象。然后，围绕每一个部分讲述要求，如“摘要”需 150 字至 200 字，浓缩文章核心观点，语言干练，切忌写成导入性话语，又如关键词需 3 至 5 个，能集中概括文章要点，或彰显主要特色，方便读者搜索、查阅等。

论文是议论文的延伸与升华，其核心包含论点、论据和论证，三者有机配合。论点是文章的主要价值所在，是文章的灵魂，需要新颖犀利，不拘一格，中学生可能把握不好话题的大小与难度，因而要进一步强调话题大小适中，具有可操作性。论据是史料、实物或学者的论述，是支撑论点的两翼所在，要求吻合观点、足够精彩、充实丰富。论证是成功组织论点、论据，使之成立的关键所在，需要逻辑合理、层次分明、视野开阔。

关于历史题材与语言要求，采用朱自清先生的《春》与包伟民先生的《两宋“城市文化”新论》片段进行对比，体现历史论文语言的朴实性、客观性与逻辑性，区分作文与论文语言的不同特点。

其次进行历史论文选题，为学生提供有力的选题视角，对时间、地点、人物、事件四大要素进行全新解读，包括时间的选取、地点的精选、人物的塑造、事件的深挖等方面(以包伟民论文为例)。

再次搜集材料指导，分以下步骤进行：一是材料的分类。著名学者王国维先生曾提出“二重证据法”，也就是“纸上之材料”与“地下之新材料”充分结合，王国维先生对学者的学术探究提出了较高的要求。而当前学生对于历史的把握，首先薄弱于史料的阅读与搜集，也只有建立在史料解读的基础之上，考古发现才能与之呼应，所以解决的关键在于引导学生搜集史料。二是找到搜索的途径包括中国知网、国家哲学社会科学文献中心新兴的免费检索等。

最后进行历史论文规范撰写指导，包括结构指导和格式指导两部分。

**2. 生物科技活动课**

生物科技活动课程从科学问题出发，由浅入深地安排教学内容，旨在通过真实的科学研究过程，培养学生的创新精神和实践能力。

在运动对小鼠的影响实验中，教师先指导学生认识小鼠、设计小鼠游泳适应性训练。正式实验共分为4组：正常饮食不游泳、高脂饮食不游泳、正常饮食游泳、高脂饮食游泳。在长达8周的高脂喂养期间，每天放学后都有一组同学来对游泳组小鼠进行1小时的全程监护，并每天称量鼠粮，监测小鼠的进食量，每周给小鼠称重，监测小鼠体重的变化，同时检测小鼠的血糖、血压变化。随着数据的不断积累，同学们惊喜地发现，高脂饮食使正常小鼠的体重显著增加，而在进行游泳运动的这组中，体重增加的速度明显减慢！

学生非常喜欢这样的学习方式，有许多心得体会。

我第一次感受这么长时间完整严谨的科学实验：从刚开始预实验的紧张，到后来正式实验时的娴熟；从一问三不知，到同学互相讲解；从只因兴趣而来，到领悟与敬畏科学精神。科技活动课为我创造了体验自己亲自设计、执行和完善科学实验的机会，给予我由幼稚到成熟的成长过程，使我感到了科学的魅力。

——高一5班　曹睿

每当夕阳西下，拖着疲惫的身体奔向实验室时，我们懂得，成功就是一杯老酒，唯酌苦涩，方得甘甜。每当不厌其烦地给数十只小鼠测血糖时，我们明白，科学进步的背后，是无数人辛勤与无悔的付出。每当利用课余时间按时参加活动，我们领悟那一份属于自己的责任和担当。每当在书籍与文献中遨游，拿纷乱的数据反反复复比对时，我们便学会坚持不懈的态度和受益一生的方法。我们用一个个鲜活的生命穿成一串串富有科学价值的数字，使幻想变为需要脚踏实地完成的理想，用咸涩的汗水浇灌出甜蜜诱人的成功之花。

——高一 8 班　史松轩

仲夏的阳光透过首师大附中郁郁葱葱的树木，柔和的散在脸颊上。闭上双眼，当初报名参加生物社团的冲动依然温存于心，实验部分结束预示下一阶段的开始，而实验小鼠则在陪伴我将近一学期后完成了最后使命。在这里，我敲开了知识的大门，领略了从未见过的新天地。李老师带领生物社团进行的实验着实让我体会到科研的魅力。当放学后监督小鼠游泳、测体重等事情在生活中老是重复时，我渐渐觉得这些都变成了责任。当实验出现问题时，我们改变思路创造对策时，思维的光芒为我们照亮了前方的道路。小鼠的血糖监测，为其量身定制的血压测试，只有亲身经历我才真正地感受到实验的乐趣与奇妙，但这一切的一切都在小鼠死亡的那一刻起变得沉重起来。为了实验，小鼠献出了生命，尽管我早已知道这一刻要到来，但当它来临时我竟多了一份责任感。我将以更加科学严谨的态度，更加创新求实的精神去完成这次实验，完成接下来的论文撰写工作。在首师大附中，我有了更多探索的机遇，我要把这些美好而难得的机会收入囊中，用完美的论文回报实验中故去的小鼠，回报自己，回报老师，回报首师大附中这个美丽的地方！

——高一 4 班　芦世东

**3. 探究蜡烛火焰分层**

科学包括科学知识本身，如概念、定律和理论，包括科学探究的过程及方法，包括科学本质，即科学知识在形成过程中受到的影响因素。我国科学课程标准中明确提出，科学课程是建立在对科学本质认识的基础上，应引导学生初步认识科学的本质。因此，学生对科学本质的理解也是科学教育的核心内容之一。然而国内现行的科学教育方式更为侧重科学知识与科学探究，忽略了科学本质的讲授。无论哪一个学段的学生，虽然对科学知识有所了解，但并不清楚科学知识是如何形成的，同时欠缺科学的思考方式和致知途径。

美国伊利诺伊科技理工大学的莱德曼教授认为，科学本质主要指科学知识及科学知识发展过程中固有的价值观和假设。对于中学生，应知晓其中的七个方面：意识到观察和推理的区别，意识到科学定律与科学理论的区别，所有科学知识都必须经过现实世界实际发生事物的检验，科学知识涉及人类的想象和创造力，科学知识一定程度上是主观的，科学会与社会和文化等相互影响，科学知识是变化的。

本案例通过学生观察蜡烛火焰并采用不同方式进行火焰分层这一趣味性活动，帮助学生理解科学知识的主观性(subjectivity)、科学知识是变化的(tentativeness)、科学知识的形成需要人类的想象与创造(creativity)这三个科学本质。

首先，理解科学知识的主观性。学生需要依据火焰颜色与火焰温度进行蜡烛火焰分层，并通过绘图使思维外显。由于每个人对颜色的判断不同，对木条因为火焰温度炭化程度观测和推断的不同，火焰分层的方式并不相同。即使面对同一组炭化数据，学生也会有不同的解读方式。通过上述活动，经教师的问题引导，学生可以十分直观地理解分类任意性，以及科学知识的形成会受到科学研究者主观意识的影响。

其次，理解科学知识的可变性。在学生依据火焰温度分层的过程中，帮助推测温度的证据始终在不断更新，从木条炭化程度到仪器测定部分区域温度数值，再到三维的温度分布数据。学生需要思考现有的分层方式能否解释新证据，并以此为依据选择坚持或者修正自己的分类方式。学生会发现随着一些新证据的出现，之前认为正确的分类方式可能会发生改变。因此，在科学研究过程中，得出的科学知识是有可能发生变化的。

最后，理解科学知识的创造性。在依据蜡烛颜色进行分层的过程中，学生需要创造性地解决诸如为什么蜡烛火焰会有不同的颜色，为什么有些区域观察到光的颜色和理论预测不符合等问题。这些答案需要在他们已有经验的基础上进行合理推测，而并不能从书本上找到。学生由此可以理解科学研究过程需要依据观察的现象进行推理，这种推理需要依据已有的知识，也需要创造性。

本课程并没有给出蜡烛到底如何分层的答案，因为没有文献明确指出蜡烛分层的依据到底是什么，学生也会因此感到疑惑。在这种情况下，教师应告诉学生本节课最重要的不是知道蜡烛如何分层，而是了解科学知识是如何形成的。

实际上，本节课的很多环节和真实研究过程十分相似。聚焦科学本质的教学可以使学生了解到所学习的科学知识是如何得来的。这很有必要，因为学生不仅仅是科学知识的学习者，也有可能是科学知识的创造者。

**4. 舞动青春**

舞蹈本身的特点决定了舞蹈教育的渐进性与持续性，而不是一朝一夕的事情，其实施需要有稳定的、整体的系统支持。以舞蹈形体课教学作为教育主体，根据不同年级的特点，施以不同的教学内容，学生能受到最大限度的艺术熏陶；以校园舞蹈活动为辅，激发学生的表演热情，丰富校园文化，舞蹈教育渗透到学生教育的各环节。两个方面的内容相辅相成，互相促进，有机结合。

舞蹈自主研修课程是我校教师根据学生特点，把握时代脉搏开设的。教师以群舞形式为主体，融合了现代舞、民间舞、古典舞等内容，创编出一系列优秀剧目。舞蹈剧目风格多样，有清新飘逸的当代舞《蒲公英》，有现代与民族融合为一体的《风景》《翩翩》《古赋随想》等代表作，打造出中学生舞蹈世界中的一片别样风景。学生通过丰富的、艺术性的舞蹈节目来认识自我，学会支配身体，用身体传达了自身的优雅气质。首师大附中因而被评为北京市级舞蹈传统校。

学校舞蹈团自建立以来，在校领导的大力支持和舞蹈团团员、教师的不断努力下，已颇具规模，逐渐发展成为高水平的队伍。学生的潜能是无限的，通过这种形式的教学与展示可以发掘、选拔具有舞蹈潜能的人才，全面发挥他们的能量，带动更多学生对舞蹈，对艺术的求知与喜爱，进一步引起学校、社会对舞蹈教育的重视。

学校教育应是开放式的。我校经常与其他国家的名校进行交流互访，其中也少不了学生舞蹈团的身影。通过这种机会，我们不仅表现了学校的教育风貌，还传递了中国的传统文化，为其他国家的年轻人了解中国、认识中国打开了一扇窗。在我校与国内外的各项交流活动中，学生舞蹈的身影也是必不可少的。他们自导自演，将活动安排得有条不紊。

一年一度的金秋运动会，是体育盛会，更是学生艺术素养的展示，每一项表演都是学生智慧的成果。少年强则中国强，一曲《少年强》唱出了现代中学生的朝气，一段《少年强》舞出了学生的青春与活力。近600人的校园集体舞《少年强》是我校的原创作品，历时4周的练习，学生从一开始的不会开扇，到后来的翩翩起舞，收获不言而喻，有的学生回家还常常会拿出扇子舞一舞。在运动会开幕式上看着他们和着音乐，迈着矫健的步伐，舞动手中的红扇，所有人都不禁为首师大附中学子的飒爽英姿所感叹。学校的各项活动中也少不了学生们美妙的身影。

舞蹈社团的学生们在课堂上不仅收获了知识与技能，还收获了友谊。他们的心是紧密团结在一起的，每每在练功房累得浑身酸痛、满头大汗时，没有人选择休息、偷懒，而是一直坚持；在灯光闪耀的舞台上，他们融入角色，表达最真实的情感；他们努力表演好每个舞，以独特的方式使舞蹈艺术在校园传播，让舞蹈艺术大放光彩，为更好地传播艺术文化，提高当代中学文化素质做出了积极的贡献。我们的课程成果《勤学路》获全国“荷花少年”舞蹈比赛金奖、北京市舞蹈比赛一等奖、海淀区舞蹈比赛一等奖。学校获“优秀组织奖”，教师获“最佳编导奖”和“优秀辅导教师奖”。

**(二)创客课程**

除校内教师课程之外，我校创客课程的校外课程资源也非常丰富。在结合学校自身特点、依托区域优势、适应社会与时代发展需求、紧抓技术学科的专业特点的大背景下，我校开设并完善了一批适和中学开展的科技课程，把握时代热点，灵活更新课程内容，在保持信息、航空模型、天文等传统优势课程资源的同时，引入了数控精密加工、手机

APP定制开发、开源硬件等与创客教育紧密结合的系列STEAM外聘课程。

我校于2016年4月率先建成了国内中学领域最大的创客空间——青牛创客空间。青牛创客空间的建成大大提高了我校的科技教育教学科研实力，同时也为师生施展个人才华，实现个人梦想打造了全新平台，空间内配备的五轴联动加工中心、数控车床水刀等急需引入社会专业资源，以便对创客空间功能加以提升和对相关设备加以利用。有效的外聘课程引入也弥补了校内专业教师短缺等不足，是首师大附中开放办学的需要。

以“智控高级项目课程”为例，通过复杂项目的开展，学生体验到真正的科研过程，学会自学，学会合作，学会专业文献的查找与阅读，学会项目过程的科学管理，学会论文写作要素。

教学过程中，教师首先讲解如何选题与开题包括如何选题、如何撰写开题报告、开题答辩要点(答辩通过配备导师)。其次，教师引导学生进行过程管理与阶段汇报(导师跟踪)，包括如何科学管理项目过程、阶段汇报。最后，讲解如何撰写论文与结题答辩。

**(三)高端开放实验室课程**

高端开放实验室课程是以高端物理实验室实验设备为依托，可以根据学生需求，开设物理实验基础课程，进行物理实验延展课程、物理学科研究性的实验探究课程。

实验室以为学生搭建通用型实验研究平台为主要目的，实验研究内容得到了极大的扩展，灵活度高，不局限于只能做若干具体实验的功能，充分体现open lab的实验教育理念。此外，实验室在若干领域，如声学、光学、原子学等领域配置一定数量的高级仪器设备，能够弥补原有高中物理实验室在这些领域中硬件方面的不足，使学生的学习内容得以深化和拓展。高端开放实验室课程重点体现了对创新人才的培养，并在某些研究方向上形成了水平较高的创新研究成果。

与这一实验室配套的课程形式多样，形成了基本技能训练与创新能力培养并重的课程体系。既有侧重培养基本技能的实验基础课程，又有突出知识拓展深化的实验延展课程；既有面向部分学生的选修课程、自主研究课程，又有面对全体学生的研究性学习课程，实验室因而能够服务于最广大的学生群体，发挥最大的效益。

以“APP 软件开发之填空题问答设计”为例，本课是基于安卓系统的 APP 软件开发教学。安卓是目前应用最广泛的手机平台，尽管这一平台教育软件成千上万，但适合中学生，适合学生个体的 APP 软件并不多。该课程目的是根据学生个体的学习情况，兴趣爱好，引领学生做适合自己学习的 APP 软件。

本课教学目标包括学习分支结构判断，制作一款“填空题问答软件”。

首先，教师需要讲解的内容一是设计软件界面，将用到的控件搭建好(需要用到标签、文本框、按钮三种控件)。二是修改控件属性及布局，修改控件的位置，通过对控件属性的修改，明确每个控件的功能。三是进行逻辑设计，代码编写，需要用到控件的文本属性、运算等。四是讲解分支结构知识点，如果……就……否则的框架格式。五是调试运行。然后，学生选题，设计题目。接着，学生测试，调试，运行程序。最后，学生完成作品，生成 APP 软件。

**(四)校长邀你听讲座**

《诗》云：“高山仰止，景行行止。”所谓师者，传道授业解惑也，德才兼备的大师本身就是一笔得天独厚的教育资源。大师讲座，原本是大学校园里亮丽的风景，如今在首师大附中的校园里以全新的面貌生根发芽。“领略大师风采，共飨知识盛宴。”首师大附中以百年老校的姿态，打造出全新的教育模式，开设“校长邀你听讲座”活动，把各行各业的名家吸引到中学校园，叩响教育行板，唱响教育高歌。

教育作为铸人塑魂的伟大工程，从根本上说是为了实现人自身的全面发展，《国家中长期教育改革和发展规划纲要(2010—2020 年)》确定了“优先发展、育人为本、改革创新、促进公平、提高质量”的教育工作方针。中学教育，除了要做好传统的正规教育之外，也要把教育的天地拓展到三尺讲台之外，充分利用丰富的教育资源，为学生的终身发展打下良好的基础。十年树木，百年树人。在时代演进的大幕前，首师大附中书写了近百年的育人华章："成德达才，社会中坚。"面对新的时代，结合百年沉淀，学校以"国内领先，国际一流"为办学目标，坚持育人为本，锐意创新，积极拓展教育视野，采取多元的培养方式，让名师、名人走进校园，走进课堂，也走进学生的心里。

活动邀请社会各领域的名家来我校开展主题讲座，与学生零距离接触。活动开展以来，深受学生和老师的喜爱，起到了良好的效果。借着我校创新人才培养和课程改革的契机，"校长邀你听讲座"活动的管理也逐步规范：统一纳入我校的自主排课体系。每学期，讲座尽量提供不同类型的主题，兼顾文理不同学科和初高中不同年龄段学生的需求。

这项活动由学校的专门团队组织实施。活动前，每周都有集中的专题海报，配套的网站宣传和校园广播，学生能在专题网站上看到下期讲座的嘉宾，并能预约座位；每次讲座活动后，师生还可以利用网络重复收看。

活动以了解社会前沿、拓宽知识视野、感受大家风范、提升思想境界为目的，结合学生学习的实际情况，聘请科学、艺术、文学、军事等领域专家。演讲者用通俗的话语表达观点，选择的事例非常生动，令学生信服。名家走进校园，带来最前沿的社科信息，丰富了学生的知识，开阔了学生的视野，提升了学生的认识水平。在讲座的自由空间里，学生有机会分享专家潜心研究的成果，聆听他们的观点和见解，了解他们学术人生的平凡与伟大……这一切，对于处于成长期的孩子都是宝贵的财富。此外，活动以校长的名义向学生发出邀请，形式新颖，不仅把大家请到学校，还把学生吸引到讲座，名家以亲切、平等的口吻，鼓励学生积极钻研，独立思考，这在某种意义上也是一种教育。

俄国著名作家陀思妥耶夫斯基说："人活在树木和水塘之间，活在劳动和精神的自由之中，活在诗歌和艺术的边缘，活在有尊严和挚爱的生活之中，定然会活得更舒服些。"学校作为教育的主阵地，要努力为学生营造涵养气质、促进全面成长的一汪文化活水，让学生沐浴其中，成德达才。"校长邀你听讲座"活动，让学生从思想盛宴中汲取营养，在艺术的殿堂中追寻梦想。我们相信，异彩纷呈的讲座内容在中学生生命的特殊阶段荡起的层层涟漪，必将在他们以后的生命历程中搅动起更大的波澜。

以“讲述长征故事”为例，学校邀请了开国少将、八路军359旅左齐的长女左凌，为学生讲述长征路上的故事。左凌老师首先从家庭角度切入，介绍自己的父亲、独臂将军的生平。以讲解图片背后故事的形式，从长征开始说起，从瑞金讲到延安，从土地革命时期讲到抗日战争时期，从战斗故事讲到革命意志，并着重介绍了359旅著名的三个独臂将军的事迹。彭清云、左齐、晏福生都是359旅的，在抗战时期英勇战斗，在与日军血战过程中，身先士卒，不怕牺牲，身负重伤。在医疗条件非常简陋的情况下，他们都失去了右臂。他们均不畏艰难险阻，以极强的革命乐观主义精神，战胜困难，战胜敌人，取得一次次战斗胜利。

左凌老师谈到当代青年也应该走走长征路，到红军当年战斗和生活的地方，遥想当年那激情岁月。她激励学生学习长征精神，使长征精神代代相传。

学生听过讲座，感受到长征精神的巨大鼓舞作用，深深感到当代青年也要具有强烈的历史使命感和责任感。只有发扬长征精神，继承革命先辈的遗志，当代青年才能端正学习态度，刻苦学习，走好属于自己的新时期长征路。

第七章

# 学生发展指导系统

中学是人生发展的重要阶段，是学生人生观、价值观和世界观初步形成的时期，也是学生心理行为问题高发期。我国于2010年7月29日颁布了《国家中长期教育改革和发展规划纲要(2010—2020年)》，其中的第五章明确指出："建立学生发展指导制度，加强对学生的理想、心理、学业等多方面指导，……全面提高普通高中学生综合素质。"

为了更好地促进学生发展，减少发展中可能出现的各种问题，首师大附中设计开发了校本发展指导课程，搭建了以领导力、创新力、学习力、健康力、规划力和文化力为主要方向的课程团队。首师大附中长期坚持开展各类特色学生教育活动，这些教育活动均纳入学校德育课程体系，逐渐形成了如"一二·九远足""模拟联合国""系列主题班会"等独具特色、异彩纷呈的学生教育系列活动。通过不懈努力，首师大附中在促进学生发展、达成教育目标等方面取得了丰硕成果。

# 一、学生发展指导体系

《国家中长期教育改革和发展规划纲要(2010—2020年)》中要求，在普通高中建立学生发展指导制度，加强对学生理想、心理、学业、生涯等方面的指导。为提升我校的育人质量，进一步营造良好的学习氛围，促进学生的健康成长、全面成才，我校学生发展指导秉承“正志笃行，成德达才”的育人理念，坚持凝聚学生、服务学生、发展学生的工作原则，通过理想教育、心理教育、学业指导、生涯指导、生活指导等内容，帮助学生了解自己，了解社会，展望未来。引导学生发展多方面兴趣，发现并发展自己的专长，强化自我发展意识，树立远大理想、信念和价值观，科学规划人生，为学生助力。

首师大附中立足校情，守正出新，深入开展“四三二一”教育教学综合改革实验，其中的“三”是指分层走班制、固定班级制和学长学部制相结合的三维立体管理模式。分层走班制是学生根据不同的学习程度去相应层次班级上课，教师能够从实际出发，因材施教，使学生都能在原有程度上学有所得。在分层走班的同时，保留固定班级制，班主任的管理和班级活动的开展，能使学生得到及时的关注，能很好地培养学生的责任感和团队合作精神，同伴的带动在学生成长中同样不可或缺。高中年级设有创新、理工、人文、国际四个学部，不同年级同一学部纵向联合，通过高年级学长引领学弟学妹健康成长，形成学长学部制。在保留固定班级制、班主任的基础上，我校加大改革力度，尝试了“双导师制”和“学长学部制”。

学校教育以各类活动为载体，开展学生理想教育(远足、成人礼、班级承办升旗仪式等)、养成教育(学生值周、文明班评比、百天计划、优秀班集体宣讲)，以及各类专题教育活动(文明礼仪教育、生命教育、安全教育等)；以校团委、学生会、年级组、各班级为教育网络，有效开展各类社会实践(志愿者服务、职业体验、研究性学习、实践考察)，积极培养优秀学生干部(学校团委会、学生会、学校干训营)；以导师制、学长制为平台，对学生进行思想引导、学业辅导、生活指导，有效发挥师长和朋辈的引领作用(导师交流例会、学长进班宣讲等)；以课题为抓手(积极心理学背景中学生心理素质的培养、北京市高中生涯课程教材实验项目)，通过各类活动、个体辅导、选修课程等方式，进行心理教育及生涯指导教育。同时，学生发展指导中心致力于构建学校、家庭、社会一体化的教育格局，坚持学校主导原则，与家庭、社会二者结合，做到"三位一体"，提高教育效果(方式包括家长学校、家长线上课程、学生职业体验、校长邀你听讲座等)。

学生发展指导利用专业测评工具开展学生需求评估，制定学生发展指导方案、落实方案、评估方案、改进方案，最终促进学生的品德、心理、生活、学业、生涯等方面全面发展。以专业心理测评与职业测评数据为依据，结合学生的个性特征、学习风格、决策风格、生涯成熟度、职业倾向等特征，我校开展个性化咨询与指导，促使学生当前学习与未来规划真正结合，为学生提供专业化、科学化、个性化的服务，以适应每个学生的发展需求。利用网络平台的成达德育课程系统，教师可以很方便地评价每个学生，每个学生也都能够及时获得教师的评价反馈。

### (一)双导师制

#### 1."双导师制"实施背景

首先，"双导师制"是应对教育改革的重要举措。随着教育改革不断深入，我们发现分层走班教学在使个体差异受到重视的同时，班主任角色弱化、学生班级归属感降低、日常德育管理受到挑战等问题也随之而来，"双导师制"育人模式在分层走班背景中应运而生。

"双导师制"，即在保留教学班和班主任的前提下，实行导师与班主任协同育人新模式。导师与班主任——"双导师"形成合力，互为补充，对学生进行更科学的管理与更精准、更个性化的指导。

其次，"双导师制"是学校育人理念的发展所向。首师大附中以"立德树人"为根本，秉承"正志笃行，成德达才"的教育追求，坚守"全员育人、全程育人、全方位育人"的教育理念，努力探索构建科学、高效的德育生态链，培植学生爱好，发掘学生潜能，促进学生全面而有个性地发展，为每一个学生的健康成长提供条件。“双导师制”是我校在德育的理念思路、内容方法、载体手段上进行改革的重要举措，是首师大附中育人理念的发展所向，以此来推动每个教师对教育的思考和实践，能更好地落实任课教师教育学生的主体责任。

再次，“双导师制”是学生个性发展的必然需求。套用经济领域的术语，教学领域同样存在供给与需求的相互关系，也同样存在供给与需求的结构性矛盾。学生的自我意识和发展需要相对多元复杂，传统的教育供给更侧重于面向大多数的教育教学普及，个性化、精细化不足。分层走班教学有效解决了教学领域的供给问题，而德育方面，学生个体的成长诉求尚未得到足够重视。因此，适时进行“德育产品”供给侧改革非常必要。所以说，我校“双导师制”是学生个性发展的必然需求。

最后，“双导师制”是教师专业发展的有效途径。实施“双导师制”，教师在学生的选择中得到激励，有助于更新教育理念，提升教育水平，拓宽教育视野，丰富教育经验，进而有效提升专业素养，实现专业发展。

**2.“双导师制”实施策略**

我校导师制的确立经过了审慎的思考、反复的论证与周密的筹划。成立了导师制实施领导小组，校长亲自部署，主管德育的副校长牵头，教育处统筹安排，年级组具体落实，任课教师全员参与，教辅部门支持保障。围绕是否取消班主任、导师制功能、导师的角色定位、导师与班主任的关系等核心问题，学校多次组织教师开展深入细致地研讨，广泛征求教师、家长、学生等多方意见，最终基于“对每个学生负责”的理念，从我校教育教学实际出发，确立了“双导师制”。

“双导师制”能够适应新的形势和学生个性化需求，实施精准教育；近距离了解学生，陪伴学生的成长，教育工作潜移默化，深入人心；通过对学生的积极影响，促进学生的健康发展。导师成了学生的知心朋友、潜能的发现者、成长的陪伴者、进步的引领者，是离学生最近的老师。

导师的工作模式包括三项内容和五个任务，即“3+5”导师制。

以2016级高一为例，480余名学生，分为创新学部、理工学部、人文学部，分为十二个教学班，配备12名班主任以及包含所有学科在内的40余个导师。我校采用的是全员导师制，即所有任课教师均聘为导师，每个学生都有相应的导师。导师采取单向选择形式，学生在学期之初，在导师信息系统上查阅导师的相关资料，对其基本信息、教育理念等进行初步了解，进行平行志愿的填报，最终由系统科学运算，为每个学生配备适宜的导师。每个导师带6～15名学生不等，导师团队是有别于教学班、分层教学班的又一学生集体。

“3+5”导师制，是指我校导师的三项工作内容和五个工作任务。

导师的三项工作内容是思想引导、生活指导、学业指导。在思想上，引导学生树立正确的人生观、价值观，正确对待成长中的烦恼、挫折等问题。生活上，指导学生解决遇到的实际困难，帮助学生养成健康的生活习惯，注重培育学生良好的公民素养。学业上，指导学生明确学习目标，做好发展规划，找到适合自己的学习方法，养成良好的学习习惯。

导师的五项工作任务是每月至少召开一次会议，每学期至少开展两次活动，每月对学生进行一次评价，与家长建立联系并及时沟通，与学生进行常态的谈话交流。

第一次师生见面会上，导师对学生进行摸底，初步了解学生的个性特点、兴趣爱好、行为习惯、学习情况、社团参与情况、理想追求、成长需求等，建立学生成长档案。学生定期向导师汇报思想、生活、学习等情况，导师观察学生动态，及时与学生进行一对一谈话，定期记录学生的表现，并与班主任、任课教师、家长及时沟通反馈。每个月的班会课中，专设一节为导师会议时间，导师结合本组学生特点及需求，进行阶段性工作总结与下一阶段部署。活动方面，导师可独立开展，几个导师也可以共同组织，集体开展活动，导师从学生的兴趣爱好与需求出发，结合自身优势，广泛开发资源，开展了电影赏析、话剧欣赏、读书沙龙、户外拓展、文化讲座、心理讲座、学科实践等活动。为保障导师制的顺利实施，学校有专人负责导师制的筹划与实施，邀请专家进校对导师进行教育学、心理学等相关培训，充分发掘校内校外活动资源，应师生所需，开放心理教室、美术教室、天文教室等专业场馆，同时提供一些专业的活动设备。导师制实施过程中，调研和座谈常态化，遇到问题，及时完善：与学生座谈，了解学生真实感受与实际需求；与导师座谈，明确工作推进中的重点和对策；发放调查问卷，及时对导师制实施效果进行反馈，如高一年级下学期部分学生主动提出由理科转入文科，学校及时进行导师调整，确保两任导师无缝衔接。导师的考核采取定性和定量相结合的评价方式，在基于任务完成度的考核基础上，关注学生对导师的客观评价。每学年评选出20%的导师作为优秀导师，记入教师业务档案，作为评优、晋职、聘任的优先条件。

**3.“双导师制”实施特点**

第一，导师对班主任工作进行了拓展与细化。在分层走班制背景中，仅是靠延续原来的班主任管理模式难以拉近师生距离。而学生作为个体，尤其是处于青春期这样敏感的时段，有着独特的情感、思想、学业、生活等方面需求，迫切希望得到教师的密切关注与及时指导。实施导师制，可以有效地使被动的“粗放型”管理转变为主动的“细化型”管理，对班主任工作进一步延伸与细化。

在“双导师制”中，班主任和导师工作各有分工。班主任作为班级的组织者与管理者，对班级整体思想、学习、生活等方面进行全面掌控的同时，侧重于开展班级管理教育工作，如贯彻教育相关的法律法规，对学生进行行为规范教育，培养学生的良好文明习惯，进行法制安全和健康教育等。

导师作为学生个体的指导者，侧重于从每个学生的个性特点和具体情况出发，因势利导，对学生进行有针对性的细致指导，如注重学生价值观的形成，关注学生思想的变化发展并及时予以指引，关注学生的学业成绩，对学生进行学习方法的指导等。

第二，班级活动向导师活动与年级活动过渡。“双导师制”模式形成了以班主任为核心的班级集体与以导师为核心的小团队。为凸显导师地位，尽快让导师角色发挥重要作用，班级活动逐步向导师活动与年级活动过渡。在时间分配上，每月班会课有一节专门安排为导师会议或活动时间。在活动内容上，围绕每学年德育工作重点，以年级为单位每个月开展相对固定的主题活动，每一次主题活动都赋予导师相应的职责。导师活动以年级活动为背景，以学科背景为依托，结合学生的实际需求开展相应活动。

第三，导师团队由校内向校外延伸。为了帮助学生做好生涯规划，激发学生内在的成长动力，我校充分调动校外资源。自 2011 年起，以“校长邀你听讲座”的形式邀请名家进校园与学生面对面沟通交流。科学、艺术、军事、经济等各行各业的名家走进校园，跟学生对话。量身定制与自主选择的双课程模式，满足了学生需求，保证了课程效果，增强了学生的获得感。2015—2016 学年度，共开设 16 次讲座，4800 余人次参与。在大讲堂里，名家阐述前沿知识，播撒理想信念，渗透价值观教育，激发了青少年的梦想，为学生树立了人生的榜样。

我们还通过问卷调查，了解学生对未来职业选择的倾向。学校以此为依据，邀请专家作为我校学生的生涯导师，指导学生生涯规划。

**4.“双导师制”实施效果**

我校“双导师制”育人模式已经呈现出显著效果：全员育人氛围浓厚，教师更能关注到学生学习以外的表现情况，更能客观全面评价学生，教师的教育理念发生了变化与更新；学生对教师的距离感减弱，师生感情更加亲密；学生精神面貌发生改观，学生更加健康自信，更加乐观，充满阳光……

导师制加强了师生的沟通交流，培养了深厚的师生情谊。在导师制会议和活动中，我发现了学生多才多艺的一面，更有意识地寻找他们身上的闪光点；学生对我也更加了解；我们配合默契，更亲近了。有了一定的感情基础和兴趣，我和学生聊起学习上的问题更加顺畅。他们更容易接受我的建议，更乐于找我问问题，英语学习更带劲儿了。

——英语教师　席芊函

导师制，是走近黄老师的旅程。导师制让我看到了黄老师的另一面：课堂上，他不苟言笑；导师会上，他侃侃而谈：从“华为的崛起”，讲到自己少时“三更灯火五更鸡”的苦读；作业本上，黄老师对不规范的作业用红笔处以“极刑”，严厉得怕人；私下的谈话中，黄老师在我信心不足、惶恐无奈时，用朴实而有力的语言告诉我“每个小孩都有开花的季节”，展现出慈爱的一面。感谢导师制，我推开了数学办公室的门，重新认识可爱的“大黄”老师。

——学生　王格涵

导师制像桥梁，沟通了师生，直抵彼此内心。每一次深入的谈心，或建议，或激励，或安慰，或帮助，我都能得到莫大的安慰与启示。同一导师的学生聚在一起，成为新的集体。在这个平台上，我们也在分享自己的成长、自己的困惑，共同面对，寻找答案。

——学生　王江玥

为准确掌握导师制的实际情况与实施效果，教育处对高一全体学生进行了导师制问卷调查，围绕学生对导师制的认可度、学生在导师制实施过程中的收获、学生对导师活动设计的满意度等问题进行深入调研。结果表明，80％以上的学生对导师制对他们有很大或较大帮助，近90％的学生对导师制的活动内容与活动形式非常满意或比较满意，81.2％的同学非常认可自己的导师，认为导师工作认真负责，密切关注学生的发展，绝大多数同学表示愿意接受导师的继续指导。

现行中高考主要以学科知识体系为导向(考试把学科放在正中央)，未来中高考将以学生的成长发展为导向(考试把人放在正中央)。这样的变革过程，推动了我校育人模式的创新以及教师角色的变化。我们相信，“双导师制”育人模式，会让学生发生良好改观并影响到自身及家庭的未来。我们期待，通过“双导师制”，每一个独特的个体，既习得群体规范，有大局意识和家国情怀，又能充分发掘潜能，展现个性，成就自我。

### (二)学长学部制

#### 1. 学长学部制的起源

中学教育要关注学生多角度能力的发展。在学生“三观”形成关键的初高中时期，学校教育管理要更贴近学生各方面能力的发展，如思维能力、学习能力、沟通交流能力、领导能力、竞争能力等。同时，学校教育不应该是枯燥、无力的说教，而是应该通过不同种类的学校教育形式为学生搭建平台，使学生通过实践、模仿、挑战、反思，继而得到发展。因此，良好的组织管理平台能够为学生多种能力的发展助力。

学长学部制是不同层级的学生混编成部，以活动为载体，由教师作为学部长以起到监督、建议、引领的作用，而所有学部活动的组织与操作均由学生承担。在各种活动中，不同层级的学生都能够充分参与，进行充分的合作与竞争，研究与创新，互相学习，互相帮助，互相引领。这其中学长的榜样作用是教师无法代替的，这其中学生领导力的培养、思维能力的培养、沟通交际能力的培养和学习能力的培养等也都不是教师教出来的，全部由学生在活动中一点点感悟而来。

学长学部制的英文为 House，最初起源于英国。几百年前，有男孩子的家庭把孩子送到教师家里去学习；逐渐，孩子也开始吃住在老师家里。慢慢地，一个老师可能会同时接收多个男孩在家里吃住和学习。这样，这些孩子和老师学习知识的同时，还能够比赛。后来，这种学习模式在住宿、饮食和管理方面不断改善。最终，学校也开始引进这种以小范围团体组成的教育模式。因为在这种模式管理下，学生能够得到个性化关注，同时学生的各种能力也能够得到锻炼，思维得到进一步激发。负责管理这种 house 的老师会从学生一入学就和学生在一起，直到毕业。这种管理模式逐渐走进很多国家的很多学校，如美国，但因为住宿模式在这种学长学部模式的管理中起着重要的作用，在美国的非寄宿制学校中比较罕见。

**2. 学长学部制的策划与建立**

首师大附中孔子课堂驻在美国宾夕法尼亚州费城的捷门棠学校。该校建于 1759 年，重视对学生各种能力的培养，现有学生 1100 余人，高中生 500 余人，高中教育管理采用学长学部制（House）。首师大附中的教育理念是关注每个学生的终身发展，学校想尽各种办法，采取各种模式为学生搭建平台。2012—2013 学年度，首师大附中外派美国捷门棠学校孔子课堂的老师在工作一年后将捷门棠学校学长学部制理念与做法带回到学校，并根据本校特点修改和完善，学长学部制初步形成。

**3. 学长学部制的目的和意义**

不同年级的学生重新编班在一起活动，无论是对新生还是高年级学生，都有利于培养各种能力。

第一，有助于学生团结一心，积极向上。不同的学长学部都在打造他们不同的精神，学生在各部都斗志昂扬，充满了一股积极向上的精神。环境造就人才。在这样积极的学习环境中，在正确“三观”形成过程中，学生才能得以健康成长。

第二，有助于学生关爱他人，增进了解。对于高年级学生来讲，他们对学校的课程、老师以及校园的各角落都有非常好的了解。这样，在 House 纳新的时候，他们是学校的最佳“导游”，他们可以对新成员进行很好的培训、讲解；同时，这种同学相互帮助可以做到个性化。每个新生在进入各学部之后，在学长更有针对性的帮助下会尽快适应学校生活。无论对高年级学生还是新生，学长学部制都可以增进学生的了解，学生更学会关爱他人。

第三，为学生搭建平台，锻炼领导力。在学长学部制的这个平台中，以高年级学生作为领导组织学生参加各种活动和比赛。在活动中，学生能够践行本学部精神。在每次活动中，学生学部长从策划到分组，从活动前准备到活动后的总结，全部都要做好周密安排，带领本学部成员完成各种规定活动，并且每个学部还可以组织各种内部活动。这样，学生组织者在活动中充分锻炼了组织力和领导力。

第四，引发学生思维碰撞，增进合作与创新。在学长学部制环境中，每个学部都要组织和参加各种比赛。为了充分“备战”，各学部内部都要经过多次讨论，每个成员都充分思考，出谋划策，各抒己见，开拓思维。无论是赛前、赛中还是赛后，学生分工与合作相结合，为了本学部的名誉，激发竞争意识，增进参与能力，在集体合作中充分锻炼发散性思维和创新思维。

第五，能够促进学生交流，点亮生活。学长学部制使学生有更多机会互相了解，能充分锻炼交往和沟通能力。在活动中，学生有欢笑也有泪水，有完美合作，也会出现一些摩擦，而这些都是所谓成长中的快乐与烦恼，只有这样的平台才能够让学生得以充分锻炼。同时，学生的欢声笑语和喜怒哀乐也丰富了校园生活。

第六，树立了榜样，重在传承。学长学部制以大带小的模式为一批一批的新成员树立了榜样，学部文化因而得到不断更新、改进和传承。

**4. 学长学部制的具体实施**

首师大附中的学长学部制是建立在学校的理工学部、人文学部、创新学部和国际学部基础之上的教育管理模式。学校为了更好地关注学生，能够全方位为学生提供丰富的舞台，保留了传统的班级制度和年级制度。在此基础上，建立了学长学部制。学长学部制主要是三个年级学生混编成三个学长学部(House)。每个学长学部都有固定的旗子、颜色、中英文名字以及学长学部精神。每个学长学部都有两个老师负责，一个是学长学部部长(House Head)，另一个是学长学部助理(House Hand)，具体工作由学长学部部长全权负责。在一年当中，学长学部组织各种活动和竞赛，如万圣节、新年舞会、Spellingbee、学生篮球赛等。每个学长学部都有两个高年级学生作为部长(一名男生和一名女生)，英文名为Prefect，并且根据各学长学部的具体情况设分组长。

以2016级国际部学长学部制为例，学生成立了三个“学苑”。

Joy House，乐群学苑——就如同它的名字一样，是充满欢乐的地方。Joy独特之处在于这是轻松的地方，House活动时会经常安排各种团队游戏或者活动；这是民主的地方，Prefect的选举和活动方案的制定，全部来自House成员的想法；这是团结的地方，每当比赛时，都有同学自愿参加。Joy House从来没有条条框框的制度，只希望所有人在这里都能做最真实的自己，在每一次为House拼搏付出时，都能感受到真正的快乐。

Sparkle House，耀华学苑——蓝色的旗帜代表我们自由的思想，昂首嘶鸣的天马代表我们的激情与智慧。在集会上，我们井然有序，自由发言，风趣演讲；在活动中，我们积极拼搏，集思广益，精诚团结；在庆功会上，我们其乐融融，喜气洋洋，不失纪律。同学们严格遵守 Sparkle law，分成四个小组，纪律严明，由组长带领，良性竞争，成长进步，为 House 集体做出奉献，一步一步，众志成城，团结一心，向冠军走去。

Unite House，志成学苑——我们的目标，是学苑的每个成员携手向前。万圣节中的共同努力，奥林匹克中的团队精神，篮球赛中的齐心协力，Dress Down 中的整齐划一，拼词大赛中的相互激励……每一次活动，每一个项目，我们都重视，执行。在 Unite House 里，没有任何单独一个人是伟大的，是不可替代的，因为我们每个人都是重要的，每个人都有展示自我的平台。正是每个个体的汗水，浇灌出我们独一无二的团队，也正是我们集体的团结，演奏出震撼人心的乐章。Unite 的目标不是争第一，而付出和努力终究会成就我们的第一。

**5. 学长学部制的效果**

学长学部制从最初的策划成立到现在越来越成熟，经受住了考验。每个人除了是学校班级的学生以外，还是学长学部的成员，每个学生个体都得到了充分关注。在这个平台上，每个学生都能不断激发个人潜能，在合作中不断创新，在竞争中不断成长。

下面是来自学生的感悟——

因为 House 成员来自不同的年级和班级，我们开始彼此并不熟悉，House 让我们学会了包容和理解不同的班级文化、不同的想法和行为方式。House 也让我们学会了拼搏，每月一次的 House 比赛，House 的每个成员想的更多的是我要用全力去拼搏！

——学生　孟虞婷

House 比赛对我们而言反而不是三个 House 的竞争，而是在一场场比赛中加深的对彼此的了解和一步步培养起来的深厚友谊，我们最深的体会就是 House 的存在让我们更能感觉中美项目是“Community”，我们是大家庭。House 也让我们发现了更多同学闪光点，因为我们打破了课堂和教室的局限，了解了同学们更多的侧面。

——学生　陈彦旎

House为大家提供了与自己不认识的同学和老师熟识的机会。House多样化的活动极大丰富了我们的课余生活，也给我们搭建了展示自己的更大平台，给了我们更多的机会，同学们的生活因而充满活力！

——学生　马鑫辰

**6. 学长学部制存在的问题**

首先，缺少空间。因为需要三个年级学生重新组班建立，并且定期准备活动，理想情况下需要适合三个能容纳60个人的空间每周定期供各学部搞活动。但因场地问题，为了保证活动质量，只能减少活动数量。

其次，缺少人力。为了迎合学生升学的特殊需要，本校的学长学部制是建立在传统的班级基础上，但又没有充足师资。这样，学部长、班主任、年级长只能全部由一个人承担。因每个人的精力有限，教师投入的精力受到限制。

最后，在活动方面需精益求精。因经验尚不足，从初建学长学部制到现在，我校每年都在活动内容和形式方面不断调整，为追求更好，活动形式和内容仍在不断调整中。

总之，首师大附中做的是关注每一个学生一生发展的教育。学长学部制为学生创造了锻炼能力的更大空间，锻炼能力的更多机会。在丰富学生活动的同时，也点亮了校园文化，是可取的创新之举。

## 二、学生发展指导课程

### (一)学生发展指导课

**1. 开发依据**

高中是人生发展中的重要阶段，是学生个体生理迅速发展的时期，也是人生观、价值观和世界观初步形成的时期；是知识、技能学习和发展的时期，也是为未来学习、工作和生活做准备的时期；是各方面品质的塑造时期，也是心理行为问题的高发时期。鉴于高中阶段的重要性，为了更好地促进高中生的发展，减少发展中可能出现的各种问题，一些发达国家，如美国、加拿大、日本、芬兰、澳大利亚等，以及一些发展中国家，如马来西亚、尼日利亚、菲律宾等，都建立了较为成熟的学生发展指导制度和指导模式。与此同时，大量研究也已证明，学校的发展指导课程对学生发展起到了积极的促进作用。我国于2010年7月29日颁布了《国家中长期教育改革和发展规划纲要（2010—2020年）》，其中的第五章《高中教育》明确指出，建立学生发展指导制度，加强对学生的理想、心理、学业等多方面指导……全面提高普通高中学生综合素质。因此，不论是从国际教育的发展趋势来看，还是从我国政府颁布的政策来看，建立高中生发展指导制度，探讨高中生发展指导的有效模式都已经成为重要而且迫切的工作。

(1)有利于学生科学设计自己的未来发展

孔子有曰："志于道，据于德，依于仁，游于艺。""志于道"旨在人生追求，"据于德"重在德行修养，"依于仁"决不背离人生正途，"游于艺"悠游自在，徜徉于六艺之中。孔子的这四句话揭示出职业生涯就是以终为始的人性之旅。"人尽其能，物尽其用"是现代社会的基本要求。中学时期是学生思考未来、向成年过渡的时期，也是集中构建新思想、新观念，构建兴趣、责任、自我信念及价值观的时期。这一时期青少年有关未来的种种设想与规划，对他们平时的学习行为具有动力性的引导作用。这一时期的青少年又很容易陷入迷惘，若缺乏必要的指导、缺乏以科学方法为依托的理想信念，则很容易在这一成长过渡时期出现情绪波动。为此，《国家中长期教育改革和发展规划纲要（2010—2020年）》中提出"发展指导制度"。这就意味"学生发展指导"作为正式教育命题与国家制度在我国学校教育中取得了一席之地。

我校在设置发展指导课课程之初进行的指导需求调研结果显示，就发展指导的内容需求而言，学生具有一定的认识高度，他们认为发现自身职业兴趣和能力倾向更重要。花季少年都憧憬美好的未来，适时开展发展指导课，可以调动学生对自己未来发展的设想，能够开启个性化学习的引导动力，学生在海量的学习资源前掌握主动性，满足自身学习的需要。中学生应通过对自我的了解，思考自己的理想和发展愿望是什么，处理在实现自己发展愿望过程中遇到的问题，主动探索自己感兴趣的学习主题，为自己的发展承担责任。

(2)“为了每一个学生的终身发展”教育理念的体现

指导是古老的教育方式，在远古时代教育职能尚未分化之时，指导就是成人向儿童提供生活技能和社会经验的重要教育手段。当儿童在生活或劳作中遇到困难或问题，成人自然地给儿童指出解决问题的方向和途径。而概念化的、具有特殊教育职能的现代意义上的“学生指导”则始于19世纪末20世纪初欧美一些国家。现代指导始于职业指导领域。随着实践的积累，人们逐渐认识到，学生指导要在学校中立足，就必须增强其教育性，学生指导的范围由狭义的职业指导拓展到学校的全方位教育，由对学生问题的矫正性指导，发展到将问题排除在其发生之前的预防性指导。由于其只适用于问题学生而受到广泛批评，因此稍后出现了更强调发展性的指导，致力于学生一般能力的增长，强调指导的正面功能，即在帮助学生充分发展的同时增强其应对问题的能力。

当前的高中教育在很多情况下还是比较短视的，以单纯的学业为本，以成绩为目标，没有走出培养学生的传统模式，未能从社会创造的角度规划未来，缺乏对学生创造精神、创造能力的培养，也未能为学生的创造实践提供应有的方便。知是为了行，说到底是为了未来社会的创造。当前，知与行还缺乏统一度，与社会实践严重脱节。这在很大程度上归因于职业规划意识的缺失，学生的学业与职业需求没有做到有机结合。任何人迟早都要踏入社会。着眼于未来社会的创造与发展，这是高中学生人生规划的“应有之义”，着力培养学生的创造性能力亦应成为高中学校教育的“应有之责”。现代社会是创造型社会，相应地，高中生人生规划也应最终以追求社会效能最大化、实现个人创造为目标追求。这必然要求我们调整知识结构，丰富社会实践，课堂上以学生的学习能力、实践能力与创新能力为培养目标，教会学生知识与技能，促进学生主动适应社会。

(3)高中阶段学生积极、全面、多样化发展的需要

高中阶段学生的发展具有其特殊性。一方面，高中生面临升学、就业的巨大压力，高中阶段成为个体心理、学业、生涯困惑与问题的高发时期；同时，这一阶段又是个体心理、生理走向成熟，人生观、价值观形成的重要时期，是个体选择未来方向、走向社会的重要转折。诚然，有针对性的预防措施、干预措施固然重要，但不能忽视高中生发展的多样化需求，应协助他们获得这一发展阶段所需的能力与体验，促进其积极、全面发展。建立普通高中学生发展指导制度正是改变传统心理学重干预轻发展的不足，强调促进学生积极正向发展的必然趋势。

发展指导课可起到为学生的个性发展保驾护航的作用，既面向全体学生加强理想追求、健全心理与终身学习等方面指导，又基于学生的个性倾向差异进行分类指导，对有特别需要的学生进行针对性指导。在理想追求方面，要指导全体学生胸怀大目标，宏伟蓝图始终置于心中。在成长的道路上，传统的指引会告诉学生“现在应该怎么做”“多少分可以考进哪一类大学”，仅仅确定了一条以分数引导学生今后人生的路径。但是，从心理学角度出发，更好的指引以及绘制理想追求的蓝图应该包括注释当下所有生活、体验、学习等的意义，标注重要节点和未来去向。全体学生通过自我判断和选择，明确“我到底要去哪里，我现在在哪里，我喜欢去哪里，哪里更适合我”。同时，学生自我选择，个性发展的主动性就更能调动出来。

学校应对学生进行分类指导，关注学生的个性心理变化，跟踪并指导每个学生的学习发展；同时，结合学生的兴趣差异，提供不同学习资源，进行有侧重的指导。学校结合对每个学生发展意识、能力、兴趣等状况的探查，设计并实施分类及个别指导方案，包括中学生对人格与职业发展的自我分析，中学生“倒叙式”了解未来职业、大学专业、中学学习的各项要求等，学生能够最终实现充满激情与热情的个性化学习生活，朝着理想目标迈进，点燃自我认识、自我管理、自我教育、自我发展的热情。

## 2. 课程设置

(1)课程团队的组织与建构

这是新开发的课程，涉及领域广泛，设立专职教师任课难以实现课程目标。为了更好地实施，我校组建了学生发展指导课教师研发和授课团队。校长亲自挂帅，科研室主任主要负责，以发展力为核心，组建了以领导力、创新力、学习力、健康力、规划力和文化力为主要方向的课程团队。由不同学科、不同部门的任课教师共同承担授课任务，必要时还外聘专家授课和指导(表 7-1)。

**表 7-1　学生发展指导课程团队**

| 核心力 | 内容 | 负责人 | 课程设置 |
|---|---|---|---|
| 发展力 | 领导力 | 王玉娇 | 时事、军事、演讲与口才 |
| | 创新力 | 丁伯华 | 研学、思维训练 |
| | 学习力 | 李军华 | 学法指导、网络信息、时间管理 |
| | 健康力 | 李雅红 | 心理健康、健康生活、安全、生存教育、生命教育 |
| | 规划力 | 张　剑 | 自主招生、大学专业介绍、职业体验、成功之路 |
| | 文化力 | 李军华 | 礼仪、国学、表演艺术 |

(2)课程师资人员构成与课程方向(表 7-2)

**表 7-2　学生发展指导课程部分师资力量与课程方向**

| 姓名 | 学位 | 职称 | 岗位 | 课程方向 |
|---|---|---|---|---|
| 李军华 | 硕士 | 中学高级 | 教科研主任 | 创新力、学习力、规划力、文化力 |
| 郝艳丽 | 博士 | 中学一级 | 教科研秘书 | 健康力、文化力 |
| 张　剑 | 学士 | 中学二级 | 教务处招生工作 | 规划力、文化力 |
| 王文鹏 | 学士 | 中学一级 | 德育主任 | 规划力、领导力 |
| 李雅红 | 学士 | 中学一级 | 心理教师 | 健康力 |
| 王玉娇 | 学士 | 中学二级 | 德育秘书 | 领导力 |
| 孙　丹 | 学士 | 中学高级 | 体育教师 | 领导力 |
| 石　泉 | 学士 | 中学一级 | 音乐教师 | 文化力 |
| 万璐璐 | 学士 | 中学一级 | 美术教师 | 文化力 |

(3)课程内容

第一，规划力课程。规划力培养方面，教师以引导学生顺利度过初中到高中的过渡期，并在如何进行高中阶段短期和长期规划方面进行指导。学生通过九年义务教育，已经具备了初步判断自身条件、优势、兴趣、特长的能力。这样，教师对学生施以人生规划教育，对其今后自身发展能起到导航灯塔的作用，并切实使之内化为学习、生存的能力——“规划力”。为此，我们设计了规划力课程。

一是积累与发展系列。通过近年来高三学生在总结高中生活、自身发展历程、选择院校和专业方面遇到的种种问题，我们指导学生在三年生活中注意自己点点滴滴的变化，从中提炼出自己个性发展和特长方面的成果。

二是专业介绍系列。学生对学科的认识一般是停留在语文、数学、物理、生物这种简单的层面上，认识比较粗糙，理解比较宽泛。通过选取一些院校专业的课程列表，帮助学生从中分析相关专业，教师引导学生在高中阶段及早确定自己的兴趣点，并制定具体的长短期学习目标，为实现未来的专业梦想打好学科基础。

三是院校介绍系列。许多学生和家长都根据分数选报学校，其实，不管分数高低，每个院校的毕业生在就业、考研、专业发展、出国留学等方面都各有优势。这种区别实际影响到学生以后的职业生涯发展和规划。院校介绍系列课程对于院校特色、学生毕业后发展前景的介绍有利于学生和家长走出误区，选择适合的院校和专业。

四是文理分科指导。一方面，多年的重理轻文，即所谓“学好数理化，走遍天下都不怕”的观点不断蔓延；另一方面，许多在物理、化学、生物等理工类学科学习方面有困难的学生“改投”文科阵营，期冀通过“死记硬背”的方式来取得分数。但是，随着文科考试越来越灵活，这种“死记硬背”的路子也越走越难。学生选择文理分科时，还是要依据自身条件优势。

五是报自主招生学校指导。近几年高校自主招生工作开展得如火如荼，逐渐成为高考升学体系的重要辅助和补充。尤其是日后高考将缩减各项照顾加分和保送政策，学生的特长如何体现、信息如何有效地提供给高校、给学生以更多的机会将成为我们研究的主要问题。现在，教育部对于自主招生的调控趋势越来越明显，即甄别学生的学科特长，突出其学科能力，规避高考带来的一定程度上的总分选拔策略，为适合学习特定学科的学生提供升学帮助。我们认为这是基于学生自身特点开展的生涯发展活动，因此，在高二年级时便有计划、有针对性地对学生进行报自主招生学校指导。

六是志愿填报指导。在高三阶段，学生需要借助自己期中、期末、一模、二模等考试成绩来确定自己如何填报志愿，还需要对填报政策、录取政策等方面的细节加深理解。在这种关键阶段，我们尽可能提供以往事例、资料来为学生指明方向。

七是职业体验指导。我校借鉴日本中学生的职业体验教育模式，对学生进行职业体验教育。所谓职场体验，就是学生通过到事务所等职场参加劳动，进行职业体验，了解工作实际，并与劳动者接触的学习活动。实行职场体验的目的是使学生体验得更加深刻，加深与用人单位的人际交往，促进对劳动光荣、愉快而艰难的理解等。

总之，我们希望规划力的相关课程能够帮助学生做好初高中衔接，尽快适应高中学习，根据自己的优势选择文理，并通过了解自招、报考等为大学及未来的职业选择做好铺垫。

第二，领导力课程。根据我校学生的具体情况，我们把领导力的构成归结为洞察能力、决策能力、组织能力、和协调能力四个方面。为了培养学生这四个方面的能力，我们设置了如下课程。

一是实践课程。在理解领导力概念的基础上，开设领导力实践活动是非常必要的，比如通过军训、运动会、歌咏比赛、才艺展示、野外拓展训练等各种活动，培养学生的领导能力。我们通常注重培养少数学生干部和优秀学生的领导能力，但是领导力的培养仅仅停留在少数优秀学生身上是不够的，应该面向全体学生，以其作为学生的重要素质予以重视，让学生意识到自身潜在的领导能力，并通过实践活动教会学生如何更好地在中学阶段发挥自身的领导能力，切实增强自己适应未来社会的能力。

二是军事讲坛。在领导力的培养方面，我们不仅聘请国防大学教官进校讲解百年航母、陆战新思维等课程，还充分挖掘本校教师的资源，比如，体育组开设军事讲坛，讲解飞机、枪支等方面的知识，帮助学生了解武器发展的历史，了解我国和世界其他军事强国的武器研发状况。

三是时事风云。针对变化莫测的时事风云，我校政治教师给学生开设了时事风云系列课程，帮助学生分析有关国家现状及我国的应对措施。

四是演讲与口才。为了培养学生的口才，我们主要聘请语文组的特级教师等骨干教师，专门开设演讲与口才系列课程，并通过演讲比赛等形式激发学生参与的积极性。

五是模拟招聘。领导者具备慧眼识英才的能力非常重要。为此，我们通过模拟联合国、学生公司、模拟招聘等课程及活动调动学生实践领导力的培养。模拟招聘不仅让学生了解应聘流程，为将来求职做好准备，还注重培养学生鉴别人才的能力，为将来在工作岗位上担任领导工作打下一定基础。为了给学生提供培养领导力的更好平台，我们带领学生进入世界500强企业考察和实习，邀请知名企业招聘部门领导指导模拟招聘。

第三，创新力课程。自2012年实施自主课程实验以来，我校“发展指导课程”研究小组一直致力于研究挖掘创新、创造和创造力的本质内涵，并结合学校的教育教学实际，力求在创造力培养课程上有所突破，最终落实在我校创造力培养课程体系中。

一是传统课程中的创造力培养。任何课程都可以注重对学生的创造力的培养，包括语文、外语、数学等传统课程。教师如果注意到创造力的重要并能正确理解如何保护和开发学生的创造潜力，那么教学的内容只是载体，不同学科的教学设计都可以有让学生发挥其创造力的空间。所以，广义上任何传统课程都可以包含对学生创造力的培养，都是创造力课程的一部分。

二是创造性课程中的创造力培养。创造性课程通常包括科技类课程，设计科学作品，进行科学实验，创作艺术品或进行研究性学习等。学生结合自己所学知识充分发挥自己的创造力完成预设任务。在此过程中，教师注重学生充分发挥想象和个性去完成预设目的，鼓励学习成果的新颖性。教师通常只给予方法和方向的指引，并不直接告诉学生具体答案，给学生留有足够的空间去创新探索。

三是创新思维训练课程。这类课程通常在于训练学生思维的灵活性、发散性和新颖性。教师通过经典的创造性案例分析和思维训练的头脑风暴等形式强化锻炼学生的思维方式，力求打破思维定势，让学生体会创新的内涵，加深对创新精神的理解，提高个人的创新素养和创新能力。

在创新力培养方面，我校已从理论上对学生进行了科技小论文撰写的指导，以后将从实践角度出发，加强学生的创新思维训练，创办创新思维野外生存训练营，并建设专业教室，聘请大学教师进行一对一指导，鼓励学生进行机器人制作等创新科技活动。

第四，学习力课程。在学习力方面，为了更好地对学生进行学法指导，我校购买了大量有关学法指导方面的书籍，鼓励本校教师随时总结教学经验，以案例的形式汇报和交流，及时总结如何培养拔尖创新型人才。学习力很重要的一部分是让学生加强计算机知识和网络知识的学习。为了让学生跟上时代的步伐，我们建设了计算机专用教室，聘请专家等校外专业技术人员促使学生更新计算机知识和网络知识。

一是语文学科。语文是每人都受用终生的基础学科，其知识和能力并不只存在于课本或课堂，生活中，语文无处不在。我们的语文学法指导从了解北京文化入手，告诉学生如何夯实语言基础，拓宽视野，以举例的形式告诉学生如何提高古文阅读能力和诗歌鉴赏能力，并引导学生关注时事，把握时代经纬，最后强调时文阅读和坚持素材积累的重要性。

二是数学学科。数学是研究空间形式和数量关系的科学，是刻画自然规律和社会规律的科学语言、有效工具。数学学法指导先从高中知识入手，讲解高中数学知识的三条线索——代数、几何和概率统计。再从学会听、学会看、学会问、学会做、学会讲五个方面讲解高中数学的学习特点。随后对高中数学学习内容进行系统的梳理，分析高中数学与初中数学的联系与区别，着重讲解如何进行预习，如何记笔记，如何整理笔记和如何养成良好的数学学习习惯。

三是英语学科。学习英语需要持之以恒的精神和认真的态度。英语学法指导从创设问题、带学生看名人演讲视频入手，帮助学生了解积极学习的意义，提升责任意识；接着，以高考句型为例，指导学生如何通过上下文找前后关联的技能；最后，通过往届优秀学生的笔记、关系图、读书心得和表演视频等，指导学生如何进行《典范英语》的阅读，告诉学生如何通过小阅读扩大词汇量、提升阅读速度、梳理语法知识、积累好词好句、揣摩作者意图、梳理人物关系，通过写作发散创新思维能力。

四是物理学科。实验是物理学的基础，逻辑学和数学是物理学研究的工具。高中物理学是以牛顿力学体系为基础的，渗透量子与相对论观点，包括运动学、动力学、电磁学、热学、光学和原子。物理学法指导从高中物理学习内容出发，对初高中物理学习的异同加以分析，以缓解学生的畏难情绪。接着从方法论谈起，总结高中物理学习的一套方法、两种观点、六个规律和多种模型。最后以“知识成网，方法成套，习题成精，立规成习”十六字箴言总结高中物理学习的真谛。

五是化学学科。学生在初中阶段只学过一年化学，高中化学学法指导从初高中化学学习的异同入手，帮助学生进行分析，关注高中化学学习的内容。接着以经典实验为例，帮助学生了解化学实验，并从生活中有趣的化学现象入手，激发学生关注化学的兴趣。最后从如何听讲、如何记笔记、如何进行化学知识梳理、如何做好化学实验、如何巧记化学方程式和化学实验现象等方面进行学法指导。

六是生物学科。生物科学是自然科学的基础学科，是研究生命现象和生命活动规律的科学，是与人类生活关系最为密切的自然科学。生物作为21世纪的领先学科，当今世界面临的许多重大生态问题都与其有着直接关系。因此，高中生物学法指导从学生的实际生活讲起，引导学生关注日常饮食和卫生保健，如合理膳食、计划免疫、预防心血管疾病和艾滋病、科学用脑、促进身心健康发展等，激发学生学习生物的兴趣，并针对初高中升学学习的内容和特点进行分析，对学生如何梳理生物知识关系图、如何进行联想记忆、如何进行生物实验等方面进行学法指导。

第五，文化力课程。在文化力培养方面，我们开设了视觉艺术、表演与展示等课程，并从礼仪、国学等角度进行了拓展。在礼仪培训方面，我们还从茶道、服饰、女红等多方面、多角度请专业人士对学生进行培训。课程设置如下。

一是大剧院零距离。以《大剧院零距离》片头作为导入，告诉学生如何当观众。接着分析不同艺术形式对表演场所的要求也不尽相同，让学生思考歌剧院、音乐厅、戏剧场在造型上非常重要的共同点及设计目的。随后从一般欣赏礼仪入手，帮助学生了解欣赏礼仪的基本常识，包括入场时间、穿着、拍照、手机、鼓掌、叫好等注意事项。最后播放歌剧、京剧、交响乐等经典片段，推荐经典剧目，总结做合格观众的核心是“将自己融为艺术的一部分”。此课程普及了相关音乐知识，培养了学生欣赏音乐的素养，激发了学生对于音乐学习的兴趣。

二是培养审美的眼睛。此课程为高中美术鉴赏模块的开篇，对以后的学习具有指导意义，内容围绕美术鉴赏、鉴赏的过程及鉴赏的意义等问题展开教学，有助于明确学习内容和学习意图，增强学生的学习情趣，便于以后教学的开展。本课程采用师生互动的教学方法，设计问题串引导启发学生对每一件作品进行感受、质疑、研究、分析、讨论、评价、总结。选择典型的或学生喜欢、熟悉的作品，借助于参考资料，加深理解和感受，通过小组讨论，做出评价，师生共同总结鉴赏的基本方法。通过本课，学生可以了解美术、鉴赏等专业词汇的含义，掌握美术鉴赏的过程。在教师的指导下，学生能正确区分美术门类，学会运用美术鉴赏的一般方法分析鉴赏美术作品。学生还可以明确学习美术鉴赏的意义，产生对美术鉴赏的兴趣。

三是诸子补遗。先秦时期中国思想界大为繁盛，《汉书·艺文志》对此有“九流十家”之说。此课程从国学的角度，分析了何为“九流十家”，介绍了先秦哲理散文概况，以儒家、墨家、道家、名家、法家、杂家、农家、阴阳家等代表人物和经典作品为例，引领学生初探国学一隅，进一步了解我们熟悉的孔子、墨子等人物及其代表作，初步接触我们不太熟悉的其余各家的思想、论述和著作。此课程有助于学生了解春秋战国之际的社会变革，文化的下移和士的崛起，诸侯并争的局面和养士用士，处士横议与百家争鸣的出现。

四是礼仪。礼仪是在人们生活和社会交往中逐渐形成的，人们可以根据各式各样的礼仪规范，正确把握与外界的交往尺度，处理人际关系。如果没有这些礼仪规范，人们在交往中往往会感到手足无措，乃至失礼于人，闹出笑话。所以熟悉和掌握礼仪，就可以做到触类旁通，待人接物恰到好处。此课程从周恩来和赫鲁晓夫在公共场合的不同礼仪表现对比入手，分析了文明礼仪的重要性和意义。接着以程门立雪、张良拜师、曾子避席、孔融让梨、千里送鹅毛等中国古代经典礼仪故事，展现中国悠久的文明礼仪。最后结合现代中西文化差异，讲解西餐、喝咖啡、拆礼物、homestay、请客和做客等方面的注意事项，对于学生关注日常礼仪、关注中西文化差异，都有很深远的指导意义。

五是学会感恩。感恩是每个人都应有的基本道德准则，是做人的起码修养，也是人之常情。感恩是生活态度，是美德。对广大青少年来说，感恩意识绝不只是简单回报父母的养育之恩，而是责任意识、自立意识、自尊意识和健全人格的体现。因此，学会“感恩”，对于现在的孩子来说尤其重要。此课程首先引发学生思考“我们为什么要感恩”，阐述感恩的意义和重要性。然后以对父母感恩为例，引发学生思考“我们应当感谢谁”。最后引导学生制订感恩计划，进一步加深对“感恩”两字的理解。此课程有助于帮助学生学会知恩，理解父母的养育之恩、师长的教诲之恩和朋友的帮助之恩。学生学会“感恩”，懂得尊重他人，可以更好地弘扬传统文化。

第六，健康力课程。在健康力培养方面，我们开设了情绪调整与积极心态等方面的心理指导，计划开展生存教育、生命教育、健康与生活等方面的指导。为了让学生在实际生活中提升健康力，我校购买了相关的安全设备、防火器材、自救器械、药品等，带领学生进行安全避险演习，并通过系列小实验帮助学生提升健康生活意识，为了进一步固化学习效果，我们还带领学生进行野外生存训练。课程设置包括三项。

一是认识你自己。学生从初中升入高中，面临陌生的环境、陌生的老师、陌生的同学，在许多方面都难以适应。高中时期正是自我意识发展的关键时期，正确认识自己、合理评价自己对每个高中生来说都是至关重要的。健康力第一讲围绕“认识你自己”展开，帮助学生了解自己，了解高中生活，及时调适自己的心理，尽快适应高中生活。此讲从观看flash《生之恋》导入，引导学生思考问题：这颗种子为什么之前懵懂失落但是最后欢腾雀跃呢？总结后让学生思考“我是谁”，在纸上完成20个“我是”的句子，告诉学生个体对自我的认识应该持有全面、深入、悦纳的态度，要正确认识自己，客观评价自己。最后以分享《外面没有人，只有你自己》作为总结。

二是改变自我形象。自我形象好赖是人能否过上更好生活的关键因素。人的行动、感觉、行为，甚至能力都与这种自我形象是相一致的。人会按照自己心目中对自己的印象来做事，不能做违背自我形象的事情。觉得自己是失败类型的人，尽管有良好的意愿，很强的意志力，甚至机会从天而降，也会想方设法失败。自我形象是可以改变的。此课程从“乌鸦和乌龟”的游戏入手，帮助学生画出自画像，帮助学生从心理学角度分析自画像，了解自己的特点，认识到自我的与众不同和独一无二。此课程有助于学生了解人要想改变自我形象既不早也不晚，只要想改变，就可以开始新的生活。

三是生命与生存。生命是生物体所表现出来的自身繁殖、生长发育、新陈代谢、遗传变异以及对刺激产生反应等复合现象。生命是生物的生长、发育、繁殖、代谢、应激、进化、运动、行为、特征、结构所表现出来的生存意识。此课程以《生命从哪里来》视频导入，帮助学生了解一个生命的诞生。生命是短暂的，所以值得我们珍惜。根据马斯洛需求层次理论，安全是人类生存最基本的需求，所以此课程围绕“学习安全知识，提高防护意识”展开，从生活中影响我们生命的不安全因素谈起，以生活中惨痛的交通事故为例，告诉学生注意交通安全，并讲解面临火灾、地震、踩踏、恐怖袭击等威胁生命安全的突发情况时的求生技巧，最后提示学生关注生活中的安全隐患。

**3. 课程效果**

自 2012 年开课以来，在沈杰校长的大力支持和李军华主任的精心组织下，经过教师团队的努力钻研，我校的“发展指导课”已经越来越成熟，逐步成为独具特色的课程，越来越受到学生的关注和欢迎。

(1)学生的作品

学生发展指导课以教师讲授、学生活动为主，其中也有一些课程需要学生动手。比如，在上完创新力课程“创意无限——一张 A4 纸的魅力”后，学生充分发挥自己的想象力，制作出非常精美的纸艺作品(图 7-1)。

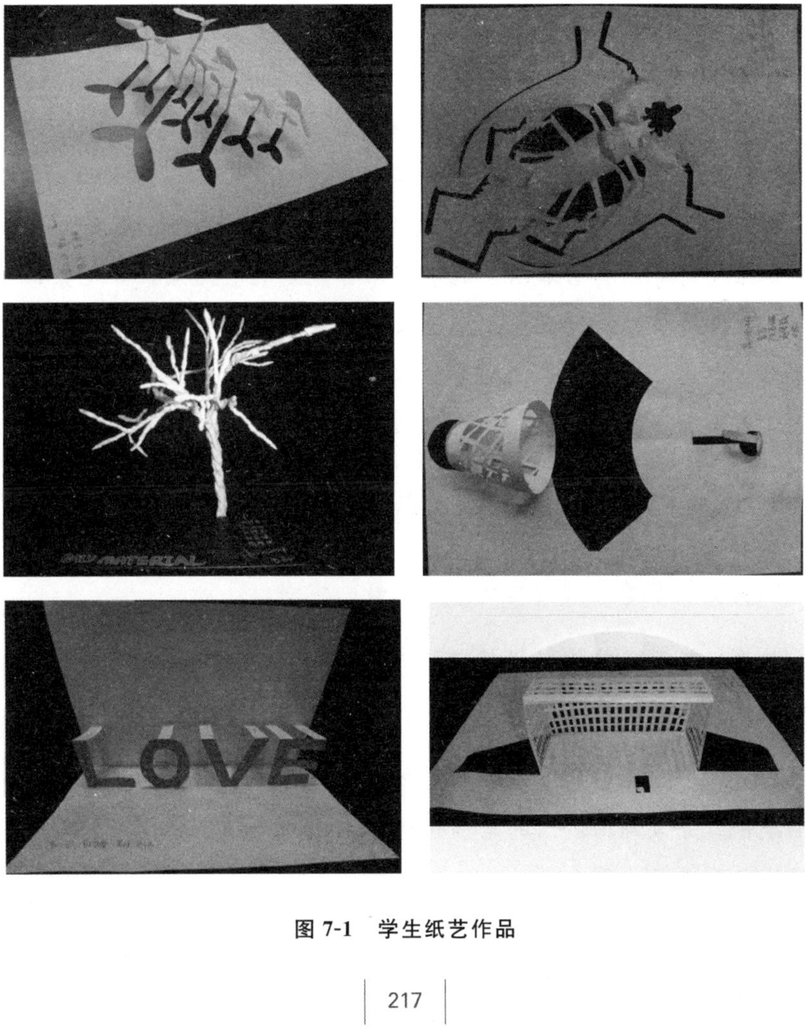


**图 7-1 学生纸艺作品**

**图 7-1　学生纸艺作品(续)**

这些纸艺作品要求学生只能用一张 A4 纸创作，而且要体现立体感，所有剪裁的部分都不能丢掉。从这些作品可以看出，学生的想象力是无限的，只要给空间，他们就能够用自己的头脑，用自己的双手，创造出令人意想不到的全新世界!

(2)学生的收获

几年的探索与钻研，我校的发展指导课已是日臻成熟，越来越受到学生的关注，学生也有了不少的收获和感想：

我认为发展指导课最大的意义是我们可以从纷繁的学业中跳跃出来，关注或思考一些书本以外的事情，可能是某些热点社会现象，可能是今后的人生规划，也可能是健康人格的培养。这些都使我们的教育真正开始向素质教育转变，使我们的教育真正对准了人生这个目标，而不是仅仅高中三年。

我认为这些课对我们非常有益，是学校校本课程的典范。这些课不仅提升了我们的修养，而且为我们拓展了眼界，我们对于未来的发展及人生的线路都有了更清晰的认识和更好的规划。

本课程不同于其他课程奠定知识基础是目的，而是旨在培养学生的人生观、价值观，确立长远目标。

不拘泥于传授学科知识，而是教授学习方法，培养生活兴趣，提高人生修养。每节都由不同的老师讲课，不同的老师带来不同的看法，从不同的方面进行讲解。

发展指导课，作为首师大附中的特色课程，具有显著的特点。这门课脱离了课本知识的束缚，目光聚焦在学生的发展上，拓展了学校教育的广度和深度，体现了学校教育更大的价值和意义。我印象最深刻的一节发展指导课是物理老师所讲的。丰富的资料和深入的思考真正启迪了智慧，开发了学生的自主思维。

(3)教师的成长

在开发和打造学生发展指导课的过程中，教师团队不仅带给了学生具有首师大附中特色的全新课程，还充分发挥了自己的特长，挖掘了自己的潜能，从不同层面有所成长，教师团队逐渐成熟。

通过两年的教学，第一，我坚定了把课堂还给学生的课改理念。自己的教学过程经历了这样的过程：由满足于在学生积极配合下自己圆满完成教学任务，到适当放开手脚，学生参与完成部分课堂任务，再到“时事风云”课上学生成为主体。教师只充当启发者、引导者。这样的课堂学生成为思考问题、解决问题的主角，成为真正意义的发现者、探究者、创造者。他们在思想相互碰撞中学习，在生动活泼、富有个性特色的辩论过程中取长补短，不断进步，课堂因而焕发出无限的精彩和活力，学生的潜力和智慧不断激发出来，课堂还给学生的课改理念我更加坚定了。

第二，我提高了在课改理念指导下把控新课堂能力。要成为好的启发者和引导者，要实现课堂真正地还给学生，要实现课程的教学目标，让学生在课堂上思维自由驰骋又不越界瞎跑，教师就要找准关键的环节和重要的节点。这就需要逼迫自己去学习，不仅课前要充分了解课堂可能涉及的时事问题，而且要了解学生的关注点、兴趣点和思维特点，学会应对学生的刁钻问题。在这个过程中，我的业务水平和教育教学都得到了提高和发展。

——金晓莉

本人负责我校发展指导课“规划力”和“文化力”部分内容。共约六讲，6～8 课时。

“规划力”主要是结合近几年在高考招生考试工作中发现的一些问题

展开的。比如，我们经常看到一些学生和家长对学科专业的意义存在误解，一些专业要学习的内容或者有联系的学科张冠李戴。又比如，很多学生和家长没有人生规划的意识，甚至到了填报高考志愿的时候都不了解相关专业。

因此，我准备这一部分内容的核心思想就是贴近实用、指导性强，坚持做到“授人以渔”，通过多次课程，由浅入深地设计：先引起学生对相关问题的思考，然后提供一些可以很方便查到的案例，引导学生分析，鼓励其自主查阅资料。之后，剖析比较大学学科专业的联系与差别。到高二第二学期以后，就学生开始关心的自主招生、招生录取制度等问题进行讲解和梳理。

在准备课程的过程中，我收到不少来自周围老师的建议，如选取一部分有特色的高校或专业，在课上用几个专题介绍。我最终没有采纳。为什么？我想，学生的人生是其自己规划、造就的，我们可以针对单独的学生，帮助其发掘适合的专业或大学，但是不能在大课堂上进行统一的、均质化的普及与介绍。如果对着一个班的学生介绍几个大学或专业，介绍的内容很可能无法获得多数学生的关注，这样的课堂效率是很低的。所以我坚持引导、要求学生自己去查阅资料，认真分析自身特点，从而选择适合自己的专业。尤其是与家长意见相左时，更需要学生用清楚、认真的分析去与家长探讨自己的人生。

准备课程的时候经常会涉及一些政策性内容，虽然与我日常在教务处的工作紧密相关，但是遇到需要精讲的内容时，我仍需要更仔细地剖析文件原文。在备课过程中，我多次与校友或相关部门老师探讨讲课内容，所以备课的过程对我的业务水平起到了很好的提升作用。

而对于“文化力”课程内容，我考虑到学生平时在社会上、生活中、学校里接触到的语文知识中“国学”类的内容很成体系，而且会较为集中在儒家等“传统的”“主流的”内容上。于是我就着手准备了一些学生“不太熟悉”又与他们生活能相联系的内容，向他们介绍了“墨子和墨家学派”的一些内容。除了前述原因外，我还认为墨家的一些理念、一些人物的事迹，能感染人，能影响人，能打动人，给予人“正能量”，如墨家巨子孟胜为义而死、腹朜大义灭亲等事迹。备课时我都潸然泪下，每次讲课时，我更是心潮澎湃，我与学生的心灵在学习文章、故事的同时得到教育和净化，我想这是教育带给我们的非常重要和宝贵的意义。

——张　剑

同学们要养成良好的学习习惯，勤奋的学习态度，科学的学习方法，充分发挥自身的主体作用，不仅学会，而且会学，只有这样，才能取得事半功倍之效。

彩虹总在风雨后。多一分耕耘，就会多一分成功的喜悦；多一分拼搏，就会多一段辉煌的人生！我期待，期待同学们硕果累累的收获。我自豪，自豪同学们以坚韧不拔的求索和拼搏托起了首师大附中的昨天和今天，凝聚起首师大附中的精神。我也坚信，你们今天生活在四维空间中，明天必定成为N维空间的主人。

《礼记》强调，学习要“博学之，审问之，慎思之，明辨之，笃行之”。我愿以此与同学们共勉！

——韩新生

本课程的设计基本遵循由浅入深、由表及里的思路，能够符合学生的认知水平和思维特点，设计结合了很多经典内容，比如《论语》《孟子》《韩非子》《说文解字》《史记》《礼记》等，引证较为丰富，思路较为清晰，也为以后备同样类型的课积累了一定经验。本课程当中也存在一些令人困惑的问题，比如，由于对古代经典文本不熟悉，学生可能对文本的理解程度并未达到预期，如何能够在教学中提高效率值得考虑。本课程涉及交友，如何更贴近学生的生活，调动学生已有的生活体验值得思考。还有就是课程的内容涉及较多，在一节课中呈现，还需进一步删减，这就需要做好取舍，突出主题。

——刘　跃

发展指导课作为我校列入课表的特色校本课程，由好几个教师共同教授，教师团队来自几个年级，拥有不同的学科背景。在整个课程的开发和实施过程中，为了一个共同的目标——更好地实施“发展指导课”，大家通力合作，不断钻研，不断改进，既发挥了自己的学科优势，又根据课程设置的需求去学习新领域的知识。可以说，教学相长在这里得到了最好的体现。

——郝艳丽

## (二)学生活动课程

### 1. 设计思想

学校长期坚持开展各类特色教育活动，并纳入德育课程体系，逐渐形成了具有首师大附中特色、异彩纷呈的系列教育活动。系列活动从理想信念、个性发展、初中活动课程、志愿服务、国际理解、艺术创新等多领域、全方位提升学生的综合素质，促进学生全面发展，成德达才。

### 2. 课程案例

(1)信念传承

#### “一二・九”远足

纪念“一二・九运动”学生远足活动一直是我校加强对学生爱国主义教育的重要传统活动，连续举行 30 年，从没有中断。师生始终保持浓烈的爱国情怀，传承坚定的理想信念，远足已经成为首师大附中学生引以为傲的品牌教育活动。

我校每年都组织高一学生从学校出发，徒步 18 公里前往香山樱桃沟“一二・九”纪念亭，途中设置了定向识图越野、历史知识闯关问答等环节，并在纪念亭前开展演讲比赛、重温入团誓词等主题团日活动。

特别是演讲比赛环节，在顶风冒雪徒步 18 公里之后，学生激情依旧。我们设置了“历史图片瞬间”系列演讲，各班演讲主题不一样，但是其中有内在联系，比如学生演讲的主题从“九・一八”“一二・九”，说到七七事变、百团大战，从新中国成立初期极度困难情况下取得的抗美援朝胜利、两弹一星伟大成就，又说到新时期中国经济取得飞速发展跃居世界第二，举办奥运盛会。学生的系列演讲，历史脉络更清晰。学生更清楚，这一系列伟大变化和成就均是在党的领导下取得的。再联系到当前东海钓鱼岛、南海问题等，学生热爱党、热爱祖国的信念更加坚定。

在“一二・九运动”爆发 80 周年，也是我校连续举行纪念“一二・九运动”学生远足活动第 30 年之际，校团委、教育处组织开展了“担青年之责，承家国之情”系列教育活动。通过板报展示、演讲比赛、主题讲座、视频回顾、纪念大会、十八公里远足等，青年学生的爱国热情因而迸发出来。

面对中国两个一百年的奋斗目标，面对中华民族的伟大复兴，引导青年学生向前辈学习，做出正确的人生选择，是本次“一二·九”系列教育活动的现实意义，也正是引领学生践行社会主义核心价值观的具体体现。这项活动在校内校外反响强烈，社会各界高度赞扬。中央电视台“新闻联播”“朝闻天下”等栏目，教育部官方网站当天均以头条新闻播报，《现代教育报》、网易、搜狐等多方媒体对我校“一二·九”远足30年活动进行了跟踪报道。

(2)个性发展

### 学生社团

在首师大附中日益开放创新、包容并蓄的校园氛围中，学生的个性发展越来越多地受到重视，一批天赋异禀、志趣相投的学生，在自己擅长的领域，不断积累，不断挑战自我，发展出众多优秀的、风格各异的学生社团，造就了一批追梦者。

学校多年来坚持鼓励学生的个性发展，培育一大批学生社团。这些社团大致可分为科技创新、文艺特长、兴趣爱好等多种类别，包括有谜题社、爱乐林、街舞社、民乐社、动漫社、汉服社、考古社、演讲社、辩论社等。

他们在成达厅的舞台上释放光芒，在正志厅的讲台上慷慨激昂，在各领域都取得了令人惊叹的成绩。例如，演讲社连续承办两届北京市高中生演讲联盟决赛，组织了全市数十所中学、数百名学生选手参加。演讲比赛活动本身也是赛制新颖，题目寓意深刻，选手表现优异，得到了社会各界的高度关注和赞许。

(3)活动课程

### 科技与艺体课程

为增强学生动手实践能力，学校在以往的课程基础之上，进一步丰富完善初中阶段开设了科技、艺术、体育等方面共40余门活动类选修课程，两个学期共组织1200余人次以选修的方式参与到各类活动课程之中。其中，模拟飞行、机器人制作、书法、火绘艺术、配音、扎染、足球、跆拳道等课程，深受学生喜爱。学生在各类活动课中，探寻科学知识，培养动手实践能力，发展团队协作精神，陶冶艺术情操；在课堂之外开阔了视野，全面发展了自身的综合素质。每周二、周三下午的初中课外活动课时间，操场、专业教室、各场馆，学生热情参与的身影活跃在校园的每个角落。

学校以课外活动课程为契机，进一步丰富完善了选修课程体系。校外许多优秀教师甚至非物质文化遗产传承人也加入活动课程之中。学校为学生的全面发展提供了完善的平台，因而得到学生家长的极高评价，家长满意度接近100%。

(4)志愿奉献

## 志愿服务

志愿奉献精神，是当代学生应当具备的基本素质。首师大附中在校内外开展了丰富多彩的志愿服务活动，促进学生全面发展，在实践中锻炼提高，奉献社会。

我校历来都非常注重培养学生志愿奉献的精神，鼓励学生服务于社区，尽己所能服务于社会。众多学生志愿者活跃在校园内各重大赛事活动场所，活跃在校外的各类志愿服务岗位上。他们用灿烂的微笑、礼貌的举止、周到的服务，展现出附中人的坚守与担当，赢得社会各界尤其是媒体的高度赞誉。

在校内，图书馆的百余名学生志愿者，参与馆藏图书和“书香校园”的图书摆放，保证了书籍的开放流通，引领校园阅读风尚。在学校的倡导下，全校各班级专责负担实验室、公共教室、阅览室等众多公共区域的环境清扫。

面向校外，爱心捐赠活动、科技馆志愿者服务、春运地铁站内服务等，学生都积极响应。此外，很多班级也开展各类志愿奉献活动，学生在养成奉献他人、服务于社会良好品质的同时，更加关注社会，了解社会。七年级学生走进温泉镇敬老院，清理环境，整理花草，陪老人欢度元宵节。八年级学生走进社区，清洁公共设施，居民表演节目。高中某班学生与打工者子弟学校学生联欢。高中文科班学生，利用外出社会实践的机会，走进成都山区窑房村小学，为留守儿童送上温暖。吴悠、景凡芮、夏雨萌等同学，连续三年到远在西部的宁夏残联康复中心志愿服务。宁夏残联康复中心致我校的感谢信说："……感谢学校和老师培养了一批有爱心、有责任心、勇于担当的优秀学生。他们无私的爱心、默默奉献的志愿行动，像明媚的阳光照耀我们康复中心几百名残疾儿童，我们温暖而感动。"

首师大附中努力通过志愿服务活动，让学生在实践中体察责任，在奉献中体验快乐。

(5)国际理解

**模拟联合国**

我校模拟联合国协会成立于2007年，志在培养具有国际视野、关心世界的优秀附中人。协会的特色是以选修课的形式，外聘专业教师授课，以选拔新人、体验模拟联合国会议等形式，丰富学生的知识面，锻炼学生的英语口语表达能力，开拓国际视野并培养批判性思维能力。同时多次召开校内模拟联合国大会，或组织校级模拟联合国交流活动，大大提升了学生的能力和信心。特色之二是定期参访驻华大使馆。我校与不少大使馆都保持友好的联系。我们带领学生参访了土耳其大使馆、阿联酋大使馆、新西兰大使馆、赞比亚大使馆、斯洛伐克大使馆、墨西哥大使馆等。

协会近年来多次主办或承办模联会议，承办并参与了未来之梦高中生模拟联合国大会、北京大学全国中学生模拟联合国大会等诸多会议。

(6)探索创新

**原创音乐剧**

我校多年来长期坚持艺术教育的普适性、创新性。在每年一度的"春之声"合唱节中，充分发掘学生的艺术才华，在高中开展形式多样、创意无限的合唱比赛活动，在初中开展原创音乐剧活动，鼓励学生自编剧本，自导自排，自己演出，合唱节成为学生最喜爱的活动。音乐剧的创作和编排，需要充分运用学生所学，不仅仅是音乐，还包括朗诵、表演、舞蹈、灯光等多种艺术形式，是考验学生综合素质的艺术活动。在学生自编、自导、自演的过程中，各类表演创意都得到了最大程度的发挥。在学校百年校庆活动中，我校原创音乐剧《摇篮》，全部由师生共同参与完成，展现出非常高的艺术水准。

**3. 活动效果**

学生各类活动都是我校实践活动课程的重要组成部分。在学校自主排课过程中，首师大附中很好地使育人理念融入学生活动中，也融入学生的心里，促进了学生的全面发展。

**(三)主题班会课程**

**1. 开发理念**

科学的开发理念决定课程的质量。我校主题班会系列课程的开发注重把握主题班会系列课程的教育内涵，发挥主题班会系列课程的教育功能，坚持主题班会系列课程的设置原则，避免方法上的强制与灌输，切实发挥学生的主体作用，并做到班主任主导和学生主体有机结合，努力达成教育目标，取得良好德育效果。

(1)教育内涵

德育工作是塑造人的系统工程。青少年学生的爱国情感、文明行为习惯、良好道德品质、遵纪守法意识、科学的世界观人生观价值观，都是通过教育逐步形成和发展起来的。

主题班会课是实施德育教育的重要载体，可以从不同侧面、不同角度提高学生的整体素质，开发学生的创新潜能，使学生释放主体精神，促进学生的个性发展。

主题班会系列课程由班主任主导，全班同学共同参与，围绕某一个主题而实施一系列班级教育活动。主题班会系列课程，可以起到明确教育目标、突出教育主题、丰富教育内涵、稳定教育效果的作用，还可以帮助学生系统、全面地认识事物、看待事物，形成正确的价值观和良好的行为品行。

主题班会系列课程设计注重把握时代的脉搏，遵循国家的教育方针，以“立德树人”为根本任务，尊重学生的成长规律，满足学生的个性需求，挖掘学生的发展潜能，触动学生的内心世界，通过精心设计，组织开展主题班会系列课程，为师生幸福成长搭建平台。

主题班会系列课程实施紧紧围绕我校“正志笃行，成德达才”的育人理念，努力践行我校对学生的培养目标：一种意识，即责任担当意识；两种精神，即勇于探索精神、团队合作精神；三种能力，即自主学习能力、动手实践能力、创新思维能力。

主题班会系列课程的组织与设计是班主任基本技能，主题班会课的效果能够彰显出班主任的教育智慧和教育水平。精心设计和实施主题班会系列课程的过程促使班主任不断学习，积累丰厚的知识，掌握先进的教育理念，努力提升自己的教育素养和创新能力。

(2)教育功能

第一，价值引领功能。围绕某一个主题的一系列班级活动能够加深学生的认识程度，加深对某一个问题的理解，帮助学生牢固树立正确的人生理想和价值信念。通过不同主题的班会系列课程，有针对性地对学生进行爱国主义教育、感恩教育、爱心与责任教育、公民素质教育、法制教育、人生规划教育、国际理解教育、生命与健康教育，培养学生选择正确的发展方向，增强学生明辨是非曲直的能力，为学生学会做人、提高道德素养奠定坚实基础。

第二，自我教育功能。当代社会需要我们输送的是具有自主意识、自立精神、自我教育能力的人才。聪慧的班主任通常会把主题班会的意图告诉学生，但是并不包办代替，不说教灌输，而是学生“唱主角”，发挥学生的聪明才智，提供学生体验空间和自主选择的机会，班主任只是在关键之处给予引导和点拨。主题班会的全过程从设计到实施，学生通过亲身参与，主动实践，得到多方面锻炼，自觉性、自主性、能动性、创造性得以发挥，自我管理、自我教育能力不断增强。

第三，凝聚集体功能。通过主题班会系列课程，能够解决班级问题，统一思想认识，增强集体凝聚力，培养学生团结协作意识，促使集体主义的形成、巩固和发展。卓有成效的主题班会能够触动学生内心，使其产生情感共鸣，提升思想境界，辩证思考问题，全面看待事物，激发学生强烈的集体荣誉感和责任感，增强班级的向心力，促进良好班风的形成。

第四，塑造人格功能。健全人格包括正能量的价值观、向上的精神、健康的身心、高尚的境界、博大的胸怀、做人做事的优秀品质与积极的人生态度。成功的主题班会能够对学生起到激励和鞭策作用，帮助学生在挫折和困难面前保持乐观、积极的心态，理智看待遇到的各种困难，培养学生认真、诚信、宽容、务实、坚韧等良好品质。

第五，道德感染功能。德育实践已经证明，德育不能像传授知识一样强制与灌输，道德是情与情感染而成，爱与爱传递而成，心与心沟通而成，德育必须触动学生心灵，切入学生情感层面，对学生道德的教育，只有内化于心，才能外化于行。在主题班会系列课程的实践过程中，我校注重与时俱进，不断更新教育理念，注重德育方式创新，符合学生认知规律，满足学生情感需求。

(3)设置原则

第一，主体性原则。所谓主体性，是指学生在教育活动中表现出来的自主性、自觉性、能动性和创造性。德育的实质是育"德"，培养人的思想品德。德育有无实效性，其中非常重要的因素就是学生是否主动地参与德育全过程。如果没有学生主体自觉自愿的参与，就不可能有道德真正的发展。德育的作用就在于根据学生思想认识和品德内化的客观规律，引导学生通过积极的思考和独立的活动使人类的思想认识成果和道德成果转化为自己的思想认识，内化成自己的品德。

第二，主导性原则。教育是以心灵影响心灵、以人格塑造人格、以生命点亮生命的事业。教师在教育过程中是全程的引领者、启迪者、设计者。朱光潜在《人生九论》中谈到，学校教育只有两个重要的功用，首先是激发兴趣，其次是指点门径，这体现的其实就是教师对学生的引领和启迪作用。在学生为主体的同时，表面看来教师已经"退居二线"，而事实上，教师的工作更为复杂和灵活，对教师的教育智慧要求更高。学生台前的精彩展示折射出的是教师背后的高超教育本领。

第三，深刻性原则。如果要在道德上去引领学生，有一件永远需要完善的事情，就是对德育的深刻理解。教师德育工作水平的差异实质上是教师对德育理解程度的差异。德育的效果好不好往往不在当下，而在于从长远看，能否在学生身上打下深刻的烙印。我校德育活动主题鲜明，目标明确，富有深刻教育意义，学生深度参与和体验，在价值观、理想信念等方面均获得深刻认识。

第四，持续性原则。道德学习不是东一榔头，西一棒槌，也不是一蹴而就的，需要长远规划，持之以恒，潜移默化，润物无声。持续开展系列化主题班会课程，对学生的道德教育具有计划性、针对性和实效性，能够帮助学生系统、全面地认识事物，看待事物，保持爱国热情，养成稳固的良好素养，形成正确的价值观念，塑造坚忍的意志品质。

**2. 课程实施**

主题班会的实施通常要经过选定主题、确定目标、确定形式、实施准备、具体实施、总结提升六个阶段。

(1)第一阶段选定主题

主题名称是主题班会的最重要信息。设计者要通过主题名称来表明主题班会的活动内容、活动性质和活动形成目的。班主任要在自己对所要完成的主题教育活动进行全面了解和充分想象的基础上，经过分析和综合，把主题教育活动用书面形式表达出来，主题的表达要涵盖全面，寓意深刻，同时又不失活泼，符合学生的话语体系。主题的选择，一是要符合当前学生的心理需要，能引起学生兴趣，激发参与热情；二是要与学校、班级当前的需要紧密结合，体现时代性。

(2)第二阶段确定目标

这个部分班主任介绍主题班会设计实施的背景，换句话说，就是回答为什么要开这次班会，其中包括对主题班会所要干预问题的陈述，选择本次活动的理论依据，以及学生年龄特征的分析。这个部分也可以叫“主题班会活动目的”。班会目标是主题班会目的的具体化，是主题班会实施后要达到的具体效果，可分为主题班会的总体目标和主题班会的具体目标。总体目标是主题班会要达到的宏观教育效果，而具体目标则是主题班会所形成的更为清晰的、可以量化的态度和行为改变。

(3)第三阶段确定形式

专题讲座式主题班会。这是比较严肃的形式，主要特点是向学生灌输正确思想或介绍某些方面的知识。围绕一个主题，可有计划地安排几次专题讲座，讲座要针对学生实际。

报告式主题班会。围绕某个教育主题，请人做专题报告会。报告人可以是校外的，也可以是校内的领导和教师。有时，学生也可以围绕一个主题上台作报告。报告主要是结合当前形势等教育内容，是针对某一时期学生的思想脉搏而举办的，只有为学生关心的问题而举办，才能引起他们的兴趣，产生良好的教育效果。

座谈会。座谈会是交流思想方式。在和谐的气氛中，学生容易表露思想。

讨论会。讨论会发挥集体的力量，可以达到良好的教育效果。讨论的问题要集中，一定是学生中的典型问题，是大多数学生认识模糊或认识不统一的问题。

纪念式主题班会。一年之中，富于教育意义的节日、纪念日比较多，是对学生进行传统教育和爱国主义教育的良好契机。抓住这些节日、纪念日，组织主题班会，意义明确。举办这类班会要注意全力配合学校的德育工作，且要适应当前形势，结合班级的具体情况和节日的性质特点，根据学生心理需要，或联欢或座谈。学生乐于参加，教育成果才能明显。

学习式主题班会。以学习知识、培养能力为主，也是发展学生个性的良好手段。内容是学习方法的交流，也可以是专门学习某一方面的知识等。

展览式主题班会。与学生的课外活动有机结合起来，同学们在小发明、小制作、集邮、手抄报等方面的收获，不定期进行班级展览。学生以实物作汇报，无形中在进步。搞展览式主题班会，班主任要积极指导和精心布置。

知识竞赛式主题班会。为了促使学生对某方面知识的学习，可举办各种知识竞赛。如为了使学生了解祖国，可举办“爱我中华”知识竞赛；为了帮助学生了解党的光荣历史，可以举办“党在我心中”知识竞赛；为了帮助学生立志成才，可以举办“探寻科学家足迹”的知识竞赛。

影(剧)评，优秀作品读后感主题班会。影(剧)评是配合主题教育的一种形式，配合教育主题组织学生观看教育意义深刻的电影、电视剧，阅读有教育意义的文章，看后要组织学生评论，写读后感或观后感。

社会调查。走出课堂，到广阔的社会生活中去，到广大的人民群众中去，了解采访新人新事，能帮助学生开阔眼界，明辨是非。进行社会调查要组织好，不能“放鸭子”，要根据调查目的，首先帮助学生拟好调查提纲，联系上调查单位和对象。调查结束后应指导学生写出调查报告，组织好题材进行班会交流。

音乐会。音乐会是主题教育的辅助方式，可组织学生进行理想教育，学习有针对性且学生愿意唱的“理想之歌”。例如，配合爱国主义教育，举办《黄河大合唱》赏析会等。

参观式主题班会。直接的感性认识后通过座谈或写成书面体会加以自我教育，如配合爱国主义教育参观某些古迹，配合“社会主义祖国在前进”的教育，参观某个现代化工程，等等。

演讲式主题班会。演讲会是在主题教育结束时，带有总结性质的主题班会，要求大多数学生认真准备、积极参加。

辩论式主题班会。辩论会主要是根据当前学生存在的一些有争议的观点展开辩论，从而提高学生认识，塑造学生美好人生。

(4)第四阶段实施准备

班会准备是班主任为主题班会顺利实施而事先完成的各种物资的和组织上的前期工作。其中可包括活动场地的特殊要求，活动用具，活动前的准备、协调事宜，具体如邀请家长和其他人员参加的布置等。班会准备得越充分，越能达到预期效果。

(5)第五阶段具体实施

这部分是主题班会方案的核心内容，是主题班会实施具体筹划和组织实施过程的详细描述，包括活动导入的过程和方式，主题展开和深化的办法，班主任在班会结尾总结提升的策略和形式，等等。这个部分要求尽量翔实、具体，应该包括每一环节的用时计划，主持人选择，以及总结发言的具体内容，等等。这个环节班主任要确定好主持人，并写好主持人的“串词”。

班会可由班主任亲自主持，如果由学生主持，要选敢讲、敢指挥的担任。要鼓励学生大胆主持，并学会临场应变，班主任预先要做好培训工作。要讲究会场气氛，主题班会的气氛要根据主题情节来创造，事先要下一番功夫把会场的环境设计布置好，学生一进入会场就受到主题班会的气氛感染。

在主题班会的活动过程中和活动后，要及时收集学生对各项活动的反馈信息。教育是一门精雕细刻的学问，班主任随时随地都要注意观察学生细微的变化。班主任开完班会后要写后记，写本节班会课的得失，以便逐渐完善。

(6)第六阶段总结提升

班会实施的最后一个阶段是“总结提升”。总结提升的阶段要求在班会的结尾由教师和学生共同总结班会的体悟，进行主题的深化和提升。总结提升是主题班会必不可少的环节，没有这个点睛之笔，主题就很难突出。适宜、恰到好处的主题提升有助于学生获得关于班会主题更清晰的感觉和印象。在主题班会的实施过程中，有些教师会忽略这个重要的环节。我们常看到这样一些班会，班会刚一开始，教师把主动权交给了学生，教师就退到了幕后。班会结束时，老师站在台上只是仪式性地宣布“我们的班会很成功”，完全没有提升的设计。事实上，提升环节不仅是决定主题班会实践效果的最重要的环节，而且是检验一次主题班会中教师充分发挥主导作用的重要参考指标。

**3. 班会案例**

针对目前中学阶段的教育任务，结合我校“正志笃行，成德达才”的育人理念，我校确定了系列化的主题班会内容，分为七大教育主题——爱国主义、爱校感恩、团队协作、公民素质、道德法制、生命健康、人生规划。

(1)爱国主义

**庆祝新中国成立60年——60年生活变迁主题班会**

一、设计背景

爱国之情是中学生与生俱来的情感，爱国要了解祖国的过去，看清现在，展望未来。过去的六十年，中国的变化可谓翻天覆地，改革开放和稳定的社会让我们有了更多的发展空间和幸福生活。学生通过对比生活的变迁，可以感受祖国的繁荣和伟大。

二、教育目标

学生自己分组搜集资料，感受祖国日新月异的变化。

通过各组不同角度的展示，学生从自身视角感受祖国在腾飞，增强民族自豪感。

增加爱国情怀，同时感悟自身肩负的重任，努力学习，报效祖国。

三、课前准备

全班分为六组，以小组为单位找资料，每组准备祖国60年生活变迁的资料，代表上台展示资料。形式不限，可以PPT进行展示，或以表演、朗诵、猜题等形式，为大家展示自己的时代。每组可以带一些与时代相关的老物件，每组起一个有代表性的名字。

50年代关键词：老照片、生活发展、全家福、稻香村……

60年代关键词：工业券、第一颗氢弹、东风牌汽车……

70年代关键词：三大件儿、地铁、高考、体育发展、国际地位……

80年代关键词：吃、喝、玩、乐……

90年代关键词：儿时的动画片……

21世纪关键词：奥运、鸟巢、798、旅游、越“夜”越美丽……

四、活动过程

(主持人：牛力、徐旋子。)

开场(陈艾汐)：庆祝新中国成立60年——60年生活变迁主题班会现在开始。

牛力：对每个普通公民来说，新中国60周年华诞这个宏大的叙事话题，都令人莫名兴奋，又颇感惶恐；然而，视角拉近，深入生活的肌理，60 年的大时代变迁，瞬间变得鲜活。

徐旋子：“一箪食，一瓢饮”的悠悠岁月，是最值得珍藏的情感记忆，即便是物质最匮乏的年代，如今回首，亦能寻觅一丝幸福的味道。而在生活方式飞速变化令人目不暇接的年代，我们又能否重拾曾经的满足?

牛力：以一种尊重生活的姿态，我们对一个个普通的家庭、一次次生活方式变迁中的关键人物进行采访，从最细微处入手，精心梳理，呈现最有共鸣的生活故事，用驳杂的记忆片段，编织成 60 年生活方式变迁的多彩画卷。

齐说：这是属于你，属于我，属于万千家庭的大时代!

1. 火红的 50 年代

徐旋子：新中国成立后 10 年间，我国的经济得到了飞快的发展。第一个五年计划是 1953 年至 1957 年，新中国是仿照苏联工业化模式实施的第一个为期 5 年的国民经济发展计划。“一五计划”超量完成带来的喜悦、莫斯科餐厅聚会的欢愉、布拉吉靓丽的流行着装文化都表现在人们的生活之中。当我们小心翼翼地将这些记忆拼凑起来的时候，我们看到了当时人们对苏式生活的憧憬，以及那一片如旭日般的红火。

那是让人感到既亲切又陌生的时代，当代年轻人只能凭借从父辈那里收集支离破碎的记忆片段，勉强拼绘出那充满红色激情的国画。下面，有请 50 年代组的同学带我们走近那段时光。

(小组展示：赵旭介绍，展示 PPT。)

2. 物质匮乏的 60 年代

牛力：经历“三年困难时期”之后，物质生活从一定程度上得到恢复，但是总体来说，当时的光景依然是物资种类贫乏，消费品供应不足，肉、蛋、糖、布料、电器等绝大多数商品都需要凭票证购买。“票生活”成为那十年生活的最真实写照。那是物资匮乏的年代。下面有请 60 年代组为大家再现那段时光。

(小组展示：李帏天、陈哲元、孙柳月 PPT 解说，王笑君物品展示。)

3. 生活复苏的70年代

徐旋子：那是物资匮乏的年代，除了肉、蛋、糖，人们最高的追求就是“三大件”——手表、缝纫机、自行车，奢侈点的再加上一台收音机。“三转一响”是当年小康之家嫁娶的最高标准。如同现今人们对于车子与房子的感觉，羡慕，向往，为之努力奋斗。那是并不缺乏回忆的年代。对于那个时代来讲，有些地方是值得永远铭记的。八一湖溜冰，老莫西餐厅撮饭，那都是最时髦的流行生活。半大小子最渴望的就是穿身军装，来个军挎，如果谁能有身将校呢，那面子海了去了。锃亮的二八自行车，如果是飞鸽、永久，堪比今天的跑车。一大帮穿着军装、骑着车，丁零零呼啸而过的大院子弟，拉风至极。而女孩子，最能够装点自己的东西——红围脖加红头绳，是永远留在尘封记忆里的亮色。下面让我们跟随这一组走进70年代时光。

（小组展示：梁霄组介绍PPT——体育、文化、生活。）

4. 珍贵的80年代时光

牛力：1978年，东风拂面，“改革开放”的东风沐浴中国，北京人的生活从此复苏，一改灰蓝，不再单调，真我生活随之绽放。

接受了政治风云的洗礼，一切事物都是新鲜的。喇叭裤、蛤蟆镜、进口的“板砖”、凭票买的彩电、凑钱下顿馆子……所有这一切，都让人感觉到前所未有的真实与快乐。每个人都嗅到空气中万物复苏的味道——清新、纯粹、自然。下面就让我们在80年代组的带领下，感受那激动人心的时光。

（小组展示：谷然组PPT展示——吃喝玩乐。）

5. 思想解放，生活多样化的90年代

徐旋子：1992年的春天，邓小平爷爷在南方考察时说：“胆子再大一点，思想再解放一点，步子再快一点。”随后，从各级领导到普通百姓，人们都在用时间和经验琢磨这句话的含义，以及贯彻落实到方法方式。改革开放果真进入了一个崭新的阶段，百姓就放大胆子，解放思想，加快步子，精神实质以物质形式表现出来——小康来了！

（小组展示：孙天宇带同学们回忆儿时的生活，通过猜动画主题曲展开互动。）

6. 现代化生活，多元化文化铸就全新的强国，走向辉煌的新世纪

牛力：2008年是北京的新名片，北京奥运会引起了全世界关注和北京人生活方式的改变。赛场上的成绩很快就载入史册，而奥运会对北京人积极、友善、文明等精神层面的渗透力还在一天天增强。下面就有请新时代组带我们回顾那一段辉煌！

（小组展示：陈晓霁通过鸟巢、水立方、T3航站楼、798艺术中心等地标性建筑，展示生活的发展。）

（背景音乐是童声版的《歌唱祖国》。）

牛力：秋天，总给人们带来喜庆，带来诗意，带来遐想，带来憧憬，更带来希望，而今年的秋天，非同一般，更不寻常。在这美好的季节，共和国每一平方公里的热土都浸透欢欣与幸福，流淌甜蜜与快乐，亿万华夏儿女以豪迈激越的歌声放飞金色的理想与玫瑰色的希望，放飞坚定的信念与对伟大祖国赞美的诗篇。

徐旋子：我们今天可以更加自豪地说出："我是中国人！"因为今天，中国不再是落后与贫穷的代名词。今天，我们中国拥有世界尖端的科技，拥有强大的国防体系，拥有爱好和平不称霸的政治外交体系，拥有不可小觑的经济实力。六十年间，我们的先烈，我们的祖辈，我们的父母，用极大的付出成就了我们国家的发展壮大。而未来属于我们年轻的一代，我们会踏着他们的脚印，继承他们的优良品质，继往开来，建设更强大的中国。

牛力：60年，在历史的长河中只是一个涟漪，但对于一个国家来说，这60年是一部崛起发展的伟大诗篇。今天，在中华人民共和国成立60周年的日子，我们每个中国人的心潮都是澎湃的，我们回望打下红色江山的老一辈革命家，我们谨记祖辈在一穷二白的年代奠定的基础，我们感叹父辈用汗水在改革开放日子的拼搏，同时我们承诺，通过自己的努力开创更好的未来。值此新中国成立六十周年之际，让我们高喊："我爱你，中国！"

齐说：庆祝新中国成立60年——60年生活变迁主题班会到此结束！

五、班主任总结

同学们今天的表现非常出色，你们通过自己的视角，搜集祖国60年的变化，展示了我们这个伟大国家不畏艰险、勇往直前的可贵品质。国家繁荣稳定，人民幸福安康，国家的不断进步开放，人民更加自由和充满希望。中学生是早晨八九点钟的太阳，世界终究是属于你们的，不要辜负青春年华，努力学习，大任在肩！

六、案例点评

我们总说教育应是春风化雨、润物无声的，本节班会的爱国主义教育即是如此。班主任巧妙地利用庆祝新中国成立60年的契机，让学生分组观察并搜集祖国60年的沧桑巨变，感受60年来的变化和革新，从五组学生的发言和展示来看，学生能从多角度、全方面述说祖国的历史巨变，能深刻感受到学生对于祖国经历万千困难、拨云见日、重新崛起的感慨与憧憬，这是班主任设计此次班会的亮点，寓教于活动，寓教于体验。爱国主义教育是每一个青少年本应具备的道德情怀。通过灵活的、巧妙的活动，学生从家庭的变迁、社会的变化感受祖国的崛起、民族的振兴，更符合学生的认知规律，更容易激起学生深深的爱国热忱。

本案例分组演绎社会变迁的模式，特别适合此类大型庆祝节日的教育活动，非常好！活动育人的方式，能够培养学生观察生活、体验生活的能力。如果学生能从祖国这段不平凡的历程中很好地总结回顾和理性思考，那么无论是推动国家发展和社会进步，还是对学生未来的成长，都具有极其重要的意义！

(2)爱校感恩

## 十三岁，我们学会了感恩

一、设计背景

感恩是每个中学生都应具备的基本道德素养，然而，由于许多同学是独生子女，很多家庭溺爱孩子，孩子在孤独的、没有同龄人陪伴的环境中成长，缺少分享和体会他人感受到机会，形成自私自利、不会感恩的性格。因此，这项活动教育学生要学会感恩，学会分享。

二、教育目标

让学生了解感恩，懂得为什么要感恩。

让学生发现身边值得感恩的人。

让学生懂得怎样去感恩。

三、课前准备

准备感恩主题内容及诗歌朗诵及配乐。

准备学生家庭照片，做好连线学生与家长的准备工作。

为每个学生准备一张空白贺卡，书写对父母的心里话。

提前制作10分钟的老师工作录像。

四、活动过程

1. 诗歌朗诵表演《十三岁，我们学会了感恩》

感恩是什么？是感谢，是感激，是感动，是感慨。感恩，是上天赐予我们最美丽的礼物，是人间最温暖的一束阳光！

“十三岁，我们学会了感恩”主题班会现在开始。

（诗歌朗诵《十三岁，我们学会了感恩》。）

2. 爸爸妈妈，我爱你们

（照片欣赏，现场连线。）

妈妈说，我很像爸爸，我才一米高，爸爸一米八，爸爸有胡子，我是光下巴。对着镜子瞧哇瞧，怎么也不像爸爸。妈妈拿出一张照片，照的也是爸爸。哈哈，爸爸小时候，和我一样大，翘鼻子，大眼睛，光光的下巴……原来，爸爸也有小时候，原来，我也会变成爸爸那样。大家一起来看看同学和爸爸妈妈的合影吧！

先让我们倾听一段智利作家米斯特拉尔传递给我们的母亲的心声：“别以为只有我怀他的时候他才跟我骨肉相连。当他将来下地自由走动时，即便远在天边，抽打在他身上的风同样会撕裂我的肉，他的呼喊中有我的声音。唉，我的孩子，我的一笑一颦，其实都是你脸色的反映。”在我们的生命中，有一种最宝贵的东西叫“亲情”。每个人一生下来就自然拥有，而习以为常。有时，我们不经意中就失落了这与生俱来的宝贵财富。拥有亲情的人生是完美的，没有亲情的人生是残缺的。而拥有亲情却不珍惜的人生是遗憾的人生，更是可悲的人生。

我们很爱爸爸妈妈，但总不知该怎样表达。

我们要勇敢地对爸爸妈妈表达爱，要在生活的点点滴滴中多体谅他们，多为他们做一些事。我们为每个同学都准备了一张贺卡，请大家在上面写上想对爸爸妈妈说的心里话，然后亲手送给他们，让他们感受到你的爱。

3. 老师，您辛苦了

老师的目光是轻轻的风，轻轻是对幼苗的问候；老师的目光是长长的线，长长是对学生的牵挂；老师的目光是深深的海，深深是对世界的热爱……老师是路灯，照亮我们人生的旅途，一路有你。

我得怎样感谢你——老师？走向你的时候，我原来只想收获一缕春风，你却给了我整个春天。我得怎样感谢你——老师？当我走向你的时候，我原来只想捧起一簇浪花，你却给了我整个海洋。我得怎样感谢你——老师？当我走向你的时候，我原来只想撷取一片红叶，你却给了我整个枫林。我得怎样感谢你——老师？当我走向你的时候，我原来只想亲吻一朵雪花，你却给了我银色的世界。

十年树木，百年树人。老师用耐心和微笑，精心地培育一批批幼苗。

课堂上您绘声绘色地讲课，粉笔在黑板上吱吱嘎嘎写个不停。您微笑着把知识送进我们心里，自己却吸入了危害健康的粉笔灰……课下当我遇到不会的题，您也是微笑着给我讲解，不厌其烦。老师，您知道吗？您的笑容像一朵朵星星花，温柔地开放在我心中的花园，那花园因而是世界上最美！您为我们做了太多的事，为我们付出了太多的爱！老师，您辛苦了！

请欣赏我们为您制作的录像。

4. 朋友，我们手牵手

朋友是小时候藏在床下的玻璃弹珠，朋友是风雨中守候的伞，朋友是球场上的默契配合，朋友是寒冷时披在身上的大衣，朋友是失意时温暖的微笑，朋友是心灵可以憩息的港湾，朋友是悲伤时一起掉眼泪，欢乐时一起傻笑，朋友是朝夕相伴一段又一段人生，形影不离地走过一个又一个黄昏。

友情，是可爱的，就算难免有争吵，不一会儿便会相视一笑；友情，是分担的，你的烦恼就是我的烦恼；友情，是坚固的，我们一起用信任盖起温暖的房子。

你了解自己的朋友吗？下面，我们以“默契程度大考验”这个小比赛来测试一下你们的默契程度。

题目包括：你好朋友最喜欢的食物是什么？最喜欢看什么类型的书？你好朋友的口头禅是什么？你们共同的爱好是什么？在你的记忆中，你好朋友说的第一句话是什么？

五、班主任总结

心灵的语言可以化作一颗星。这颗感恩的星是温柔的，也是绚烂的。心底的情感是柔软的，往往被真挚的话语感动。心中的感谢是美好的心愿，这个心愿是纯纯的，不知在心中祈祷了多少遍。心底的感恩是腼腆的，不敢把所想的全部说出来。平凡的夜晚，群星一起许愿，这感恩胜似诗篇，却又平常：“感恩是帆，回报是船，感恩的帆，带着祝福的船，漂向你，祝你永远幸福！”拥有感恩之心的人就会拥有乐观的性格，拥有感恩之心的人就会拥有多彩的人生！让我们用感恩之心去对待身边的人，回报身边的人。

六、案例点评

“若未曾真正走进学生的内心，就永远不能谈教育。”本案例很好地诠释了如何走入学生内心，让感恩的情怀促进孩子内心的责任意识萌发，懂得将心比心，懂得成长的艰辛和成年责任的担当。

感恩是每一个人都应该具备的最基本的道德素养。然而，现在的学生，尤其是独生子女，往往觉得所有人为自己做的都是理所应当的，没什么好感恩的，比较冷漠。为了教育青春期的学生，开这次感恩教育的主题班会非常必要。班主任借助“爸爸妈妈，我爱您”“老师，您辛苦了”“朋友，我们手牵手”三个活动，搭建了孩子与父母、老师和同学心灵沟通的桥梁，化解了误会，传达了爱意，从而引领孩子刻苦学习，努力拼搏，用行动报答有恩之人。活动中，学生哭了，家长哭了，老师也流下了眼泪，泪水是对往昔为爱默默付出的肯定和感动，泪水是对班会价值的最好认定。学生的成长是阶段性的，在三观确立的最关键时机教育不能留下空白。

**4. 实施效果**

主题班会的实施效果体现在八个方面。

一是严密的序列性。例如，七年级的养成教育，八年级的青春期教育，九年级的理想教育。

二是鲜明的针对性。从学生实际出发，符合班级特点，着重解决实际问题。

三是深刻的教育性。深刻的道理融入学生愿意接受、有启发性的教育活动中。

四是强烈的时代性。从现实生活出发，富有明显的时代气息，反映时代脉搏和时代精神。

五是充分的自主性。发挥学生的积极性和创造性，做到全班人人参与、人人关心、人人思考。

六是浓厚的趣味性。主题活动内容丰富，形式新颖，生动活泼。

七是广泛的群众性。主题班会符合大多数学生需求，广大学生都愿意参加，愿意接受，有启示，有感悟。

八是良好的实效性。切实解决了实际问题，学生有收益，有进步。

第八章

# 课程资源建设

课程资源利用是新课改的重要内容，也是实现新课改的必要条件。利用课程资源，让学生所处的社会环境和自然环境成为其探究的对象和学习的“课堂”，有利于培养学生“自主、合作、探究”的学习方式，有利于转变学生被动的学习地位，促进素质教育的实现。

我们在原有初中特色校本课程“博识课”的基础上，于2015年正式开启高中综合实践课程，带领学生走进各类文化场馆，走出北京，走遍全国，进行现场教学和探究活动。我们经过认真规划建成的软硬件结合的全新科技教育平台——青牛创客空间，成为培养学生创新实践能力的课堂。我们秉持“书香校园”的建设理念，充分利用图书馆、阅览室及大厅、走廊等空间，学生可随时随地见到图书，选择图书，阅读图书。此外，数字科学长廊和二十余个专业教室也在课程建设方面发挥了不可替代的作用。校内与校外资源紧密配合成为我校课程资源的显著特色。

# 一、校内资源

## (一)创客空间

### 1. 创客教育的理念与定位

首师大附中的创客教育不是某方面知识应用的培训，而是发现学生的兴趣特长，为培养创新人才奠基，实现培养学生创新能力的系统教育。创客式学习模式的实践使创新教育落到实处。这是学校青牛创客教育的核心，是学生个性发展的内在需求，也是时代发展的大势所趋。青牛创客教育，是通过学生提出问题、研究问题、解决问题、动手制作的实践活动，融合科学研究、技术制作、艺术创作的全过程，从而培养学生的主动探索精神、批判性思维能力、自主创新能力、合作研究能力、语言表达能力、艺术创作能力等。

青牛创客空间以“舍我青年，大任更谁肩”的使命感营造本校特色创客文化。青牛创客空间融合了数控雕刻、激光切割、电路板设计制作、3D设计与制作、软件开发、智能控制技术、机器人、无人机等多种应用，所有学生都快乐地学习、创造、合作、分享，践行以适用性体验为核心、以生活实践为基础、以开放创新和共同创造为特点的创客式教育。

创客空间的系列活动带动学生了解创客活动，喜爱创客活动并努力成为创客。学校开展创客教育的核心目标是学生人人懂创新，人人爱创新。学校给学生搭建了智慧碰撞和方便交流互助的平台，打造了能够实现将各种创意变成现实的空间，提供了交流分享的软硬件平台，通过全校性的科普活动，例如拆客社的拆物活动、科技闯关赛的创意搜罗和实践挑战活动，来激发和引导学生有序参与创客活动。

### 2. 创客空间及教学设计

青牛创客空间分为创想汇、智控坊、Robot 广场、梦舞台、数控工坊和奔码隧道六个功能区域(图 8-1)。创想汇是学生头脑风暴和思维碰撞的场所；智控坊为学生提供一应俱全的智能控制硬件支持；Robot 广场让学生成为Robot造物主，用智慧和汗水赋予Robot生命活力；梦舞台为学生提供自我展示的广阔空间；数控工坊是连接虚拟与现实的桥梁，学生的创想可以触摸；奔码隧道让学生利用0和1，码出无所不包的宏大世界。青牛创客空间的负责人杨森林老师说，创客教育重要的是发现学生的兴趣特长，为培养创新人才奠基，而不是把学生都培养成程序员。反复练习或许能成就完美却无法成就创新，我们必须发自内心地去关爱学生，努力发现孩子的闪光点，激发其兴趣和奋斗精神，让每个孩子都带着梦想去实现自己的价值，家长也需要用前瞻性的眼光，顺应时代的发展，努力学习做好孩子发展的引路人。

**图 8-1　青牛创客空间六个功能区域**

在创客空间的建设中，学校处处以学生的体验为先，深入研讨建设方案，参与方案设计的老师人人皆创客，纷纷提出独到的见解和想法，力求空间建设方便实用。创新思维普及每一个空间细节，学生施展创意也就有了最佳平台。在创想汇，蜂巢结构贯穿于吊顶与墙面，科技兴学的寓意融入整个区域。蜂巢结构组合暗藏无穷大符号的排列，从学生的角度来看，宛若仰望苍穹，无穷大符号的排列可以无限向外延伸，如同科技探索无穷无尽，畅想永无极限。智控坊、Robot广场、梦舞台、数控工坊所在的空间分解为视觉通透又功能分明的协作区域与流动区域。协作区域的桌椅摆成了小组围坐的互动形式，同时家具轻巧，可以随时灵活重组，满足不同授课需求。流动区域沿着窗户设立，给人明亮通畅的舒适感，墙面装饰与导视系统充满明媚的活力。

创客空间建设与课程内容是有机统一的。时下热度很高的“STEAM教育”主要包含Science（科学）、Technology（技术）、Engineering（工程）、

Arts(艺术)、Maths(数学)五个方面，注重学习与现实世界的联系，同时注重学习的过程。青牛创客空间的课程设计吸收了“STEAM 教育”的精髓。学校组建了创客教育专家团队，结合自身特点定制开发独一无二的创客课程体系。在开发过程中，本校教师与专家立足于学生的长远发展，空间设计和课程内容相互依托，相辅相成，创客教育的价值和意义得以提升。

例如，创客思维系列课程从认知和实践两方面带领同学们成为真正意义上的创客，产生深入探究的热情；机器人系列课程让学生熟知当前国内外最热门的机器人研究，学习各组成部分的工作原理，并利用所学知识设计、搭建功能性机器人；在 3D 打印系列课程中，学生可以体验从设计到建模、再到物品生成的全过程，激发灵感，学生可以借助 3D 打印去实现自己的发明创造；编程系列课程使学生主动进入计算机和编程的世界，运用无生命的机器语言去实现有生命的无限创意；无人机系列课程引导学生了解无人机飞行器的发展，学习其工作原理、硬件组装、程序设计，最终通过手脑并用实现自己的飞天梦。除了前瞻性与实用性相结合的课程和充满活力的教师团队，创客空间还会聚了高水平指导专家，以及校外加工平台等广阔的外围资源，“创客”在学习中创新，在实践中成就精彩人生。

**(二)书香校园**

图书是学生在学习过程和成长过程中必不可少的朋友。为了让学生养成爱读书、读好书的习惯，首师大附中秉持“书香校园”的建设理念，充分利用图书馆、阅览室以及学校大厅、走廊等空间，打造书香校园，学生随时随地都可以见到图书、选择图书、阅读图书。

**1. 树立书香校园建设理念，为教育教学发展助力**

首师大附中是具有百年历史文化积淀的学校，在育人实践中，致力于师生的全面发展和长远发展，矢志推进校园文化建设。特别是近年来，为营造健康文明、和谐向上的校园文化，学校“以文化凝心聚力，靠书香健脑修身”，树立书香校园建设理念，以书香校园建设作为校园文化建设的重要载体，优化硬件，提升软件，大力营造书香氤氲的阅读氛围；着力打造全方位的阅读环境，努力推进书香校园环境育人的建设工程，为学校教育教学的持续长久发展夯实基础。

沈杰校长对于书香校园建设提出了总体目标：“我们的目标是打造处处是书的校园环境，营造书香四溢的阅读氛围，形成人人读书的阅读局面；最终目标是使学校变成大图书馆，用阅读引领学生成长，用阅读润泽生命，开启智慧，为人生奠基。”

**2. 营造全方位阅读环境，为高效课堂奠基**

首师大附中一直致力于课堂教学改革，着力提高课堂效率。而高效课堂教学最重要的一环就是学生，学生掌握知识的深度和广度与平时的读书积累息息相关。书香校园作为环境教育力量，其终极目标就在于营造全方位阅读的氛围，陶冶学生情操，培养阅读兴趣，全面提高学生素质。为了使学生走进校园就能举目见人文，放眼皆经典，在浓浓的书香气氛中感受文化的浸润，我校以图书馆改造为工作出发点，以点带面，营造全方位阅读环境，为高效课堂奠基。

(1)图书馆

图书馆位于综合楼五楼，1000 平方米，设有教师资料室、师生共用书库、学生阅览室三个机构。自 2011 年起，首师大附中对图书馆进行了重点改造。经改造的图书馆，环境优美，功能多样，学习氛围浓厚。藏图书超过 10 万册，资源丰富，种类齐全，涵盖全部图书门类。除纸质资源，图书馆还购置了 CNKI、学科网等多个数字资源库，建有专门的数字图书馆平台和公众微信平台，馆内配有检索机 6 台，读报机 3 台。教师资料室设有教师休闲区，并配有咖啡机。学生阅览室可供 400 余人同时阅览。分为期刊区、外文区、视听区、阅览区、国学区五个功能区。改造后的图书馆利用率大大提高，图书借阅量是 2007 年的七倍。学生对此深有感触——

遨游在书的海洋，闻着书的香气，我们寻找那本属于我们自己的记忆。在这里，有青春，有回忆，有历史，有未来，有科幻，有现实。在这里，我找到了自己想要的幸福。图书馆，我的天堂！

——高一 3 班　张晨玥

宽敞明亮的阅览室，鲜明的色彩，规整的环境，温馨的布置，是我对图书馆的初印象。这里是徜徉书海的好地方，书籍收藏比较多，还有不少外文书籍。希望大家继续爱护这个神奇的地方！

——高一2班 陈奕含

(2)悦读·书吧

“悦读·书吧”是我校在综合楼一楼大厅开辟的阅读空间，采用简约中式风格，旨在营造出休闲惬意的阅读氛围。这里摆放了国学类、科普类、英文原版、中英对照等多种书籍，方便邻近的年级和国际部学生阅读。“悦读·书吧”在为学生积淀文化底蕴的同时，也为他们打开了一扇开阔视野的窗户。

风华笔墨，静水流深，手指轻轻摩挲红木圈椅，周围的绿植蓊蓊郁郁。我静静坐在这个角落，翻开一本书，寻找浸满花香的文字，顺着幽幽馨香的气息，来到一个纸墨飞花的世界，细细地品读，慢慢地回味，于静谧中生出一些零碎的思绪。一杯香茗一卷书，偷得半日闲散；一抹斜阳一美文，愿求半世逍遥。

——中美十年级2班 彭一洋

(3)开放书架

在完成图书馆改造后，我校又启动了拓展校园阅读空间的建设工程。通过统筹规划，教学楼、综合楼、宿舍楼大厅以及教学楼每个楼层特别设置了好几处开放的阅读书架。为与周围环境相适应，营造和谐高雅的阅读氛围，我们根据各处的特点，书架精心设计成不同的风格。教学楼的一排排原色木质书架，旨在营造满目皆书的书籍长廊感觉；艺术角的艺术造型书架渲染优雅灵动的艺术氛围；“悦读·书吧”则着力打造休闲舒适的阅读空间和宁静典雅的心灵栖息地。我们在每一处，都精选了读书名言、书法、山水画等文化元素加以装饰。学生在翻阅图书的同时，就能感受思想与艺术的熏陶。另外，我们还给每一本书编号，并在每本书封底贴上从学生处征集的阅读标语及及时归还的小提示，方便学生自主借还。沈杰校长对于开放书架的建设，做出特别指示。她强调：“要在引导阅读的同时，引领学生自我管理，这充分体现了首师大附中以学生为主体、全员育人、环境育人的教育理念。我们做的不仅有宏观的统筹规划，而且有细节的精妙深微；我们追求的，不仅是处处有书香，而且是点点能育人。”

“润物无声，教育无痕”是教育的最高境界。在书香校园建设中，首师大附中注重细节，精益求精，对学生产生潜移默化的深刻影响：

我记得有这样一句话——如果把生活比喻为创作的意境，那么阅读就像阳光。对于我们这些每日浸泡在书山题海中的学生而言，于某个午后，安然小憩在书架旁，流连在图书馆老师与学生管理员精心挑选的一本本书籍边，沉醉在墨香浓郁的小世界里，就好像在连绵的梅雨之中突然碰到天光大亮，一伸手就仿佛能够触到日光，如此美好。漫步走廊之中，心神便会由其熏陶，浸染。

——高一8班　韩一萱

开放书架近在咫尺，而且摆放的是自己和同学们一块去书店选购的书籍，我感觉就像自己家的书房。

——高一2班　张童

所谓公书架以自阅者，盈于学之暇也，不甚足年。而以之蕴结于书院者，盖第一功臣也。

余以为凡书香校园者，大可谓之书急，年岁悠然，青葱梦好，得一人一书，快然自足。御书气而游于九天，吸墨香以为晨露，遂不恨纸短情长。

——高二9班　吴悠

开放书架为我们打开了一扇心灵的窗口，让每个人都能在知识的花园中找到属于自己的芳香。随手翻开开放书架上的书籍，在课余时间细细品读，内心充满了宁静。

——九年级4班　申元瑛

伴随女儿的脚步，我走进了首师大附中的校园。校园并不大，就像苏州的私家园林，布局别具匠心，细致入微，人在其中安静平和，这里是个读书修身的好地方。不用说女儿欢呼雀跃地告诉我，图书馆的藏书是多么丰富，不用说读书节上学生设计的精美书签，不用说淘书会上满满的收获。每次走到成达厅外的图书角，看到孩子们或站或坐，全神贯注地读书，以小见大，一个小小的角落都布置得那么用心，我们全家都喜欢这个书香四溢的学校，女儿每天都非常开心，奔向学校，热爱并享受这样的校园生活。

——七年级 4 班　于泽蕙妈妈

**3. 培养阅读思考习惯，形成自主探究意识**

(1)激发引领，培养阅读习惯

首师大附中在开展全面创建书香校园活动中，始终坚持全员参与、全员育人，教师是校园的第一阅读者、引领者和示范者。经学校组织引导，许多教师不仅加入校内读书会，还加入了国学经典读书会、西方哲学读书会等读。同时，学校还积极鼓励教师外出学习，提高自身素养。

另外，为了让学生形成阅读思考的习惯，培养其自主探究意识，校语文组自 2008 年起开设阅读实验课，早已形成了完善的课程体系，成为学校的特色课程。2012 年，校语文组还承担了市级新教育阅读试验课题的研究，同时还开展了师生共读共写、亲子共读共写的“同行”活动。这是阅读的形式，更是师生相互理解、教学相长和创新教育的探索。

同时，校图书馆也在校内网开辟教师园地专栏，同时利用微信公众服务平台，以馆藏速递、阅读推荐等形式，定期向教师和学生推荐美文佳作。

(2)活动创新，促成探究意识

学校除开设专业阅读指导课程外，还加强了活动创新，通过开展丰富多彩的读书活动，引领和激发全体师生的阅读兴趣，阅读成为习惯，让习惯促进自我探究意识的形成，促进自我成长。

在每年三月或四月，学校都会举办为期一个月的读书节活动。通过淘书会、好书展览、橱窗展示等活动，向师生展示好书，推荐好书，介绍读书方法；通过书签设计大赛、阅读知识竞答、读书主题板报评比、参观国家图书馆等活动，学生发现阅读乐趣，提升阅读内驱力；通过读书主题班会、读书经验交流会、读书沙龙等活动，交流分享，学生深入阅读，提升阅读的品位和质量。

除读书节外，学校还会定期举办读书报告会、走进国学系列阅读、读书主题演讲、“读书之星”评比等活动，在校园营造“时时读书，人人读书”的阅读氛围。

读书节的举办，其实并不是为了展览学校藏书的数量，亦不是为了出几道题然后分发奖品。我们都盼望的是在学习之余，除了网络和动漫，大家还可以记起图书这个良师益友，多读一读，相信那青灯黄卷的韵味，或是智慧的冲浪，或是感同身受的体验，都能带给同学们不言而喻的满足。

——原高一 9 班　刘雨桐

学校第五届读书节圆满结束了。在读书节期间，孩子通过图书馆，以及走廊上摆放的各种各样的图书，班级组织的各项活动，体味了阅读的乐趣。读书之于成长的意义已无需赘言。在当今，电子阅读渐成主流，而传统意义上的书本阅读已与我们渐行渐远。为此，培养年青一代的阅读习惯尤其迫切。作为家长，我感谢学校为此而付出的努力，相信这样的活动能激发学生的读书热情并能促进终身读书的习惯的养成！

——八年级 5 班　杨守拙家长

书香校园，激发学生读书的兴趣和爱好，培养学生健康的审美情趣和良好的读书习惯，为精神打底，为人生幸福奠基，学生将终生受益。

——八年级 7 班　方义家长

通过建设“书香校园”，给予了学生自由的读书沃土、广泛的阅读选择、浓厚的阅读氛围，促进了学生智育、德育、体育、美育的全面发展。在浓厚的文化气息熏陶中，学校师生品读书籍蔚然成风；教师气质日见优雅，学生思维更加开阔；教育注重塑造内涵，教研工作蓬勃发展。

书香校园的建设不是一蹴而就的，而是持续不断完善的过程，要通过长期的积淀、传承、提升，形成阅读氛围、阅读传统和阅读文化，从而培育出一代代真正的读书人。

首师大附中书香校园建设初见成效，有力地推动了素质教育的全面实施。立足当下，放眼未来，学校将持续推进书香校园建设，努力形成学校文化特质，打造更加完善的精品书香校园，让文化的力量助推百年附中跨越发展，更要让书香为学生享有高贵精神、高雅情怀的人生奠基。

### (三)科技长廊

#### 1. 设计理念

首师大附中秉承“成德达才”的育人理念，恪守“自觉、勤奋、求实、创新”的校训，根据初中、高中教学大纲制定教学内容，避免枯燥乏味的纯理论知识，注重教授科学应用，贴近科学前沿领域，提供好玩有趣的科普信息，以数字媒介为载体，注重互动操作。

数字科技长廊设计新颖，形式多样，内容丰富，有挂图、灯箱、壁挂式科普展品、数字屏互动体验、实验视频播放等展现形式。整体色调以浅色系为主，空间感觉更为广阔，各楼层则根据不同主题，采用蓝、绿、橙等作为配色，增加视觉平衡感，起到了活跃气氛的作用。

突出整体氛围的科技感，强调视觉冲击力，讲求简洁明快，清新亮丽。通过独特的装饰造型与别具一格的互动装置，人们在赏心悦目的同时，融入体验感和趣味性。

#### 2. 具体设施

(1)导厅

导厅有荣誉墙、LOGO 墙、背景墙、数字屏等。数字屏的内容涵盖校园快讯、精彩瞬间、视频播放、中国数字科技馆提供的《榕哥烙科》科普视频短片等内容(图 8-2)。

导厅充分利用有效空间，运用数字互动平台，设计了“是真的吗”“健康科学 100 分”“科学答人”等几个板块的在线科普答题系统，学生在上课之余通过科普答题学习科学知识，增强自主学习的意识和乐趣(图 8-3)。

(2)一层化学长廊

化学长廊包括元素大家庭(元素周期表)、魔术化学、生活中无处不在的化学、现代仪器分析和化学大咖五个部分。

图 8-2　导厅实景图

图 8-3　导厅科普答题平台

化学元素周期表是学生学习化学课程不可或缺的工具。在设计中，化学元素周期表以动漫的形式呈现在展示墙上，每个元素都配以动漫人物形象，并用简短的一句话总结元素的特点，如氖——当电荷通过时，能发出橙色光芒。创新制作的动漫元素周期表，能够充分抓住学生的兴趣点，具有独创性(图 8-4)。

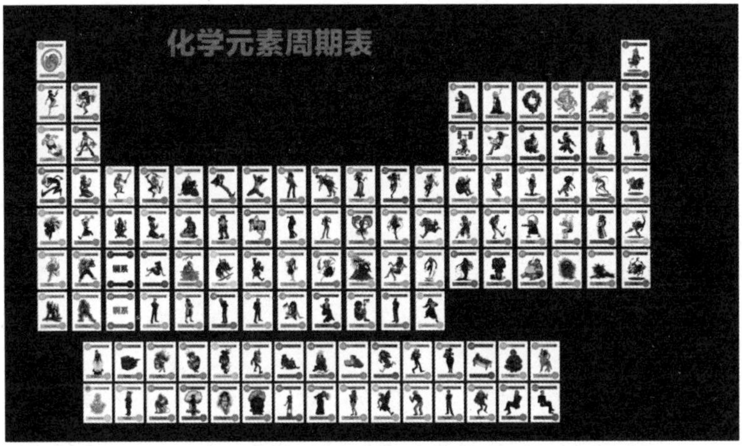


图 8-4 化学元素周期表动漫板

与此同时，化学元素周期表还以互动的形式在电子屏幕中得到展示，提供元素大家庭中 103 个成员的更多信息。学生触摸点击任意元素，即可了解在元素周期表排位、原子质量、熔沸点，以及相关应用等，非常便于学生自测和互测元素相关知识(图 8-5)。

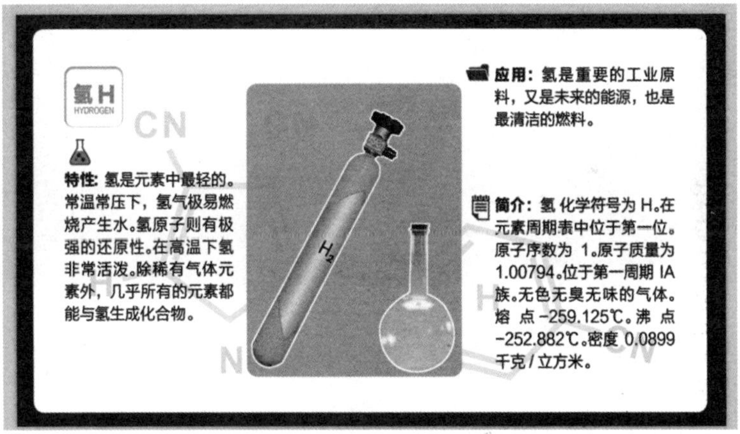


图 8-5 数字屏互动展示

在化学魔术板块，有文字对化学实验现象进行细节描述，并配以图片，以便看到化学实验的过程和实验效果。为了让学生“眼见为实”，更直观地体验化学实验过程，化学魔术板块还增加了电子屏幕，用视频的方式对化学实验的全过程进行展示(图 8-6)。

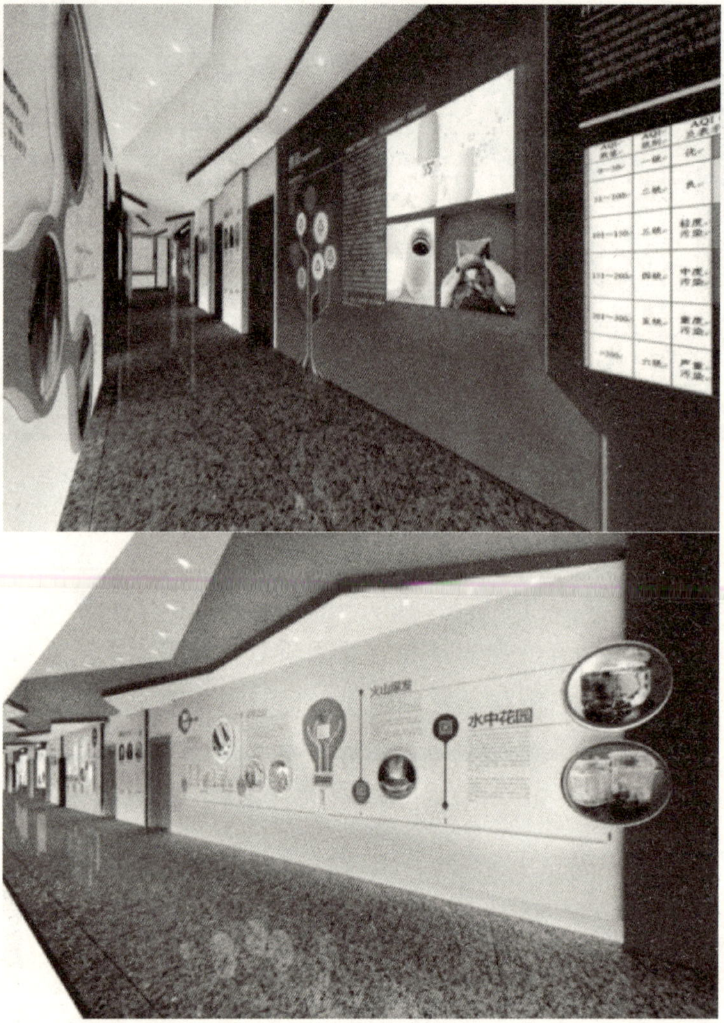


**图 8-6　一层化学长廊**

(3)二层生物长廊

生物长廊共分生命的演化、微生物大世界和化石的形成三部分内容。

生命是经过大自然亿万斯年的演变才出现的。在这个艰难的过程中，任何微小的自然条件都有可能将生命扼杀在摇篮之中。生命出现以后，单细胞生物经过漫长的进化，成为更为复杂的生命形式，最后才有具有高智慧、高级情感的人类，更体现了生命的伟大。生命的演化部分展览以地质历史年代为脉络，清晰地展示出生命的起源、寒武纪大暴发、无脊椎动物的繁盛、古爬行动物称霸中生代、哺乳动物的崛起和人类的起源等重大事件。高智慧的人类，不能凌驾于自然之上，不能以自我为中心，不能藐视、践踏其他生命。展览的最后展示的是我国珍惜动物地图，旨在提示人们懂得“善待动物就是善待人类自己”，爱护和保护动物是人类责无旁贷的义务(图 8-7)。

图 8-7　生命的演化

微生物体形虽小，但种类千千万万，存在于世界的每个角落，形成了独特的、我们肉眼看不到的庞大“世界”。自列文虎克首次发现微生物“世界”之后，微生物学经历形态描述、分门别类等系统研究之后，早已是硕果累累，开辟出医学和工业微生物等分支学科，应用于人们生活的方方面面。长廊展示的微生物内容主要为种类及形态介绍、人体中的微生物及微生物在生活中的应用等，旨在让学生在学习课本上的知识之余，更为直观地了解身边的另一“世界”(图 8-8)。

化石是存留在岩石中的古生物遗体、遗物或遗迹。在漫长的地质年代，地球上曾经生活无数的生物。这些生物的遗体或是生活痕迹，许多都被泥沙掩埋起来，经过复杂的地质作用及亿万斯年的沉积而形成。通过这些化石，科学家可以逐渐认识遥远的过去生物的形态、结构、类别，推测出亿万斯年生物起源、演化、发展的过程，使漫长的地质历史时期每个阶段地球的生态环境及古生物还原于大众的眼前。化石复杂的

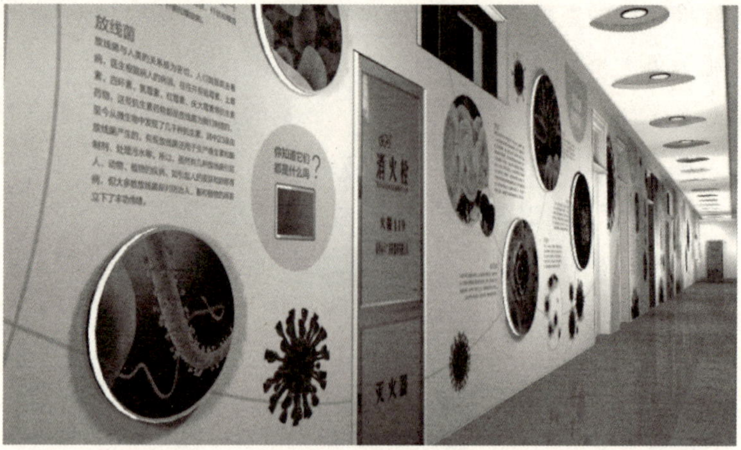

图 8-8　微生物大世界

形成条件列于长廊，还列举了我国著名的古生物化石群。同时，为同学们展示出一些常见的实体化石，如三叶虫、狼鳍鱼、蜚蠊等物种。同学们在学校就能见到化石，感受地球亿万斯年的沧桑历史。

(4)三层物理长廊

物理长廊分为有图解物理、小实验大道理、物理大咖、动手试试看、流谱流线展示五项内容。

图解物理，采用“物理原理加现实”的形式，点明光、波、力、天体物理等四大方面的原理，配合现实应用，而且生活中的物理则采用“十万个为什么”的乱问方式，增加物理学的趣味性和实用性。

小实验大道理中，既有科技史中的阿波罗自由落体实验，又有汽车引擎发动机气缸原理、活塞打火原理等发动机原理，还有声波、电荷引水流，声波作画，声波悬浮，肥皂泡旋彩等有趣实验，理论加视频播放的展现形式简易又新奇。

物理大咖则是从物理学史中选择有代表性的物理学家，包括哥白尼、伽利略、牛顿、库仑、特斯拉、卢瑟福、爱因斯坦、玻尔、理查德·费曼、邓稼先、李政道、霍金共计十二人，以其组合来展示物理学史的发展脉络和涉及领域。

动手试试看分成三大板块：一是趣味物理展品，学生可以在操作中感受人体电流、电磁感应、光波偏振、光反射镜像等原理，如磁力转盘、立体成像、齿轮传动等实体设备。二是视错觉转盘，学生可以了解视觉科学中的“瀑布效应”，也就是实际运动物体的运动状况与我们大脑中判断的偏差，如时空穿梭转盘、贝汉罗盘、变异圆转盘。三是变色的小狐狸，采用热敏印花技术印制，布面中因为加入了变色剂，当温度变化超出一定范围时，变色剂中的高分子结构发生改变，颜色也随之起变化。

流谱流线展示则通过演示不同边界条件的水流形态。学生可以观察水流绕过不同形态物体的驻点、边界层等情况，原理的表述不再生硬，而通过实际演示变得生动有趣。

(5)四层科技长廊

科技长廊分为机器人大家庭、互联网、机器人竞赛、世界未解、飞翔是人类永恒的梦想、科学大咖等主题。

“我很丑，但是我很能干。”在“机器人大家庭”部分，各种功能机器人萌萌的造型吸引了很多人，而且只要你按一下下面的按钮，机器人就会和你说话(图 8-9)。

**图 8-9　机器人大家庭**

在“互联网改变你的生活”部分，你可以通过时间轴了解中国互联网发展 20 年的历史，从 1994 年中国正式接入国际互联网开始，中国互联网取得了迅猛发展。2008 年 6 月，我国网民总人数达到 2.53 亿人，跃居世界第一。“互联网+”就是“互联网加各传统行业”。这并不是简单的两者相加，而是利用信息通信技术和互联网平台，互联网与传统行业深度融合，创造新的发展生态(图 8-10)。

图 8-10　互联网改变你的生活

在中国青少年机器人很多赛事上，都有机器人基本技能项目，使用“机器狗”或双足机器人进行足球赛并不鲜见。对于青少年朋友来说，更为常见的机器人足球赛事，是使用圆形机器人以拱球方式较量。机器人是典型的机电一体化项目，能考验青少年在计算机编程、机械、逻辑等多方面的知识与能力，使其全面发展，并启迪创新思维。这种特质，在青少年科技活动项目中几乎是绝无仅有的。近年来，越来越多擅长机器人项目的中学生，在青少年科技创新大赛中屡获佳绩，甚至投身创业，成为值得关注的趋势(图 8-11)。

飞上天空是人类的长久梦想，早在几千年前人类就羡慕飞翔在天空的鸟儿，我们国家的神话故事里有奔月的嫦娥，西方传说中有长着翅膀的天使。在实验楼四层的人类飞翔历史部分，从载人气球的发明者法国人蒙哥尔费兄弟开始，介绍了人类脱离地心引力、飞向天空的艰难历程。

(6)航空模型训练室

航空模型训练室整体设计与楼道、楼顶遥相呼应，利用高仿真飞机模型展示及模拟驾驶器的真实体验，为学员营造飞行氛围，增强现实

**图 8-11　青少年机器人竞赛**

感。而楼道顶层为高仿真飞机航模编队 5 机飞行的队形，领头机为中国双发重型隐形战斗机 J-20，后面配 4 架中国航母舰舰载机 J-15，气势恢宏。航空模型能够实现你的飞天梦想，集知识性、趣味性、观赏性和实践性于一体，科技含量较高。（图 8-12 至 8-14）

**图 8-12　四层科技长廊**

**3. 取得的效果**

詹克斯曾说：“隐喻越多，这场戏就越精彩，讽喻得很微妙的地方越多，神话就越动人。”校园长廊空间的塑造正是通过强调象征隐喻的形体特征和空间关系，使师生的感触沿着某种特定方向延伸、联想，最终

图 8-13　高仿真飞机航模编队领航战斗机 J-20

图 8-14　四层科技长廊楼梯与楼顶主题设计

师生能感到某种暗示、某种气氛的存在。

数字科学长廊是学校向学生传播科学知识、培养科学思维，以及与教育界、科学界重要人士交流的重要场所。数字科学长廊的内容具有趣味性、互动性、可操作性等优势，学生通过视觉感受、实体互动、数字屏触摸互动，以及高精准的航空虚拟驾驶操作体验，进而对航空航天产生浓厚兴趣，同时提高自主学习的意识，进一步树立人生目标和远大志向。校园文化长廊成为探索独特教学形式的成功举措，师生均受益匪浅，同时也成为北京市中学科学普及的典范，成为校园文化走廊的又一成功案例。

### （四）功能教室

#### 1. 建设理念

专业教室是完成专业理论教学和技能培养的重要场所，是专业教学的重要支撑条件。我校历来重视学生的全面发展，力求为学生创造一流的教学环境，硬件设施不断完善，学生的学习和能力训练有了基本保障。随着设备的新技术差异加大，教学条件提高的要求日益迫切。为更好地支撑各专业的教学，专业教室的建设越来越重要。专业教室可以让学生快速进入特定学习情境，能给学生增添生活和学习的乐趣，同时还负载诸多教育功能，如凝聚功能、激励功能、规范功能、审美功能等。所以，注重教室环境建设，创设以学生需要为基础的教室氛围、教室文化，有助于教育教学的改进。专业教室将为我校践行自己的教育理念，实现因材施教、个性化发展的培养目标，培养更高品质的人才发挥重要作用。

早在20世纪80年代，学校就开始重视学科专业教室的建设。比如，学校物理实验室改造成四个，一个仪器室，三个实验室；化学实验室改造成四个，一个仪器药品室，三个实验室；生物实验室改造成三个，一个仪器标本室，两个实验室。后来，大教室又改建成能放映电影的阶梯教室，在办公楼，两个大房间改建成微机教室。建造了实验楼，各种教学实验室、教室及教师办公室一应俱全。建成了300平方米大阅览室，加上原有150平方米阅览室，共有400多个阅览座位。建成一个300个座位的阶梯教室，可容纳六个班学生听学术报告或看电影。1993年建成室内篮球馆，后来建综合楼时又建成一个室内篮球馆，一所中学拥有两个篮球馆，在全市当时也是绝无仅有。

#### 2. 具体实施内容

专业教室的建设根据学校的办学特色、学生生源、师资力量，合理规划学科功能教室，摒弃“高大上”思想，坚持“好用、够用、实用”原则，建设成学生学习、实验的场所，而不是搞成一个仪器陈列室，为实实在在推进高中育人方式转变提供学生展示才华的舞台、教师专业发展的平台。

各学科组根据自己专业教学的需要可向校方提出建设申请，提交给学校办公会讨论其合理性和可行性，得到批复后由各学科组自行负责设计建设方案，校方监督施工。

为了保证专业教室建设的实用性，专业教室管理坚持建用统一原则，采取“谁建设谁为使用负责”的办法，签订责任书：负责设备在教学中的功能确保有用；负责技术状态，确保能用；负责任课教员的使用培训，确保会用。通过教学使用情况跟踪评价，确保建设项目在教学上确实实用、管用、好用。

**3. 建设效果**

几年来，学校已经建成专业教室20余个。在学科教学研究、青年教师培养、课堂教学模式变革、课程建设、选修课程开发等方面，这些教室都发挥了不可替代的作用。

(1)天文专业教室

在学校的大力支持下，我校天文专业活动硬件设施近年来得到极大改善。2012年，通过专项申报，共计投资200万元左右，建成全新的天文教室，并对原有走廊重新布置，整个教学楼六层形成天文教室加天文台的连通格局，供学生学习及观测使用，教室有较高配置的数字天象厅、北天星空电子学习系统、电动天球仪等教学用具，极大地丰富了学生的学习资源。2013年，又通过专项申报，80万元用于购置训练用望远镜、观测用望远镜、星空摄影装备，并将在以后保证每年投入固定资金用于耗材购置等支出。2015年，再次通过专项申报160余万元重修天文台，增加互动式星空观测球包设备等，从后备支持角度，全力配合天文专业在我校学生中的普及和发展。

天文专业教室一直用于科技活动及科技课程：初中年级科技课外活动课(各年级每周1节)、校本选修课(八年级每周1节)、科技特长学生活动课(每周2节，每次3小时)；高中年级校本选修课(高一每周1节)、文理兼修课(高二每周1节)、科技特长学生活动课(每周2节，每次3小时)；“追星逐梦”天文科技社团每周活动一两次；野外观测基本做到每月一两次；为每年参加北京市中小学生天文竞赛、全国中学生天文奥林匹克竞赛的同学提供训练场地。

(2)国学专业教室

视人如人，重视人的生存价值，使人过上有人味的生活，是导引教育走向人性化的重要理念。环境造就人。校园设施都是为学生服务的，而教室则是学生在校园里驻留时间最长的地方。创设以学生需要为基础的教室氛围、教室文化，有助于教育教学的改进。我校“传统文化研修”特色课程的教学为助力，学校建设了“国学教室”作为课程实施的场所。

国学教室建成于 2013 年，其功能主要体现为以六个方面。

一是营造古典文化氛围，学生在这种氛围中能受到古典文化气息的熏陶，享受学习的乐趣。

二是模拟古代私塾教学场景，学生能感受古典文化厚重、沧桑的历史。

三是创造幽雅、宁静的读书环境，学生能够沉下心聆听，静下心阅读，走进古圣先贤生活的世界。

四是提供探讨、交流的条件，便于师生、生生讨论交流学习心得。

五是中西合璧，利用现代化多媒体教学设施，为学生提供观赏影像、图片资料的手段。

六是为语文学科教学研讨提供场所和环境。

(3)电子制作实验室

“创新是一个民族进步的灵魂，是国家兴旺发达的不竭动力。”为了响应“大众创业，万众创新”的号召，在中学阶段培育更多的创新型人才，科技中心大力投入建设了电子制作实验室，并配备了专业电子试验台 26 个、便携式微机 15 个、Arduino 开放硬件平台 40 个、Raspberry Pi 开放硬件平台 20 个，除此之外，万用表、示波器、电烙铁、游标卡尺、钳子、镊子、改锥、剥线钳等各式工具，一应俱全。电子制作实验室立足于培养学生的实践能力和自学能力，激发学生的学习兴趣，帮助学生树立团队精神和创新精神，最终增强学生的社会责任感和执行力。在这里，我们鼓励学生开拓思维，积极实践，勇于创新创造，为学生亲身参与实践、展现自我提供了便利的条件和丰富的机会。

(4)机器人活动室

机器人属于综合学科，涉及数学、信息、物理、技术、工程等领域。培养学生动手能力、协作能力、创新能力。此项目符合国际STEAM课程标准，因此青少年机器人运动在全世界范围内得到广泛推广。为培养学生能力，让学生有更好的发展，适应日新月异的社会环境，我校领导对学生开展机器人活动也十分支持，投入大量的人力物力，建设机器人实验室。

首师大附中机器人实验室始建于2013年，现如今已有机器人足球、综合技能、FLL乐高机器人、VEX工程挑战机器人、Arduino自制机器人、FTC机器人等竞赛项目。我校拥有近百万元的机器人教学设备，并且每年投入15万用于更新设备，维修竞赛场地，机器人教育蓬勃发展，早已具备举办比赛条件。我校学生参加过世界青少年机器人锦标赛、全国机器人竞赛、北京市机器人挑战赛等。随着机器人教育的普及，我校已经步入以机器人教育推进机器人竞赛的良性循环，形成了办学特色。为了培养祖国未来的科技创新人才，首师大附中的科技教学团队也在不断开发适合中学生的教材、课例、视频、教案、学案等，精益求精，力求完美。

(5)模拟飞行空间

模拟飞行最早运用于民用或军用飞行员的地面飞行训练，通过专门的软件和硬件设备对真实世界的飞行及其所需的各项条件，在计算机中进行仿真模拟。项目包括模拟民用航空器、模拟现代战机和模拟近代战机三大类，是国家体育总局正式开展的运动项目。

为了引导更多的青少年投身航空事业，为国家储备更多的航空人才。我校与解放军陆航学院密切合作，模拟飞行空间设有14个模拟飞行教学点、1个全仿真民航飞机模拟舱及2个F18战斗机模拟舱，全套系统采用FSX(模拟飞行软件)作为主要模拟飞行软件。

高度仿真的模拟飞行与真实飞行的基础训练具有融通性，是进行真实飞行基础训练的捷径。我校在日常教学中不仅普及了空气动力学、航空气象、飞行操控系统、战机武器系统、地面飞行引导等航空科学知识，还取得了2014年、2015年两届全国模拟飞行大赛团体一等奖和若干个人单项一等奖等，可谓硕果累累。

学生在模拟飞行体验之后，还可利用全息立体扫描技术、3D打印技术、激光雕刻切割技术等，自己动手制作、调试、遥控实操航模无人机，真正做到理论联系实际，学生通过模拟掌握知识，在制作中回味飞行，在飞行中感受真实，在真实中收获希望。

(6)烙画专业教室

烙画，又称烙花、“火针刺绣”，是使用电烙铁，利用碳化原理，运用控温技巧，在葫芦、竹木、宣纸、丝绢等材料上以烙为主，以套彩为辅，或勾、画、烘、烫作画，巧妙自然地使绘画的各种表现技法与火绘融为一体，形成具有或淡雅或明丽艺术风格的烙画作品。列入北京市非物质文化遗产名录的“老北京火绘葫芦”就是其中的典型代表。

我校于2013年秋在高一年级开设烙画选修课，并在此基础上建立烙画社团，早已形成了以初中课外活动课、高中选修课为主，以烙画社团为辅的校本课程体系，大力传承这一传统艺术门类。通过制作传统的民间工艺品，丰富学生的课外学习生活，开辟了学校艺术教育的新领域。我校结合初中学生的课外活动课，聘请京城火绘艺术家、非物质文化遗产区级传承人季顺为校外指导教师，给学生开设火绘葫芦课程，深受学生喜爱。火绘葫芦是传统工艺美术品，属于非物质文化遗产项目，即在葫芦上用电烙笔烙画出丰富多彩的形象，注重“意在笔先，落笔成形”。火绘葫芦既能保持中国传统绘画的民族风格，又可达到西方绘画严谨的写实效果，给人以古朴典雅、回味无穷的艺术享受。自2013年烙画课程在我校开办以来，作为学校一道独特的风景线，我校迎来了北京市教委、市教育学院、海淀区教委、区教师进修学校等各单位的教研活动，各地校长、教师纷纷前来参观访问。在烙画选修教学活动中，学生通过亲身实践，体验、感受烙画艺术的丰富和微妙，产生独特的领悟和认识；在积极的情感体验中提高想象力和创造力，提高审美意识和审美能力；在动手实践和情感体验的空间里学会烙画的制作，并能用作品美化教室和学校。

## 二、校外资源

我校积极拓展，充分发掘社会资源优势，广泛联系社会各界，充分利用各种场馆开展教学和综合实践活动。这些校外课程资源拓展了学校的教育空间，有效地弥补了学校教育和家庭教育的缺憾，增强了学生与社会的密切联系，培养了学生的社会责任感，成为学生成长不可或缺的校外课堂。

### (一)学科整合教学的场馆资源

校外丰富的场馆资源为学校的学科教学提供了支撑和服务。学校根据学生特点，以北京市社会大课堂项目为依托，充分利用北京市的各类场馆资源，进行课程资源开发和课程内容整合，开发出既有学科专业教师策划实施、又有几个学科同时参与的综合性课程(表 8-1)。校外资源让学生走出学校，不断接触祖国深厚的文化积淀和科技发展成果，丰富学生的文化积累、社会实践经验，拓宽学生人文、科技视野，培养学生社会责任感、合作精神、创新精神等。

**表 8-1　我校校外场馆资源与相关课程设置**

| 序号 | 课程主题 | 活动场馆及相关课程 |
|---|---|---|
| 1 | 军事之旅 | 中国人民解放军三军仪仗队驻地 |
| | | 中国人民革命军事博物馆 |
| | | 中国航空博物馆 |
| | | 学校：军事专题博识课讲座与小结 |
| 2 | 自然之旅 | 北京世界花卉大观园 |
| | | 北京天文馆 |
| | | 北京自然博物馆 |
| | | 学校：自然专题博识课知识竞赛 |

续表

| 序号 | 课程主题 | 活动场馆及相关课程 |
| --- | --- | --- |
| 3 | 历史长河 | 北京故宫博物院 |
| | | 国家博物馆 |
| | | 学校：历史长河年级演讲比赛 |
| 4 | 民俗之旅 | 北京农展馆——非物质文化遗产生产性保护成果大展 |
| | | 首都博物馆 |
| | | 学校：手工艺制作课程 |
| 5 | 绿色生活 | 节水馆 |
| | | 中国气象局 |
| | | 玉渊潭公园 |
| | | 学校：绿色生活总结展示 |
| 6 | 艺术之旅 | 陶然亭公园 |
| | | 北京植物园 |
| | | 中华世纪坛 |
| | | 学校：艺术专题交流展示 |
| 7 | 收藏系列 | 中国钱币博物馆 |
| | | 大钟寺古钟博物馆 |
| | | 学校：收藏系列交流拓展 |
| 8 | 名人故事 | 恭王府 |
| | | 北京宋庆龄纪念馆 |
| | | 北京宣南文化博物馆 |
| | | 学校：名人故事小结展示 |
| 9 | 科技之旅 | 中国航空博物馆 |
| | | 中国科学技术馆 |
| | | 汽车博物馆 |
| | | 学校：科技之旅总结展示 |

续表

| 序号 | 课程主题 | 活动场馆及相关课程 |
|---|---|---|
| 10 | 时代之旅 | 地铁六号线花园桥站 |
| | | 首都钢铁公司遗址公园 |
| | | 电影博物馆 |
| | | 学校：时代之旅交流展示 |

### (二)校外教育综合实践基地

校外教育综合实践基地是保证学校综合活动有内容、有载体、有效果实施的重要课程资源。学生在校外综合实践基地参观、访问、考察及课题研究，都有助于校内所学与社会生活建立紧密联系，对课内知识综合运用并加以实践，提高自己的动手实践及创新能力。

首师大附中与中科院京区科学技术协会合作，与中科院各院所的实验室联合开发了一批旨在培养学生科学素养的高中综合实践课程，涉及的学科领域有物理、化学、生物、地理等。此外，学校还充分利用周边的教育科研优势，借助首都师范大学、北京农林科学研究院、北京市青少年科技创新学院等高校的专家资源和科研实验室资源开展研究性学习，培养科技后备人才。

学校每年都选派一批优秀的高中学生走入这些科研机构和高校的实验室，参与课题研究。通过聆听专家报告、科学考察及实践活动，学有余力、有兴趣从事科学研究和探索的青少年都拥有多种机会和途径接触科研，以启发他们的科学思维，锻炼他们的动手能力，借此培养具有创新精神和创造能力的高素质青年人才。

针对对文科兴趣比较浓厚的学生，学校也与一些社科类研究院和志愿服务机构合作，开发出人文素养课程，例如，每年学校都组织学生到敦煌研究院、四川都江堰、甘肃省会宁县学习考察。学生深入会宁一中“宏志班”，与“宏志班”学生一一结对，开展志愿服务和传统文化实践活动。

第九章

# 课程实施团队的构成与发展

教师是培育优秀人才的关键。首师大附中在创建之初就属名人办学，历来重视名师培养，鼓励教师在教学中改革创新，创造自己的教学特色，形成教法流派，鼓励优秀教师发挥传帮带作用，以使青年教师迅速成长，不辱使命。因此，我校涌现出一批批学界名师。

近年来，首师大附中大力加强师德师风建设，提升教师的职业素养，教育集团各成员校联合开展教研活动，学术教研组的建设成效显著。我们力争做到以事业凝聚人，以创新吸引人，以爱心团结人，以机制稳定人，特色鲜明、专兼结合、素质优良的师资队伍朝气蓬勃。

## 一、师资团队概况

首师大附中拥有师德高尚、业务精深、团结勤奋、勇于创新的教师队伍。学校拥有教职工 284 人，专任教师 216 人，其中包括一批全国模范教师、国家级骨干教师和特级教师。具有硕士学位、博士学位的教师约占教师总数的 45%，区级以上学科带头人和骨干教师约占教师总数的 50%以上。

教师体现出学校发展的核心竞争力，首师大附中一向重视教师队伍建设，坚持以校本培训促进教师专业发展，以课题研究提升教师科研能力，鼓励教师“教有特色”，不断搭建平台，帮助教师成名成家。学校坚持“按需设岗、以岗定薪、按岗聘用、竞争上岗、合同管理”的聘用原则，加快推进以教师聘任制为核心的全员聘任制改革，逐步形成人员能进能出、职务能上能下、待遇能高能低的局面。我校还进一步完善教师考核评价标准，建立以业绩和能力为导向、科学合理的教师考核评价机制；分配制度向教学科研第一线教师倾斜，鼓励优秀人才脱颖而出；大力加强师德师风建设，开展经常性的教育和考核，提升教师的职业素养。努力做到以事业凝聚人，以创新吸引人，以爱心团结人，以机制稳定人，特色鲜明、专兼结合、素质优良的师资队伍朝气蓬勃。

## 二、教师专业发展

早在 20 世纪 80 年代，我校就要求每个教师争做研究型、学者型教师，不做单纯经验型教师，并提出“名师工程”，创造条件帮助优秀教师脱颖而出，成长为学界名师。经过多年努力，我校涌现出一批享誉教育界的名师：唐朝智(特级教师，海淀区授予首届科技园丁奖)、王绍宗(特级教师，全国教育系统先进工作者)、王振江(高级教师，数学教研组长）、田钦（高级教师，国家高考数学命题组成员）、沈惠中（高级教师，语文教研组长，海淀区教师进修学校兼职语文教研员，北京市教研部语文兼职教研员）、李静纯（高级教师，英语教研组组长）等。北京市教学改革展览会还为我校王玉瑄、马震生、周玉荣三个老师的区级教学改革经验研讨会开辟了专栏。

如今，附中人在继承之前优良传统经验的基础上，注重师资队伍的培养，为教师专业发展努力创造各种条件。

**（一）师徒结对共成长**

首师大附中在其创建之初就是名人办学，之后一直重视名师培养，鼓励教师在教学中改革创新，倡导教师创造自己的教学特色，形成教法流派。学校同时鼓励优秀教师在传帮带中发挥作用，以使青年教师迅速成长，不辱使命。

1997年，学校以“桥梁工程”为载体，开展对青年教师的培养。1998年，学校又确定青年教师培养的三级目标：青年教师以拜师为主要形式，以课堂为主渠道跟学三年，取得教育教学的好成绩；又三年，潜心研究教育教学规律，在实践中提高，形成教学特长，成为教育教学骨干；再三年，积极开展教学研究和实验，在学科教学中做到有建树、有影响。三级目标即三年有成绩，六年成骨干，九年出名师。采取的培养措施主要是建立以老带新的拜师制度，以各科优秀教师尤其是特级教师为核心，设置师徒帮带体系，以老带新。

青年教师的拜师制度一直沿用至今，分配师傅愈加细致。现在，随着首师大附中集团办学规模的不断扩大，每年新任教师和调入的教师数量较大。拜师活动分成三个系列：教学部门新教师拜师活动，德育部门新任班主任拜师活动，集团各分校新任教师拜师活动。这样做主要是为了提高整体工作的针对性和部门工作的协调性，师徒的责任和义务更加分明。每年的拜师活动都是对新任教师入校、入教的培训。在优秀教师的带领下，他们迈出了踏实稳健的教学第一步。

每个新入我校工作的教师（即应届毕业生入校任教或调入本校前任教不满三年的青年教师），学校都要配备一位师德好、教育教学经验丰富的教师作为师父，并举行隆重的拜师会。拜师后的第一年(中考、高考科目的要持续三年)，青年教师在每节新课之前都必须听师父的课，消化后再上课。每周至少要请师父听课一次，共同备课一次，请师父看一次教案，即三个“一次”，每学期青年教师要至少开一节公开课。

拜师活动为教师成长保驾护航，经师父引领，青年教师迅速成长起来。王佳在师父的帮助下，加之积极努力，入校第二年就获得了北京市基本功教学比赛一等奖；夏艳芳在入校第三年，在北京市最受学生喜爱班主任评选活动中获得全校最高票。

**(二)校本培训明方向**

首师大附中始终秉承“正志笃行，成德达才”的育人理念，坚持“自觉、勤奋、求实、创新”的校训，努力实现“国内领先，国际一流”的办学目标。学校在重视教育教学的同时，强化对教师的师德教育和专业培训。有针对性的校本培训，更新了教师教育教学理念，为骨干教师搭建了平台，促进了教师的专业化发展。

为了保障校本培训工作的顺利开展，学校专门成立了校本培训领导小组，沈杰校长任组长，金晓莉书记任副组长，高国欣校长助理负责实施，组员由教学教育负责人组成，教师队伍建设工作实施方案和青年教师培训制度纳入《首都师范大学附属中学发展章程》《首都师范大学附属中学五年发展规划(2016—2020年)》和《首都师范大学附属中学规章制度》中。

我校教师校本培训已形成规律化、系列化发展特色，即新教师入职前实习培训、开学初全员培训、每周一次备课组或学科组校本教研活动、每月一次德育队伍建设或师德培训、每月一次青年教师培训活动、每学期两次教学理念或专业技能培训、每学期一次心理健康培训、每学年一次计算机或其他培训、寒暑假前全员培训、暑假前新老初高三教育教学研讨活动。

从整体上看，我校对教师的校本培训具有分层次、多角度、多元化等特点，内容丰富，形式多样，层级清晰。

**1. 学科组教研活动特色化、成果化**

为了加强学科教研，学校以教研组为单位安排教师办公室，初三高三毕业年级按备课组安排，保证了学科教研的开展。每学年，学校都确定校本培训或教学主题，并固定每周教研时间，指导并检查各教研组开展针对本学科的校本培训。

在专业研究人员和教学骨干的引领下，各教研组开展形式多样、内容丰富、各具特色的校本教研活动，营造了良好的教研氛围，对教师专业发展起到了重要作用，同时也收获了丰硕的教学研究成果。

数学组坚持以科研促教研，以教研促教学，以课堂为立足点，促进学生数学素养的形成。近年来，培养了大批优秀青年教师，取得了骄人成绩。我校高考理科数学六次获海淀区第二名，文科数学曾获得第一名，数学高考满分同学层出不穷。数学组连续两次评为首师大“师德先进集体”，连续两次评为首师大“优秀党支部”，连续两次获得海淀区解题大赛集体优秀奖，在海淀区实践“新课标”数学论文评比中获先进集体奖。海淀区12名兼职教研员为全区做教材教法分析和研磨试题，为海淀区数学学科建设做出了重要贡献。

物理教研组利用实力雄厚的组内师资，开发极具特色的校本选修课程，制作与新课标人教版物理教材相配套的教学幻灯片全集，设计制作涵盖高中物理全部课程的计算机仿真物理实验课件，研究改进传统物理实验，利用现代化实验设备和手段进行实验创新，策划“青年教师的讲台”活动，促进了青年教师的快速成长。经过多年的积累，他们组织撰写了高中物理学习指导丛书《赢在会学》，完成了北京市教育学会“十二五”教育科研课题子课题研究，规划建设了高端开放式物理实验室，极大地推动了我校物理教学和科研向纵深发展，确立了我校物理实验设备和师资力量在北京市的领先地位。

地理组教师年轻有活力，专业各有所长，通用技术基础好，关注学科核心能力的校本培训实践。他们凝心聚力，创特色课程，积极探索建立提升学科核心能力的地理校本课程体系。

语文组教师，特别是党员教师，严格要求自己，起到了模范带头作用，在学校党支部综合考评中荣获第一名。在他们的带动下，语文组教师针对中高考改革新变化，积极钻研，勇于探索，完成了语文学科课程整合方案。

**2. 青年教师培训系列化**

青年教师是学校的未来。为了更好地促进我校青年教师快速成长，提高教学业务水平，我校开展了对青年教师的系列化培训活动。

(1)入职前教师系列培训活动

为了提升新教师的教育教学能力，使其尽快了解学校的教育理念和教学特色，学校对新入职教师开展了内容丰富、课程多样的培训活动，包括教师职业生涯设计、学校介绍及教育教学要求、优秀教师经验分享、骨干教师课堂观摩、演讲比赛、15 分时间微课展示、计算机辅助教学培训、交流反思等。精心设计的一系列活动使新教师得到了全方位的锻炼，为他们步入教师一线工作奠定了基础。

(2)青教研活动

为了充分调动青年教师这一最具活力和创造力的群体，学校于 2012 年 6 月成立了首师大附中青年教师教育教学研究会，成员由 33 岁以下教师构成，设立理事长 1 人，副理事长 2 人，理事 4 人。研究会每年组织两三次研讨活动。他们在摸索中践行成立誓言：在快乐中学习、思考。每次活动设立一个主要负责人，集体出谋划策，分工协助，活动结束时及时反思，发现不足，及时调整。几年来，我们开展了“魅力教师培训”“提升教育技巧——化解教育尴尬”“教育教学专题培训”和“读书节”等 10 余次内容丰富、形式多样的活动，深受青年教师的欢迎。

**3. 专题培训制度化**

(1)立德树人，提升教育理念，改革教育方法，抓好班主任培训

德育部门每月组织年级组长或班主任培训，学习先进教育理念，分享教育智慧，同时要求全体教职员工树立全员育人理念。系列化的举措，促进了德育骨干力量不断壮大。

学校教育处、年级组、班主任三位一体的德育管理机制逐步完善。学校通过定期召开年级组长、班主任会议，明确工作职责，着眼于大局，贯彻总体要求，协调解决困难，指导年级班级工作。学校的德育队伍逐步加强，教育工作上下一致，顺畅有序。

班主任工作和教学工作既相互交织又相互区别，特别是青年教师在班主任工作方面经验相对匮乏。学校通过三种途径解决这一问题：一是“内请”，即老班主任指导、教育新班主任；二是“外请”，即外请班主任工作研究专家和模范班主任开讲座；三是“正副交流”，即正班主任和副班主任沟通和交流，以增长带班经验。

副班主任队伍的建设是我校德育队伍建设的亮点，学校制定了《首师大附中副班主任工作管理条例》。全校共有13个青年教师担任副班主任工作，德育队伍空前壮大，教育和管理层次大幅提升。

(2)直面高考与教学改革，提升教学实效性

第一，协作体年会在延续中创新。一年一度的全国大学附中教学协作体教学年会，是各校教育教学水平的一次全方位展示，也是促进各校工作再提高的难得机会。20年来，围绕新形势下的教育教学主题，来自不同学校各学科的优秀教师在课堂上阐释了对教育教学的理解，师生在互动过程中不断碰撞出思维的火花，在有限的时间取得了很好的效果。每届年会都是一次教育教学的可贵探索，既有理论高度，又有实践价值，为不同学校的教风展示、经验交流搭建了高端平台。

第二，树立典型，榜样引领，优化培训效果。2017年1月19日，首师大附中第五届“感动校园”十佳教师颁奖典礼在正志厅隆重举行，全体教职员工都参加了。典礼通过文字介绍、视频短片播放，以及现场采访等方式，使观众分享了获奖者的感人事迹。十位教师登台领奖，与大家分享了自己的获奖感受和奉献教育事业的心路历程。现场气氛隆重而热烈，获奖者的发言轻松幽默又发人深省。两年一次的颁奖典礼是对优秀教师的激励，也让大家深深感受到首师大附中优秀文化的传承与创新，教师的奉献精神与教育智慧在这里闪耀。

第三，“请进来，走出去”学习交流活动，开拓教师视野。期中考试期间，学校主要采用两种方式培训：一是组织专家培训讲座，外请知名专家培训。这样，教师既能开阔眼界又能学到知识。近年来，我们组织了深受教师欢迎的有关教育、教学、心理和礼仪等内容的多场讲座。二是外出学习交流，学校轮流安排各年级教师，尤其是骨干教师外出培

训，学习其他学校的先进理念和方法，并力求借鉴和应用到我们的教学实践中。首师大附中结交了一批友好学校，外出学习一般都选择这些学校，如湖南师大附中、杭州学军中学、长沙长郡中学、苏州一中、上海格致中学和七宝中学等。学习者返校后及时总结反思，效果良好。

第四，倡导自主学习。书香校园是我校校园文化的重要组成部分。在楼道、大厅，书的身影处处可见。“博闻广识，厚积薄发”是教师的追求，“正志笃行，成德达才”是学校的追求。每周，图书馆教师会精选一篇有关教育教学的优秀文章放在校园网上，供大家自主阅读；每学期，学校会为每个教职工提供一两本教育名著。除此之外，教师还互相推荐文章和书籍，共同探讨，勤学向上的风气渐次形成。

**(三)学术研究见成效**

**1. 学术理论依据作为发展和建设的基本框架**

要建设“学术性教研组”，首先要弄清楚何为“学术”。学术是指某一系统专门的学问，所以学术教研组的建设，不是在已有教学经验上的改良，而是教研组以教学现状为起点，在结合实际需求和上位理论的条件下，建立一套可以不断促进整体教学水平提高的系统化学问。

上面所谈到的上位理论是指两个方面：一是学科本身的核心理论，如物理学科的普通物理体系，这是与教学无关的纯学科理论；二是教育学的核心理论，这是学术教研组建设前必须弄清楚的问题。

结合实际需求同样包括两个方面：一个是考试的需求，另一个是为了满足现代社会发展的需要，社会人才应该具备的学科核心素养。两者本应是统一的，但由于受考试制度制约，后者的范畴要远远大于前者。高水平的教研组除可以很好地满足前者的需求外，更重要的在于他们能在后者的方向上前进多远。

**2. 以鼓励创新的评价方式为依托，激发教研组的活力**

教研组是学校内部的重要单元，每个教研组自身构成了相对独立的系统，这个系统有遗传功能(老带少的传承方式)，有新陈代谢功能(新教师的补入和老教师的退休)，有自我修正的功能(学校的评价和校外的交流)。学校评价本是这个系统最重要的信息反馈方式，但从实际情况来看，这个评价并未起到本质的作用。因为一个教研组的发展是多元的，涉及各方面，学校评价往往只停留在对考试成绩这一单一指标上，由于学校考试成绩是年级负责制，真正落实在教研组上的评价几乎为零。这就导致了一个问题，即教研组的发展更多的是依靠学科主任(原教研组组长)的个人意愿情况。这对学校来说是巨大的灾难，相当于对教研组的失控。因此，建立有效的评价机制对学校来说是至关重要的。

为了激发教研组的活力，我们尝试建立了一套鼓励创新的评价方式，该评价方式的特点是，除了评价教研组的常规活动，还特别以教研组的创新工作作为重要的评价指标(表 9-1)。

**表 9-1　优秀教研组评选条例**

| 项目 | 内容 | 得分 |
|---|---|---|
| 综合(30 分) | 教学常规、论文、公开课、承担任务、学科竞赛、班主任、第二课堂、个人获奖、承担国家级课题 9 项 | |
| 成绩(20 分) | 中考、高考、团体获奖等 | |
| 队伍建设(20 分) | 教师人数，实验员人数。其中特级教师人数、区级学科带头人或骨干教师人数、区进修学校兼职教研员人数、高级教师人数 | |
| 配合学校工作(10 分) | 骨干教师、青年教师、班主任、社团辅导等 | |
| 创新活动及教研组特色(20 分) | 根据各教研组实际情况进行评定 | |
| 总分(100 分) | | |

这次评价还有较大的改变：在过去，学校领导是评价的裁断者。为了增加所有教研组的参与感，我们让每个学科主任也参与打分。

在将来，我们还可以利用项目申报的方式来进一步激发教研组的活力，即教研组根据学科建设需要以项目的方式来完成对未来工作的开发。如此，教研组就能真正成为学校的建设者。

(1)依靠大学的力量，构建开放性和理论性的教研体系

学术教研组建设最重要的一关就是理论框架的搭建。中学的优势在

于有充足的一线经验，但上位理论研究不足，而大学在这两点上恰恰相反。两者结合起来恰恰能满足各自发展的需要。

学术教研组的建设，只有大学理论内化在实际行动中，才能真正摆脱过去经验主义的束缚。这一过程对中学往往是痛苦的，一旦迈出这一步，取得的成绩是不可估量的。

问题的关键在于大学和中学的合作模式。仅仅是听听课，开两个研讨会，并不会产生什么本质性的影响，关键在于真正的深入合作，时间、空间都必须得到保障，只有双方实际参与，才能建设起教研的理论体系。

(2)学术教研组建设的具体情况

第一，语文组建设。多年来，语文教研组注重青年教师的选拔和培养，注重师徒的传帮带，注重学术建设，总结、提炼首师大附中语文组百年来注重传统、学以致用的风格特色，并使之升华，发扬语文组长期积淀形成的科学、严谨、踏实的教研风气。语文组教师在教学过程中尊重语文教学规律，注重对传统语文教学优秀教学资源的吸收，稳扎稳打，语文基础夯得较实。

语文组有自己独特的教学系列程序，即精读、导读、自读。自编的教材，是教研组教师多年教学实践与摸索的结晶，是语文教学宝贵的资源与财富。课上课下，教室内外，都形成了浓重的国学文化氛围，学生在此氛围中熏陶渐染，铸造性格灵魂。注重教室环境建设，注重贯彻导引教育走向人性化教育的理念。注重“基础”教学，夯实教学基础知识，培养基本能力，在此基础上培养创新意识和创新能力。语文组教师的整体教学，体现注重基础、培养学生语文学习基本能力的教学思路，充分利用课本资源，在此基础上注重培养学生阅读能力和作文能力。

在学术建设方面，语文组具体表现为以“教师引领精读，教师指导学生阅读，学生自读”为主线，整合现用教材，突出方法的总结、过程的训练和能力的提升，满足学生发展的个性需求，为学生提供和创设有利于自主能力培养的课程学习环境。形成具有本校特色的“高中语文学科必修课程整合方案”和“高中语文学科选修课程整合方案”。建设以“读书”为中心活动的课堂教学模式，以阅读为基础，以阅读为中心线索设计课堂教学环节，突出语文课特色和学生的主体地位，形成具有本校特色的语文阅读教材和阅读课程。

语文组引导学生系统课外阅读，开展系列活动督促提升课下阅读的水平，控制引导提升阅读的“质”和“量”，形成了以年级为分类的阅读推荐书目，开展了多种形式的课外阅读比赛、读书报告会、辩论会等交流活动。每个教师开设一门特色选修课，选修课的开设使学生的学习选择多元化，也使其学习更有针对性。建国学教室，开设国学课堂，打造“传统文化研修”特色课程。国学课堂设计注重环境对学生的影响，这在一定程度上辅助了我校“传统文化研修”特色课程的教学，有助于教育教学的改进。

第二，数学组建设。数学组教师坚持以科研促教研，以教研促教学，教育教学、教育科研、数学竞赛及高考，都取得了显著成绩。在国家基础教育课程改革的实验和实施过程中，数学组全体教师不甘落后，积极学习、探索、研究、实践、参与，取得了显著成效。

数学组全体教师团结一心，密切合作，工作上相互支持，生活上相互关照，大事讲原则，小事讲风格。老教师把自己的经验毫无保留地贡献出来，年轻教师虚心向老教师学习；老教师认真学习现代教育教学技术并应用于教学实践，年轻教师主动给自己压担子，积极主动承担教育教学任务。学术上资源共享，优势互补，思想互动，常为一个有争议的问题讨论到忘记回家；治学上严肃认真，一丝不苟，细心耐心，能对学生问题和思维分析到位。浓厚热烈的学术气氛，和谐舒心的工作环境，开明和美的人际关系，使教师凝聚到一起，苦和累都忘到了一边。

转变教育观念，增强现代教学意识，教师和学生都成为教学的主体，教室成为实验室，所有这些，都离不开学习和研究。首师大附中数学组现有的科研课题有：数学思想方法对培养学生创新能力影响的实践及机理性研究、高中数学课程教材与信息技术整合的研究、信息技术与中学数学课程整合、课程资源开发与学生发展、几何画板在数学中的应用、课堂教学与现代教育技术的整合、中学数学应用的教学设计与实践等。

教师除在教学中实践科研思想外，选修课也为他们提供了科研试验田。数学组开设的选修课有：数学史讲座、数学思想方法的应用、数学竞赛指导、数学思想方法与开放性问题、映射、集合与函数的补充与加深、不等式的解法(多媒体整合)、数学思维大讲堂、几何画板的应用、漫话数学、数学应用、手持技术的应用等。这些课程，受到了学生的热烈欢迎，拓展了学生的知识面，增加了学生学习数学的兴趣，对开发学生的创造能力，促进学生树立正确的数学观念，促进学生良好思维习惯的形成起重要作用，同时为校本课程的建立奠定了基础。数学组教师为国际会议、国家会议开设"手持技术与数学教学"的公开示范课，教研组长也多次为会议做"课题研究与数学教学"的专题报告。

总之，数学组在实践学校的"开拓进取，求实创新"的精神，在学校和上级领导的指导下，弘扬科研正气，调整努力方向，在课改的大潮中力争上游，为学校的发展贡献力量。

第三，生物组建设。生物教研组拥有优秀的教师团队，10 名在职教师，包括 3 名博士，2 名硕士，教师中有特级教师 1 名，海淀区教研员 5 名，骨干教师 4 名。生物组教学成绩突出，高二、高三成绩在海淀区历次考试中名列前茅。竞赛成绩优异，曾三次获得全国中学生生物联赛一等奖。近年来，大批学生获得全国二等奖、三等奖，进步显著，很多教师获得全国、北京市优秀指导教师称号。积极参加市区级各项教研活动和比赛，取得了优异成绩，多人次获得海淀区中学教师基本功大赛二等奖、三等奖，2015 北京市中学教师教学设计大赛获得二等奖。在教师论文、研究性学习、初中博识活动、栽培活动、选修课等方面，生物组都获得了大量荣誉。

生物组与大学合作，利用各种资源，学生走进北京大学、首都师范大学、首都医科大学、湖南师范大学的高端实验室参观体验，以专家的指导为依托，教师进修提升。

生物教研组坚持以学术为根本，以学习为目标，每学期都会根据实际需要，聘请市级、区级专家来做讲座。教师积极参加教材培训、编写工作，不断提高完善教学。在学校领导的努力下，争取一切机会外出到优秀的中学学习体验，带回更先进的教育教学经验，更新教学手段。每学期的大教研活动，教研组和兄弟学校一起互助学习，带动教育大集团和谐稳固的发展。

第四，艺术组建设。艺术教研组以“落实学校艺术普适化教育理念”为工作目标，开展了一系列创新工作。

一是初中普及器乐教学。“器乐教学的本质是教学生通过乐器来表演音乐，器乐教学实际上教的是音乐，而不是乐器。”青少年时期是培养绝对音高概念的最佳时期，具有绝对音高的人可以说已具有良好的音乐素质，而教学生学习固定音高的乐器，正是培养其绝对音高概念的有效途径。初中阶段学习口风琴，除了可以帮助孩子们培养固定音高概念，还可以在乐队演奏时训练和声听觉。

二是高中普及合唱教学。合唱艺术能够启迪心智，对于孩子来说，尤其能培养其集体主义观念，提升合作意识。长期训练和活动，能净化学生的心灵，学生能通过歌唱去体验真、善、美。许多发达国家和地区，都把学校的合唱活动当成培养学生高尚情操的手段。苏联教育家克鲁普斯卡娅(列宁夫人)有一句名言：“合唱是任何教育工作都不可以替代的重要形式。”合唱可以培养学生的团队精神，培养学生相互合作、相互信任的意识。教育发达的许多国家和地区都从幼儿时期开始就给孩子们灌输合唱的理念，让孩子们从小就在歌声中养成相互合作、相互信任和相互鼓励的意识。孩子们认识到合唱中没有“我”，只有“我们”。只有大家通力协作才能把歌唱好，才能把一件事做好，成功是靠大家共同努力，而不是某一个人的表现。

三是普及舞蹈教学。舞蹈教育自古就有。周代王室建立“大乐司”对其弟子进行舞蹈教育，规定“十有三年，享乐，诵歌，舞勺，成童舞象”，认为舞蹈作为乐舞、诗、道德修养三要素，同诗礼相融合，用以陶冶人的性情，形成自己的美学思想。明朱载堉则说：“古有君子生而未尝不学舞者，燕而未尝不学舞者。噫，古人自天子至庶人，无有不能舞者。”

早在1989年，就有“舞蹈艺术待普及”的呼声，只是普及途径仅限于传播，欣赏、学习舞蹈只是间接地提到了一点。而有人则建议：“在高中设艺术必选课程，学生应从音乐、美术、戏剧、舞蹈中选一门必选课，使高中学生的美育不致中断。”

**(四)联合教研齐发展**

理念的贯彻，课程的实施，都离不开高素质的教师队伍。首师大附中教育集团把充分发挥教师的主导作用、促进教师的专业发展作为核心目标，立足课堂、课程和课题，通过教研培训的深度融合，固本培元，打造具有核心竞争力的教师队伍。

**1. 联合教研，共同备课，实现教研深度融合**

2014年9月，首师大附中教育集团召开联合教研启动大会，成立了由总校校长任组长的联合教研领导小组。“联合教研”有序展开，整合了集团内部骨干力量，联合教研共同备课，完善了专家引领、团队合作的教研模式，促进了教育集团各成员校的深度融合，切实提高了课堂教学效率，提升了教学科研水平，为教师搭建了学习和交流的平台。

联合教研有两种形式，以大教研组为单位的专题教研和以备课组为单位的集体备课。

以教研组为单位的专题教研，定主题，定地点，轮流组织，每学期不少于三次，其中本部组织一两次，分校组织两三次。具体教研安排由联合教研负责人负责，轮值到某校时，由教研组长牵头，开学初提交教研计划，经学校教学部门批准后认真组织实施。

以备课组为单位的集体备课，中高考科目分年级、分学科进行，非中高考科目各年组共同备课。教育集团相关学科备课组长共同研究制定并提交集体备课计划，原则上每两周一次，各成员校备课组长轮流组织，任课教师全员参加。

**2. 统一命题，统一阅卷，数据共享，共同提高**

在联合教研的基础上，集团实现了期中考试、期末考试统一命题，统一阅卷。在这个过程中，教师命题水平和教学能力均得到了不同程度的提高，对学生学业发展水平的评定也更为准确和客观。通过对几次统考成绩的分析可以看出，集团化办学效果明显，各分校学生学习质量和学业水平有明显提升。

**3. 专家指导，名师引领，提高教师核心竞争力**

教育集团充分发挥自身优势，聘请校外专家或组织校内名师定期对集团成员学校进行或综合或专项诊断式评估指导，帮助其完善发展策略，培植发展特色，对各学科的培养方案、课程体系和课程结构等进行规划设计或审议指导。专家通过听课、座谈、讲座等多种形式，协助集团做好青年教师培训、教学经验总结、教学成果推广等工作。

## 二、完善保障机制

**(一)制度建设**

我校率先实现了教职工聘任制和结构工资改革制度，工资待遇和教学质量指标、职务、职称、岗位直接挂钩。建立了骨干教师队伍，以各科教研组长尤其是其中的特级教师、优秀教师为核心，制定师徒帮带体系的以老带新制度和听课制度。教学、教师评价体系进一步完善，学生评价教师，填报教学日志，评出学期、学年度学生最满意老师的活动持久开展。规定和限制作业量，建立了检查教师教案与展示优秀教案的考核管理制度，大幅提高教师的工作质量和工资待遇。一系列改革措施大大激发了教师爱教、爱生的工作积极性和责任心。

在课程建设过程中，学校课程管理逐步规范化和科学化，形成了系列规章制度，包括《首师大附中科研工作管理方案》《首师大附中科研课题管理方案》《首师大附中校本课程开发指南(正式稿)》《校本选修课程开发与管理方案》《选修课、活动课等课酬及加分规定》《选修课评比与奖励方案》《精品课程评比与奖励方案》《学科竞赛奖励办法及细则》《学科竞赛和科研课题论文部分教师综合评价加分细则》《教学科研活动奖励办法》《外教课程管理方案》《自主研修管理规定》《新教师拜师制度》《骨干教师管理办法》《校级骨干评选方案》《新课改系统培训方案》等文件。这些制度文件内容完备，可操作性强，有利于激励教师参与教学科研工作。

**(二)培训评价与成果**

在“十二五”时期，海淀区中学教师培训负责人高级研修班“教师发展领导力提升”研修活动展示中，我校的“关注学科核心能力提升的校本教研”活动，受到与会者的一致好评和专家的高度赞扬。首都师范大学第二附属中学的马欣迪副校长总结说：“高质量的授课效果、顺畅巧妙的教学设计令每个听课者印象深刻，随后教研组内同行和专家的点评，让我们深感教师专业功底的扎实与业务的精湛。听评课过程中，我们对校本教研工作已非常钦佩，在随后的教研组工作介绍环节中内心更为之震撼……最打动人的是物理组在历时九年的校本教材开发与出版过程中的艰辛付出。桌子上厚厚的一摞书所凝结的教师多年的辛劳，让在场的每一个教学干部心生敬佩。”

校本培训是教师专业化发展的主要途径，几年的培训实践使我们在新教师的培养方面积累了一些经验，形成了特色。例如，学科组教研特色化、成果化，新教师培训系列化，专题培训制度化，校本培训与反思常态化，等等。

经过丰富多彩、形式多样、有针对性的系列校本培训，学科组和个人获奖众多。

我校作为首师大附中协作校基地校、首师大附中共同体基地校和全国部分大学附中教学协作体成员校(8 所高中)，对海淀区乃至其他省、自治区、直辖市的教育教学起着示范引领作用。

近年来，我校有 10 余名教师荣获北京市紫金杯优秀班主任，好几名教师在区级以上教学基本功大赛中获奖。经过学校班主任基本功培训，2016 年我校选出三个教师参加了海淀区班主任基本功大赛，分获一等奖、二等奖、三等奖，我校获得优秀组织奖。王薇老师代表海淀区参加了北京市班主任基本功大赛。

2012年至2016年，我校教师在海淀区、北京市和国家各类教学比赛中有98人次获奖，科研论文发表217篇，论文获奖262人次。

学校还出版了《首师大附中教师外出学习交流反思集》和《青年教师培训反思集》。

教育是和煦的阳光、无声的细雨，系列化教师培训使首师大教师得以成为有理想信念、有道德情操、有扎实学识、有仁爱之心的优秀教师。

## 第十章

# “成达”课程建设的成效与展望

“桃李不言，下自成蹊。”在首师大附中人的不懈努力下，我校课程建设成效显著，教育教学成绩显著提升。宽松和谐的育人环境孕育出特殊型人才，覃思博览的“四修”课程为学有特长者奠定精彩人生，丰富多彩的活动为每个学生提供展示魅力的平台。同时，教师业务能力和学术水平不断提高，青年教师快速成长，名师不断涌现，首师大附中薪火相传。

在未来的征途中，在“成德达才”教育理念的指引下，首师大附中课程建设必将越来越完善，越来越成熟，独具特色的发展育人之路必将越走越宽广。

# 一、课程建设成效

## (一)学生实现分数与素质双赢

### 1. 培养全面发展的创新型人才

学校教育是人才教育环境的主体，学校需要提供科学的符合创新人才成长的教育教学空间，包括教育理念、教学资源、教学方式等，也包括提供适宜学生成长及自由发展的空间。我们按照人才成长的规律着眼于全体学生综合能力提高的同时，还需营造尊重创新、共同进步的学习氛围，并在培养过程中取得实效，这样才能成为学生和家长眼中的名校。

首师大附中一直都是全国一流大学的重要生源校，我们培养的优秀高中毕业生享誉全国乃至世界。高分段学生成绩在全市范围内始终保持领先优势。在“高质量，轻负担”的思路指导下，我校教学工作不断提高效率，重视教学质量，学生整体成绩在保持传统优势的基础上不断提高。

从2007年开始，我校已有九名学生进入北京市前十名行列，其中五名位列北京市前五名，两名北京市高考理科第二名、文科第二名的佳绩。每年统招生的重点大学上线率均为100%，实验班高考平均分始终保持在650左右，数学学科平均分超过140，曾连续五年位居海淀区第二名。在2015年高考中，我校毕业生成绩优异：600分以上的共300人，占统招人数的97.43%，人数比例在海淀区排名第二；其中650分以上不足670分的120人，670分以上的45人。2016年，我校高考文理科统招生一本上线率100%，理科实验班的平均分为651.4；文科670分以上12人，占北京市9.1%，650分以上29人，占北京市5.4%；文科数学满分者2人(北京市仅4人)，理科数学满分者1人。

2008年，我校经北京市教委批准，开设了中美高中实验课程项目，成为本市唯一与美国高中合作的公立普通高中。从2011年起，中美高中实验课程项目毕业生成绩喜人，绝大多数学生升入美国名牌大学。中美项目2016届毕业生，62名学生全部升入美国和加拿大等国家的大学。其中49.18％的学生收到了来自包括康奈尔大学、威尔士利学院、加州大学伯克利分校等美国前排名30大学的录取通知书，90％的同学收到了美国排名前60大学的录取通知书。

近年来，北京市逐步推进中考改革，考试考核范围更加宽泛，更侧重对学生阅读量、掌握传统文化的考查，以及创新精神和实践能力的培养。我们一贯坚持的育人理念与北京市教委改革的要求高度契合。在2015、2016两年中考中，首师大附中学生连续取得海淀区总平均分第一的优异成绩。

严谨的学术态度、高度的敬业精神及骄人的教学业绩，使中美高中实验课程项目受到了毕业生及家长的高度认可和好评，而毕业生良好的表现，也获得海外名校的认可，大大提高了我校的国际知名度。

2009年，国家汉办批准我校与美国捷门棠学校合作，在捷门棠学校建立孔子课堂。2012年，在北京召开了第七届孔子学院大会，孔子学院总部表彰了26个先进孔子学院(大学)、4个先进孔子课堂(中学)，我校孔子课堂合作校捷门棠取得可喜成绩，即以优异的表现和成绩位列其一，获得“先进孔子课堂”荣誉称号。

学生取得的优异成绩从侧面印证了我校教学改革和教育理念的前瞻性和实用性，做不浮躁、不盲从、不功利的教育，做负责任的教育，才能取得分数与素质的双赢。这是附中所有教育工作者的不懈追求。

**2. 为学有特长的学生搭建专业平台**

随着“四修”课程体系的不断完善和充实，专业精修课程为有特长的学生搭建了发展平台。以各学科竞赛课程为依托，我校学生学科竞赛取得了突飞猛进的发展。

在全国青少年信息学奥林匹克联赛中，王子健等9人获得全国联赛一等奖，16人获得二等奖，7人获得三等奖。王子健和吕紫剑两名同学入选北京市代表队(海淀区共4人入选)，其中吕紫剑同学是入选北京市代表队的唯一初中生。在全国信息学奥林匹克决赛中，王子健获得金牌，入选国家队，保送到北京大学；吕紫剑获得银牌，与北京大学签约一本线录取。

在2016年全国天文奥林匹克竞赛中，我校学生王子铭、石响都获得了银牌，周天石、王昊天两人获铜牌，初中学生石响以全国第三名的成绩进入国家集训队。我校天文社团获评北京市金鹏科技团。

在全国航空航天模型锦标赛上，我校学生获得两项团体第一，一项团体第二，获得北京市最高科技奖项——金鹏科技奖。此外，我校有4人在世界机器人大会青少年机器人竞赛中获得季军，8人在亚太机器人竞赛中国区选拔赛中获得一等奖，8人在全国青少年机器人竞赛中获得铜牌，VEX机器人项目和FTC机器人项目均获得海淀区一等奖，获得北京市一等奖。2016北京市青少年模拟飞行大赛中，我校学生获得两项个人第一名、一个团体一等奖、两项个人一等奖、三项个人二等奖。

在2016年全国中学生生物学联赛中，李蔚钰等7名同学获得全国联赛一等奖，12名同学获二等奖，10名同学获三等奖。其中，李蔚钰、张若冰、罗晓凡3个同学入选北京市代表队，我校入选学生人数位居全市第一。他们在四川绵阳举办的全国决赛中，共获三枚银牌。

2016年第30届全国中学生化学竞赛初赛，周子晖、白云柯等7人获得北京赛区一等奖，8人获得二等奖；2016年11月，周子晖、白云柯2人入选北京市代表队，在全国中学生化学竞赛决赛(冬令营)中，周子晖同学获得金牌，白云柯同学获得银牌。

2016年11月，刘鑫焱同学在2016年中国数学奥林匹克竞赛决赛中获得银牌。

2016年，我校学生在学科奥赛中获北京市一等奖合计27人，北京市二等奖共45人，挤身于北京市在五大学科奥赛均获一等奖的五所学校之列。我校进入全国决赛共8人，其中2人获得金牌，6人获得银牌，1人进入国家集训队。进队人数和金牌人数均位居北京市前列。

学科竞赛的优异成绩，让学有特长的学生获得了激励，也使不少学生提前锁定了名校的入场券。2015年、2016年两年，首师大附中都有学生在初中阶段就与北京大学签约，高考时分数降至一本线录取。学科竞赛中的优秀表现，也让更多的学生在大学自主招生中备受青睐。

**3. 为不同个性的学生成德达才助力**

首师大附中在教育改革的过程中，遵循教育规律和学生身心发展规律，学生因而真正成为学习的主人，都能主动地、生动活泼地发展。我们通过量身定制的学习计划，灵活的个人课表和专属导师的悉心指导，让每个学生都能找到属于自己的学习空间和成长点，都能在首师大附中快乐地自主发展。

获得全国信息学奥赛金牌的王子健曾这样说："从第一节信息课开始，我便进入了信息学的殿堂。杨老师的谆谆教导，循循善诱的教学方法，为我打开了通向一个神奇世界的大门。门中奇妙的事物吸引了我，我陶醉于其中。随着知识的拓展，我在这个世界走得越来越远，我的思维也随之渐渐成熟，看到的事物也更加神奇瑰丽。在我的看来，这个世界没有尽头，没有终止。我想，只要我坚持走下去，就一定能开辟前人所没有走的路，开拓新的知识领域。信息学解题的过程是思维火花碰撞的过程，是对问题本质剖析的过程，是人们想法逐渐酝酿直至成熟的过程。在这当中，我们的思维得以强化，我们的品格得以历练，我们的境界得以提升。"

在选修课《论语》的学习中，学生有这样的感悟："《论语》给我们打开了接触中国文化的大门。其中蕴含的道理，也许我们倾尽一生也无法完全领悟。田老师以他独到的见解为我们逐渐揭开《论语》的神秘面纱。必要的人文教育在我们的人生中就像明灯，在我们迷茫之时照亮了路途。在语文学习中，我们不能局限于课内知识和应试内容，而应更多着眼于提升自身的修养水平。深邃的中华文化，是值得我们深入钻研和思考的。中华文化能给予我们的远不止成绩上的提高，更多的还有人生的指引。"

学生在参加朗诵比赛中收获也颇丰："参与朗诵比赛，我心境更加平静。现代人浮躁。朗诵可以让人沉浸在自己的精神世界中，从而平静心情，调和心态。当站在台上时，我仿佛忘却了纷杂的世界，用真诚的情感诉说内心的独白。演讲让我对人生的感悟更加真切，让我未来处事时更冷静。‘江山代有才人出，各领风骚数百年。’美好的诗歌往往是一个时代的写照。诗歌是语言的精华，而语言是一个民族的灵魂。当我们再度吟诵起这中华民族灵魂中的精华时，我心中有震撼，更有感动！”

学生在“考古问今”课程学习中，通过考查、反思、体验、探究等学习过程，不仅人文素养得以培养和提升，实践能力也得到了锻炼和发展。在“学会求知”的过程中，学生通过表达历史时序、分析历史现象、解释历史现象、运用史料、感悟历史等能力的培养，拓展了自己的见闻；在“学会改变”的过程中，学生能够比较、分析不同的观点与材料，多元地探究历史和现实问题，增强了实证精神和辨析能力；在“学会共处”的过程中，学生通过利用历史学习方法研究学习对象，树立了小组合作意识和文明精神。在“学会发展”“学会做事”的过程中，学生通过体验历史学习资源的准备过程、阐释进行学术研究与实践探索的必备条件，锻炼并提升了自己活动策划和实践反思的能力。课程的实践价值，体现了博识人文核心素养和历史学科核心素养的融合，更反映出了新一阶段培养学生人文情怀，提升学生探究合作能力，促进学生全面发展的时代需求。

吴悠同学，喜爱阅读，笔耕不辍。2012 年 12 月，海豚出版社正式出版了她的美国修学活动纪实作品《13 岁我在美国家庭的半月游学》。这是她 14 岁时出版的第一部作品，记述了她参加学校组织的欧美夏令营修学旅行的经历。2014 年，她出版了《致青葱岁月：北洼路三十三号》。她在初中时就曾开设学生讲坛，创办了“尼乐社”，并带领本社成员一起多次赴外校及养老院进行公益演出，连续两年利用暑假带同学到宁夏残疾人康复中心进行社会实践。她在学校评为“博识创新之星”“志愿奉献之星”“读书之星”。她从初中起就一直在首师大附中就读，正是由于有了学校这种宽松和谐的育人环境，她才得以茁壮成长，写作方面的特长得到充分的发挥，同时也培养了自己乐于奉献、服务于社会的责任感，成长为有突出特长的创新型人才。

王肇宁是哈佛大学经济学博士生，是我校首届创新实验班学生，曾在首师大附中学习六年，后考取清华大学，同年获得美国威廉姆斯学院全额奖学金，在该校完成4年本科学业，获得数学与经济学双学士学位，获得“最高荣誉毕业”奖励。她是美国大学优等生荣誉学会会员、美国科学荣誉学会会员、美国国家科学基金会与威廉姆斯学院数学研究项目组成员，曾多次在权威学术期刊上发表论文，获得哈佛大学颁发的“优秀教学奖”。她在读书时完成的《不一样的常青藤——一个中国学生的高考与留学之旅》已由中国社会科学出版社出版。

随着教学改革的不断深入和教育思想的与时俱进，首师大附中始终是学生心目理想的求学圣地、精神家园，不同类型的学生在这里学习、生活、成长、成才。2016年，我校评为北京市学校文化示范校和首批北京市中小学文明校园。

**(二)促进教师专业发展**

**1. 教师的业务能力和学术水平不断提高**

在首师大附中，学校的管理文化是激励、支持与尊重，是创造条件让教师人尽其才。学校不遗余力地为每个有着不同职业理想的教师搭建平台，创造机会，支持其发展。近年来，学校教学团队的教师逐渐增加到206人，其中特级教师11人，区级骨干教师57人，市级骨干6人，骨干教师比例增加，教师整体学位水平显著提高，具有硕士、博士学历的教师比例明显提高。

2012—2013学年度，我校教师在各类教学比赛中获奖者29人次，53名教师在各类期刊中发表了学术论文，其中3人在核心期刊发表科研论文，13人的论文获国家级奖励，37人获北京市级奖励，13人获区级奖励。

2013—2014学年度，27人次在教学比赛中获奖，其中2人获国家级奖励，13人获北京市奖励，12人获海淀区奖励。同年，10名教师在核心期刊发表科研论文，45人在其他期刊发表论文，49人在各级论文评比中获奖。

2014—2015学年度，24人在光华教学比赛中获奖，其中国家级奖励1人，北京市奖励12人，区级奖励11人；9名教师在核心期刊发表科研论文，在国家级期刊论文发表及科研论文评奖中北京市一等奖以上的有 56 人。

2015—2016 学年度，10 人次在各级教学比赛中获奖，其中国家级奖励 1 人，北京市奖励 7 人，海淀区奖励 2 人；2 人在核心期刊发表论文，31 人在其他期刊发表论文，68 人的论文获得北京市以上奖励，94 人获区级以上奖励。

2016—2017 学年度第一学期，8 人在教学比赛获奖，其中国家级奖励 1 人，北京市级奖励 7 人，区级奖励 8 人；4 人在核心期刊发表论文，7 人在其他期刊发表论文，有 10 人次论文获得北京市级以上奖励。

除此之外，由于课程内容的整合和大量校本课程的开发，教师角色在逐步发生改变，由过去单纯被动使用教材发展到自主开发校本教材，每个教师都具有更为强烈的课程主体意识，同时课程的系统意识、目标意识、参与意识、资源意识、创新意识也将会落到实处。课程内容整合和校本课程开发成为教师成长与发展的平台，最终促进教师专业化发展。

**2. 青年教师在实践中获得快速成长**

学校的各个教研组长期坚持拜师传统，通过传帮带，青年教师在业务上快速成长。在老教师的带领下，每个教师均能做到备课认真、规范，工作负责，为人师表，在讲课中追求有启发，有深度，利于学生创新精神和实践能力的培养，优秀学生有钻研的余地。教学中注重过程管理，对学生严格要求并通过各种途径了解学生学习状况，有针对性地开展教学工作，教学效果得到了学生和同行的认可。通过参加校内外的进修与培训以及各种科研工作，教师的整体素质有了很大提高。

2012 年，为了充分发挥青年教师的主观能动性，挖掘年轻教师的潜力，我校成立了青年教师教育教学研究会，旨在通过搭建这一平台，让青年教师在各类活动中交流智慧，在团队中寻找共鸣，在智慧的碰撞中解惑释疑。成立一年多的时间，青年教师研究会便组织了不同类型的培训与交流活动，促进了青年教师的学习和成长。通过组织购买书籍、艺术表演课、拓展训练、元旦游戏联欢、新老教师交流课堂教学经验等形式，鼓励和带动青年教师利用业余时间培养兴趣，提升自我。

在学校以研促教的浓郁氛围影响下，学校入职两三年的青年教师刻苦钻研，研教结合，教学科研水平不断提升，迅速成长。例如，历史学科的夏艳芳老师，正是在她参与的“海淀区义务教育阶段学业标准与教学指导研究”课题研究的引领下，她的《三国鼎立》一课在2014年全国历史优质课(初中组)评比中荣获二等奖，学期末总评获得学生评教满分的优异成绩；刘亚俊老师的课程设计《电解熔融氯化钠演示实验设计》在2015年全国第十二届化学实验教学创新研讨会上评为二等奖。

**(三)领跑基础教育改革**

学校教学和科研工作不断提升，北京电视台、《人民日报》、搜狐新闻网、《北京晨报》等新闻媒体多次宣传报道，得到了社会的肯定和认同。学校在课题经验交流、招生考务管理、教育科研工作、区级优秀教研组评选、校外教育、教育教学成果评选等方面，获得区级以上教育科研行政主管部门颁发的教育科研工作奖励或先进称号。学校多次承担区级以上重大科研成果交流活动。我校积极投身国家级、市区级课题及校本课题等不同层次的课题研究，教师的理论及科研意识正在逐步提升。我校在评为海淀区科研先进校的基础上，2016年评为北京市科研先进学校。

“十二五”期间，学校承担了国家级教育体制改革项目“拔尖创新人才培养”子课题“拔尖创新人才在青少年时期具备的基本素质和培养办法”这一研究成果直接用于指导我校的教育教学工作，校本课程博识课的建设更是从中受益匪浅，“首都师范大学附属中学校本博识课程的研究实践”成果获得北京市第四届基础教育教学成果二等奖。

2015年11月17日，北京市中小学生社会大课堂实践与创新专家论坛在我校举办。国内基础教育领域研究员、教授和教学一线的教育专家共同参与。研讨主要围绕“互联网加社会实践”的教育改革形式、社会资源单位建设与使用、学生核心素养培养与提高等社会大课堂实践与创新工作主题展开，此次“讲理念，讲事实，讲碰撞”的论坛对社会大课堂的发展具有启发性意义。

2014年5月22日，我校承担了海淀区第三次初中学法指导课题

“基于学生学法指导的课堂教学研究”的八所学校交流研讨活动。八校负责人畅所欲言，互通有无，展示学校课题取得的成果，起到了很好的沟通和学习的作用。

专家讲座、大师论坛，原本是大学校园的特色风景，在我校校园以全新的面貌得以展现。为了达到“领略大师风采，共飨知识盛宴”的目的，我校以百年学府深厚的文化底蕴为支撑，打造出全新的教育模式，开设“校长邀你听讲座”活动，把各领域的学者邀请到中学校园，与学生进行近距离交流。“校长邀请”的形式，充分体现了校领导对学生素质教育的重视和师生平等而真诚的关系。

学生的综合素质评价是课程改革中的重要内容。近年来，学校逐步完善了学生的过程性评价系统，并申请专项资金开发了课改系统。学生的档案成绩记录逐步采用过程性评价，出缺席、上课听讲、课后作业、阶段测验等内容，均在评价范围之内，通过关注学生日常学习状态，加强了对学习过程的记录，重视学生平时学习的每个环节，过程性评价机制逐步形成。学生综合素质评价的过程成为学生、教师和家长共同参与的教育活动，充分体现综合素质评价在学生发展过程中的激励作用。

我校重视学生科技活动，近几年建设了一大批校外创新人才培养的学生活动基地，与首都师范大学信工学院、物理系、生命科学学院，以及首都博物馆、中国科技馆、国家博物馆、汽车博物馆、中国海洋局等单位挂牌合作，建立校外学生实践基地。2013 年，我校由北京市科学技术协会认定为北京市科技后备人才培养基地；同年，我校由北京市青少年科技创新学院认定为翱翔计划课程基地，学校申请的北京市创新人才培养重点实验室也正式获批。我校科技比赛成果显著，在信息学、机器人、模型、天文等诸多领域各项目中获得 10 多项国家级赛事一等奖和 40 多项市级赛事一等奖。2013 年我校顺利跨入北京市科技示范校行列。

首师大附中的对外交流历史十分悠久，与法国、德国、美国、英国、澳大利亚等 10 多个国家建立友好交流关系。早在 2008 年，我校就经汉办评定为汉语国际推广中小学基地，每年的外事交流活动频繁，对外交流成果显著，大大推进了我校“国内领先，国际一流”目标的实现进程。2012 年，我校被中国对外友好合作服务中心评为“对外友好交流示范校”。

## 二、未来发展方向

我们国家的改革开放历经 30 多年，国家教育事业取得了卓越的成就。随着《国家中长期教育改革和发展规划纲要(2010—2020 年)》的实施，教育事业也迎来了全面均衡发展的新局面。当前是国家“十三五”规划承上启下的关键阶段，国家进一步明确了教育改革在新时期的任务。随着国际形势不断变化，信息化席卷全球，国民经济的飞速发展，以及人民对优质教育资源的需求不断增强，教育事业也面临全新的挑战。2017 年中央教育工作会议指出，下一阶段的教育工作要牢牢坚持以立德树人为根本任务，培养中国特色社会主义合格建设者和可靠接班人；坚持以共享发展为根本目标，扩大教育公平受益面，坚持以增强人民群众获得感为根本标准，确保改革改有所进，改有所成；坚持以服务于经济社会发展需求为根本导向，加快优化教育结构；坚持以完善体制机制为根本保障，狠抓教育质量提高；坚持以落实主体责任为根本要求，推进全面从严治党。这些都为我们下一步的工作指明了方向。40 年前，国家恢复高考；现在，我们仍在不断审视和思索，如何能有更科学更全面的人才培养机制和选拔机制。北京市中高考改革都已经正式拉开序幕，紧跟时代步伐，以人为本的教育才是真正面向未来的教育。

作为百年名校、北京市首批重点中学、首批示范性高中，首师大附中始终位于教育发展与改革的前列，未来也将更加积极地发挥引领示范作用。学校将秉承“正志笃行，成德达才”的育人理念，坚持“守正、开放、创新”学校三大发展理念，以全面贯彻实施素质教育为总任务，以提升学生核心素养为发展重点，遵循教育规律和人才成长规律，建立现代化的培养机制，加强专业化教师梯队建设，深化教育改革和管理体制改革，整合优质教育资源，全面提升学校核心发展力，积极推进学校各项事业发展，同时为推动首都教育均衡发展做出应有贡献。

**(一)优化人才培养机制**

坚持以“立德树人”为根本，深入推进素质教育，加强社会主义核心价值观的培育。贯彻“以学生发展为本”的指导思想，一切以激发学生自主发展、全面而有个性发展、可持续发展为教育的出发点和着眼点，不断探索育人模式。以课堂育人为主渠道，健全德育管理、研究机制。完善学科德育标准，健全学科德育评估机制，创建家校合作模式。进一步加强社会实践教育和创客教育，以培养学生的创新精神、实践能力、坚强的意志品质和社会责任感为重点任务，使首师大附中学子“成德达才”，成为社会栋梁之材。不断深化基于学生发展核心素养的教育教学改革，进一步提升学生的人文素养、科学精神、艺术修养和身心健康水平，为学生的终身发展奠基。

**(二)加强教师队伍建设**

加强党组织尤其是基层党支部建设，开展党员教育活动，发挥党员引领和模范带头作用，发挥党支部的战斗堡垒作用，以社会主义核心价值观为核心，推进学校软实力发展。全员育人，强化教师在人才培养中的主导地位和“立德树人”、教书育人的首要职责，进一步建设以有理想信念、有道德情操、有扎实学识、有仁爱之心为标准的教职工队伍。有计划地落实青年教师和名优教师的培养工作，注意发掘和引进具有发展潜质的中青年骨干教师，帮助青年教师制定和实现职业生涯规划，促使一批青年教师脱颖而出。加强校本研修，为教师发展助力，以提高师资队伍整体水平和建设学科领军人才队伍为学校发展的战略基础，增强教师的教育教学能力和创新能力，为教师成长搭建平台，使教师人尽其才，使我校名师辈出，促使优秀教师加入北京市特级教师或中学高级教师的行列，使学校成为名师集聚地。

**(三)形成学科建设特色**

以落实学科核心素养为学科建设的总目标，在学校递进式“四修”课程体系的顶层设计中，完善学科“四修”课程体系，推进分层走班教学改革，以满足学生个性发展的课程需要，形成一批有特色的精品校本课程，建设附中精品课程资源库。推进基于学生自主学习的教学模式变革，切实强化学生的主体地位和以学生发展为核心的课堂教学、育人方式，推进项目学习，倡导以“自主、合作、探究”为特征的学习方式，促进教师从学科教学走向学科教育。加强教学质量监测，进一步减轻学生的课业负担，保持教育教学高质量、高水平。重视学生个性特长培养，使各类人才规模上和质量上都在北京乃至全国有一定的影响力。学科组要会集一流教师，立足人才培养，提高教学质量，引领学术发展，实现“高质量、轻负担”的追求。教学经验与课程建设能够在区内推广，向全市辐射，逐步形成学科建设特色。

**（四）推进智慧学校建设**

充分发挥教育信息化在教育改革中的作用，推动信息技术与教育、教学、科研、管理深度融合，推进智慧校园建设。积极促进智慧化管理服务平台与资源平台深入应用，实现各部门协同办公，提高管理效率和水平，为师生提供更优质的服务。建立以“互联网加教育”为核心的在线学习平台和教学资源平台，推动智慧教育发展，促进教育理念、人才培养模式、教学模式、学习方式的创新与变革。结合我校智慧校园建设的实际情况，推进物联网在校园中的应用，不断促进物联网与智慧校园的融合，为教师提供良好的办公环境，为学生提供良好的学习环境。

2017年新一轮高中课改开始了，我国的教育改革又将进入全新的时代。根据国家教育教学改革新的方针和举措，北京市也将进行教育公平、学生素养培养、考试与招生制度等一系列改革，这些新的教育政策将引领首师大附中进入全新的改革时期，包括教育教学方式的变革、学生学习方式的变革、学校管理方式的变革、教师发展方式的变革等。我们坚信，在新一轮的教育教学改革的浪潮中，首师大附中将把握机会，在新的挑战中不断创造奇迹，为北京市基础教育大厦添砖加瓦，为更多学生创造成长平台。

百年沧桑风雨路。一代代附中人风雨兼程，求索砥砺；一代代附中人辛勤耕耘，不断奋进；一代代附中人培育英才，拼搏奉献。首师大附中步步壮大，日日崛起：从普通的私立学堂到已经建设成在北京市、全国乃至国际上声望俱佳的学校，实现了“国内一流，国际知名”的奋斗目标。如今，首师大附中校风纯正、学风浓厚、治学严谨、文化先进、师资优良、学生优秀、活动丰富、守正出新的良好形象受到了社会各界的广泛关注与认可。如今，首师大附中人正朝“国内领先，国际一流”的方向扎实奋进！